科研项目全过程知识产权
创造、运用、保护与管理工作实务

路晓波　刘晶芝　龙　涛　著

HITP
哈爾濱工業大學出版社
HARBIN INSTITUTE OF TECHNOLOGY PRESS

图书在版编目（CIP）数据

科研项目全过程知识产权创造、运用、保护与管理工作实务 / 路晓波, 刘晶芝, 龙涛著. -- 哈尔滨 : 哈尔滨工业大学出版社, 2022.6（2024.4重印）
ISBN 978-7-5767-0181-4

Ⅰ.①科… Ⅱ.①路… ②刘… ③龙… Ⅲ.①科研项目－知识产权－研究－中国 Ⅳ.①D923.404

中国版本图书馆CIP数据核字(2022)第110876号

科研项目全过程知识产权创造、运用、保护与管理工作实务

策划编辑　张风涛
责任编辑　张风涛
装帧设计　博鑫设计
出版发行　哈尔滨工业大学出版社
社　　址　哈尔滨市南岗区复华四道街 10 号
邮　　编　150006
网　　址　http://hitpress.hit.edu.cn
印　　刷　三河市祥达印刷包装有限公司
开　　本　185 mm×260 mm
印　　张　17
字　　数　390 千字
版　　次　2022 年 6 月第 1 版
印　　次　2024 年 4 月第 2 次印刷
书　　号　ISBN 978-7-5767-0181-4
定　　价　86.00 元

编 委 会

主　编：路晓波　刘晶芝　龙　涛
副主编：王晓梅　荣丽卿　何嘉武
参　编：尹耀闯　王卫国　党　松

序

科技是国家强盛之基，创新是民族进步之魂。当今世界，科学技术早已成为现代生产力发展和经济增长的第一要素，科技水平作为国家竞争力的核心，是统领国家未来科技发展的战略主线。为了在竞争中赢得主动，依靠科技创新提升国家的综合国力和核心竞争力，建立国家创新体系，走创新型国家之路，已成为众多国家的共同选择。

党的十八大上，习近平总书记提出“科技创新是提高社会生产力和综合国力的战略支撑，必须摆在国家发展全局的核心位置”，强调要坚持走中国特色自主创新道路，实施创新驱动发展战略。2014 年，习近平总书记又强调指出：我国科技发展的方向就是创新、创新、再创新。要实施创新驱动发展战略，坚持自主创新、重点跨越、支撑发展、引领未来的方针，加快创新型国家建设步伐。党的十九大上，继续提出了“创新驱动发展战略”。面对科技创新发展新趋势，我们必须迎头赶上、奋起直追、力争超越。

知识产权是保护和激励创新的制度基石。习近平总书记指出：“创新是引领发展的第一动力，保护知识产权就是保护创新。”党的十八大以来，在以习近平同志为核心的党中央坚强领导下，我国知识产权事业不断发展，走出了一条中国特色知识产权发展之路，取得了历史性成就，有力支撑了创新型国家建设和全面建成小康社会目标的实现。当前，我国已进入新发展阶段，知识产权作为国家发展战略性资源和国际竞争力核心要素的作用更加凸显。前不久，中共中央、国务院印发了《知识产权强国建设纲要（2021—2035 年）》，这是以习近平同志为核心的党中央面向知识产权事业未来 15 年发展作出的重大顶层设计，是新时代建设知识产权强国的宏伟蓝图，在我国知识产权事业发展史上具有重大里程碑意义。在《纲要》中明确提出“要全面提升知识产权创造、运用、保护、管理和服务水平，加快建设知识产权强国”。

近年来，我国研究与试验发展经费投入持续保持较快增长，投入强度不断提升，年度经费已近 2. 5 万亿元，这些科研投入在突破原创性基础研究、攻克关键核心技术、破解创新发展难题等方面发挥了重要作用。在科研的全过程中，充分利用知识产权制度，做好知识产权的创造、运用、保护和管理等工作至关重要。通过知识产权信息深度挖掘和有效运用，可以进一步明晰技术创新方向和研发路径，大幅提高研发创新起点，有效避免重复研究；通过加强自主知识产权创造和储备，做好专利精准布局规划和转化运用，可以有效保护和鼓励技术创新，从而把关键核心技术牢牢掌握在我们自己手中。

本书针对科研项目全过程，深入研究阐释了科研项目申请立项前、研发过程中、结题验收后、成果推广时等各个环节开展知识产权工作的要求和程序，辅助以详细的操作步骤与具体案例，可以使读者即学即用。本书坚持理论与实践相结合，继承与发展相衔接，体现了总结经验、提炼方法、探索规律、开拓创新的科学精神，具有一定的理论价值和较强的实用价值。

做好科技创新和知识产权工作意义重大、任重道远，愿广大科技工作者不畏艰辛，继续努力，为加快建设创新型国家和知识产权强国贡献更大的力量。

由于编著者水平所限，书中难免有不当之处，敬请广大读者批评指正。

编 委 会

目 录

第1章　知识产权基础

知识产权（Intellectual Property）指自然人或法人对自然人通过智力劳动所创造的符合法定条件的智力成果，依法确认并享有的权利。“知识产权”一词最早出现在1967年斯德哥尔摩签订的《成立世界知识产权组织公约》中，其中规定知识产权包括以下内容。

（1）著作权或版权：与文学、艺术及科学作品有关的权利。

（2）邻接权：与表演者、广播、录音制作者有关的权利。

（3）专利权：与发明创造有关的权利。

（4）发现权：即与科学发现有关的权利。

（5）外观设计权：与工业品外观设计有关的权利。

（6）商业标志权：商品商标、服务商标、商号及其他商业识别性标志有关的权利。

（7）反不正当竞争权：与防止不正当经营竞争有关的权利。

（8）其他一切来自工业、科学及文学艺术领域的智力成果创作活动所产生的权利。

我国2021年1月1日起实施的民法典中规定：民事主体依法享有知识产权。知识产权是权利人依法就下列客体享有的专有的权利。

（1）作品。

（2）发明、实用新型、外观设计。

（3）商标。

（4）地理标志。

（5）商业秘密。

（6）集成电路布图设计。

（7）植物新品种。

（8）法律规定的其他客体。

在我们的工作生活中，最主要的知识产权是专利权、商标权、著作权以及商业秘密。

1.1　专利概述

1.1.1　专利文献

专利文献是包含已经申请或被确认为发现、发明、实用新型和工业品外观设计的研究、设计、开发和试验成果的有关资料，以及包含发明人、专利所有人及工艺品外观设计和实用新型注册证书持有人有关资料的已出版或未出版的文件（或其摘要）的总称。专利文献一般是指各国专利局及国际性专利组织在审批专利过程中产生的官方文件及其出版物，主要包括各种类型的发明、实用新型和外观设计说明书，各种类型的发明、实用新型和外观设计公报、文摘和索引，以及有关的分类资料。

1.1.2 专利信息

专利文献承载着大量信息，包括技术、法律、经济、战略、市场等诸多方面。专利信息是指以专利文献作为主要内容或以专利文献为依据，经分解、加工、标引、统计、分析、整合和转化等信息化手段处理，并通过各种信息化方式传播而形成的与专利有关的各种信息的总称。其中一部分信息可通过专利著录项目直接获取，另一部分信息可通过人工阅读/深度标引获得。

1.1.2.1 著录项目信息

专利文献著录项目是各国专利局为揭示专利文献中所包含的技术、经济信息特征以及可供进行综合分析的信息线索而编制的项目。一般登载于各种专利说明书的扉页、专利公报及检索工具中。

由于各国出版的专利文献所用语言不同，为使专利文献用户不受语言困惑，在不了解工业产权法、公约或协定知识的情况下也能识别和应用著录项目，提高检索和利用各国专利文献信息的效率，20 世纪 60 年代末，审查制专利局间情报检索国际合作委员会（简称 ICIREPAT）制定了关于专利文献著录项目的标准，并用一套国际承认的著录数据识别代码表示，简称 INID 代码。

各国专利文献中通常使用的著录项目数据如下：

文献标志：（11）专利、补充保护证书或专利文献号；（13）文献种类代码；（19）国家或组织代码。

申请数据：（21）～（26）申请号、申请日期等。

优先权数据：（31）～（33）优先权申请的申请号、日期及国家。

文献的公知日期：（43）～（45）各种说明书的出版日期。

技术信息：（51）～（58）专利分类、发明名称、摘要、参考文献、检索领域等。

与文献有关的人事引证：（71）～（75）专利申请人、发明人名称（或设计人名称）、专利权人名称、代理机构名称等。

除巴黎公约之外的国际公约有关数据：（81）依据专利合作条约的指定国；（84）依据地区专利条约的缔约国等。

表 1.1 具体展示了各国出版的专利文献中的 INID 代码及著录项目，主要以发明、实用新型文献的著录项目为例进行简要解析。图 1.1 以中国发明专利说明书扉页为例，可依照表格内容对照查看。

表 1.1　INID 代码及著录项目解析表

INID 代码及著录项目定义	举例说明	使用解析
(11) 专利、补充保护证书或专利文献号	公开号 CN 1768290 A 专利授权公告号 JP 特公平 8-34772 B2 专利号 US 5878290 A	一般统称为文献号，具体名称依不同种类说明书而定，如专利申请公开说明书为公开号，专利授权公告说明书为授权公告号，专利说明书为专利号等
(12) 文献种类文字释义	发明专利申请公开说明书 发明专利说明书 实用新型专利说明书	不同说明书的名称各不相同
(19) WIPO 标准 ST.3 规定的代码，或公布文献的局或组	中华人民共和国国家知识产权局 日本特许厅 美国专利商标局 欧洲专利局	指 WIPO 另一项标准 ST.3 中规定的两位字母代码，用以表示公布专利文献的国家或机构
(21) 申请号	200480008555.5 特昭 60-135204 Appl. No.：181，000 专利号 ZL02160832.6	申请号确切地说为申请注册号，是各工业产权局在受理专利（注册证书）申请时编制的序号。需要说明的是，代码（21）仅用于表示申请号，专利号沿用申请号代码（21）标识不符合该标准的规定。当以专利号出版专利说明书时应用代码（11）进行标识
(22) 申请日期	2004 年 12 月 24 日 1985 年 6 月 20 日 Filed：Jan，14，1994	提出申请的日期，各国专利局对申请日有不同规定，我国专利法规定申请日是指专利局收到专利申请文件的日期或者寄出专利申请文件的邮戳日期，可根据申请日信息推算出专利权届满日
(31) 优先权申请号 (32) 优先权日期 (33) 优先申请国家或组织代码	(31) 013364/2004 (32) 2004.1.28 (33) JP	这三项共同组成巴黎公约优先权数据，是构成同族专利的基础
(43) 未经审查的专利文献，对于该专利申请在此日或日前尚未授权，通过印刷或类似方法使公众获悉的日期	公开日：2006 年 5 月 3 日	是指专利申请在公开程序中说明书的公布日期

续表 1.1

INID 代码及著录项目定义	举例说明	使用解析
(44) 经过审查的专利文献，对于该专利申请在此日或日前尚未授权或仅为临时授权，通过印刷或类似方法使公众获悉的日期	公告日：1996 年 3 月 29 日	是指专利申请审定公告（也称展出公告）程序中说明书的公布日期
(45) 此日或日前已经授权的专利文献，通过印刷或类似方法使公众获悉的日期	授权公告日：2005 年 4 月 6 日 Date of Patent：Mar. 2. 1999	是指专利授权说明书的公布日期，即授权公告日
(51) 国际分类号	Int. CI.：H04L9/32 Int. CI.：G02B15/16（2006.01） Int. CI.：A61K38/00（2006.01）	指国际专利分类体系下的分类号。2006 年起，国际专利分类分为基本版和高级版。使用基本版分类时，IPC 分类号用普通字体印刷或显示；使用高级版分类时，IPC 分类号用斜体印刷或显示，在每个 IPC 分类号后面的圆括号内标明创建或主要修订的时间版本号（年、月），其中高级版中采用黑斜体表示发明信息
(52) 其他分类号	U. S. Cl. 396/158；396/165；396/201 FI A61K 31/198 Internationale Patentklassifika-tion：A61K38/17（2006.01）	是指一些国家/组织内部使用的专利分类体系中的分类号
发明名称 实用新型名称	发明名称　螺母及其制备方法 实用新型名称　一种药物提取装置	—
(56) 单独列出的现有技术文献清单	参考文献特开昭 60-115234（JP，A） 参考文献特开昭 60-5527（JP，A）	刊登在经过专利性审查的专利说明书扉页上，揭示同类技术主题的现有技术信息

续表 1.1

INID 代码及著录项目定义	举例说明	使用解析
(57) 摘要	摘要：本发明/实用新型公开了一种装置，结构 1……连接……运转，通过改进……，使产品生产速度大幅提升……	专利说明书内容的概述，适用于发明和实用新型，包括名称、技术所属领域、技术所解决的问题、主要技术特征、用途、化学式或附图等
(58) 检索领域	Fild of Search：396/158，165；396/201	审查员对所申请的技术主题的检索范围，对于扩大检索很有参考价值
申请人 发明人（或设计人） 专利权人	申请人：索尼株式会社 发明人（或设计人）：张某某 专利权人：佳能株式会社	实行先申请制的国家，专利申请一旦授权，申请人即成为专利权人；在企事业单位，职务发明创造的申请人必须为单位；发明人是对发明创造的实质性特点做出了创造性贡献的人，必须是自然人
专利代理机构	专利代理机构某某市某某专利商标事务所	一般美国专利使用此项代码的情况较少
(75) 发明人兼申请人姓名	Inventors：Hidetoshi Masuda；Toshio Nagata，both of Yokohama	主要在美国专利说明书上使用。美国专利法实行先发明制原则。美国规定发明申请必须由发明人提出，因而在美国发明人与申请人是同一人
(81) 依据专利合作条约的指定国	Designated States（*unless otherwise indicated，for every kind of national protection available*）AE，AG，AL，BZ，CA，DK，GE，IN，JP	指提出国际申请的国家范围，专利能否在指定国授权，取决于各指定国批准与否。也许一项国际申请在一些国家被授予专利，而在另一些国家则被驳回
(84) 依据地区专利条约的缔约国	Designated Contracting States（*unless otherwise indicated，for every kind of regional protection available*）： AT，BE，CH，DE，ES，FR，GB，IT，LI，LU NL SE	根据地区专利公约提出的专利申请一旦被授予专利，该专利权在所有指定国生效

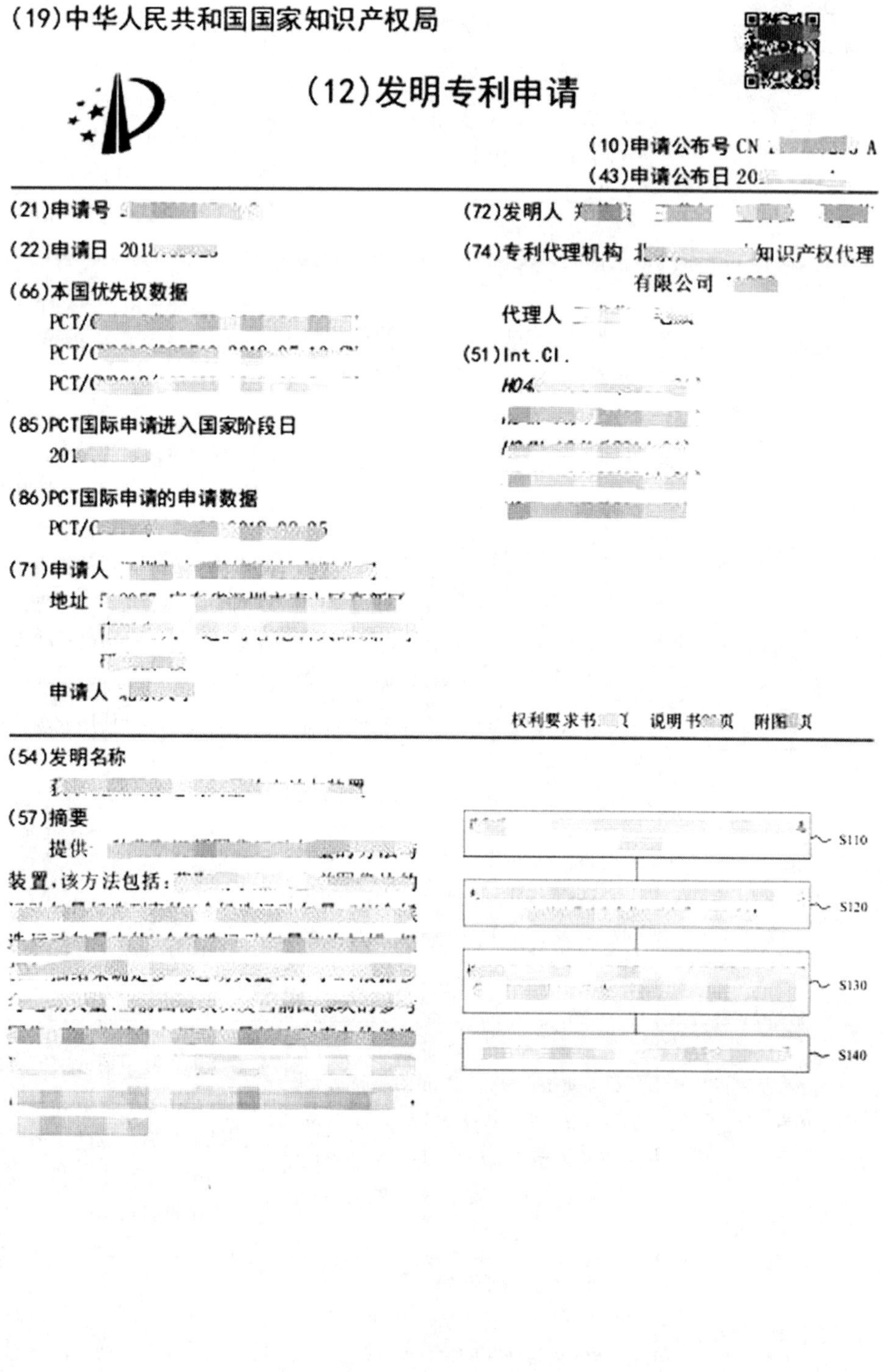

(19)中华人民共和国国家知识产权局

(12)发明专利申请

(10)申请公布号 CN [illegible] A

(43)申请公布日 20[illegible]

(21)申请号 [illegible]

(22)申请日 201[illegible]

(66)本国优先权数据

PCT/C[illegible]

PCT/C[illegible]

PCT/C[illegible]

(85)PCT国际申请进入国家阶段日

201[illegible]

(86)PCT国际申请的申请数据

PCT/C[illegible]

(71)申请人 [illegible]

地址 [illegible]

申请人 [illegible]

(72)发明人 [illegible]

(74)专利代理机构 北[illegible]知识产权代理有限公司 [illegible]

代理人 [illegible]

(51)Int.Cl.

H04[illegible]

权利要求书[illegible]页 说明书[illegible]页 附图[illegible]页

(54)发明名称

[illegible]

(57)摘要

提供[illegible]方法与装置，该方法包括：[illegible]

图 1.1 中国发明专利说明书扉页样例

1.1.2.2　中国专利申请号释义

专利申请号，是指国家专利行政部门给予每一件受理专利申请的代码，是专利申请人向国家专利行政部门办理各种手续时，指明特定申请的最有效标记。

中国专利申请号由 13 位数字组成，分成四段（详见图 1.2），第一段为左边 4 位，表示提交专利申请的年份。第二段为左起第 5 位数字，表示专利申请的种类，“1”表示发明，“2”表示实用新型，“3”表示外观设计。第三段由从左起第 6 位到第 12 位的 7 位数字组成，表示流水号，如 0001764 表示当年第 1764 件申请。第四段由 1 位数字或符号组成，是误码号，它可以是 0—9 的任一数字或者是字符 X。

专利申请号中的申请流水号用 7 位连续数字表示，一般按照升序使用，例如从 0000001 开始，顺序递增直至 9999999。每一自然年度的专利申请号中的申请流水号从 0000001 开始重新编排，不延续上一年度的申请流水号。

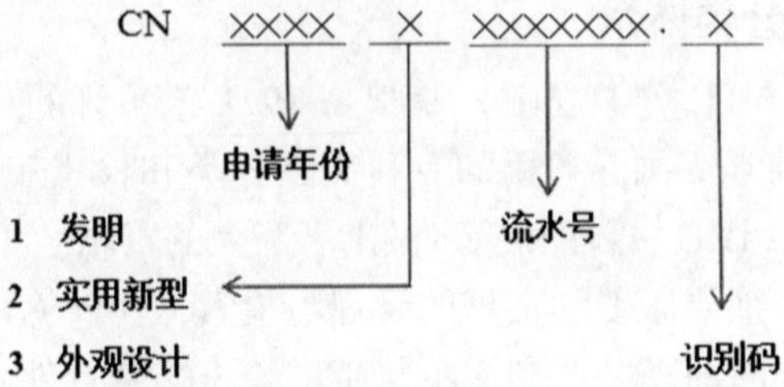

图 1.2　中国专利申请号组成释义

1.1.2.3　中国专利文献后缀代码释义（表 1.2）

表 1.2　中国专利文献后缀代码释义

	发明专利	实用新型专利	外观设计专利
A（公开号）	公开说明书		
B（审定号）	审定说明书		
C（授权号）	专利说明书		
U（公告号）		申请说明书	
Y（授权号）		专利说明书	
S（公告号）			外观设计公告
D（授权号）			外观设计授权

1.1.3　专利分类体系

1.1.3.1　专利分类体系简介

专利文献是一座蕴藏着人类智慧的技术宝库，也是知识产权领域专利信息的唯一源泉。要迅速有效地从庞大的专利文献中检索到所需的技术信息，就必须建立一套完整的专利类体系，将浩瀚的专利文献以特定的技术主题分类成不同的专利集合，使其具有共同的类别标准，方便检索查询相关专利。

发明专利和实用新型专利的实质是一种技术方案，而外观设计专利是一种工业应用的新设计，由于两者自身的特点不同，其专利分类体系也完全不同。发明专利和实用新型专利的国内外主流专利分类体系包括国际专利分类（IPC）、欧洲专利分类（ECLA）、美国专利分类（USPC）、日本专利分类（FI/F-term）、联合专利分类（CPC）等。其中最为通用的是IPC，在各国专利局均可利用IPC对专利进行检索；在欧洲专利局网站进行专利检索既可以使用IPC，也可以使用ECLA（分类体系与IPC相似，但分类更细、更方便）；日本的FI/F-term分类最为复杂、检索结果更为精确，但仅局限于检索日本专利文献，且检索难度大。外观设计专利则采用洛迦诺分类（Locarno）。

需要注意的是，任何一篇专利文献都可能有多个分类号，其中第一个分类号称为主分类号，代表了该项专利文献承载内容的主要创新点。

1.1.3.2 国际专利分类体系

《国际专利分类表》（IPC分类规则）是根据1971年签订的《国际专利分类斯特拉斯堡协定》编制的，是目前唯一国际通用的专利文献分类和检索工具，为世界各国所必备。IPC对于海量专利文献的组织、管理和检索做出了巨大的贡献。

最初IPC的建立基于纸质版专利文献的管理与检索，在计算机和通信网络等新技术快速发展的今天，新技术不断涌现，专利文献每年增长300余万件，目前全球专利总量已超过1.3亿件，最初版的分类体系已不能满足现有需求。因此，为了让IPC名副其实地成为世界各国专利局以及其他使用者在确定专利申请新颖性、创造性时进行专利文献检索的一种有效工具，世界知识产权组织（WIPO）在1999—2005年对《国际专利分类表》进行了改革，将第8版IPC分类规则分成基本版和高级版两级结构。其中基本版涵盖了包括部、大类、小类、大组和在某些技术领域的少量多点小组在内的约20 000条分类条目，而高级版则在基本版的基础上进行了进一步的条目细分，涵盖了约70 000条分类条目，以此来满足大量专利文献的待分类需求。

第8版IPC分类表于2006年1月1日起生效，全套共分为8个部，即A——人类生活必需；B——作业、运输；C——化学、冶金；D——纺织、造纸；E——固定建筑物；F——机械工程、照明、加热、武器、爆破；G——物理；H——电学。

一个完整的专利分类号由代表部、大类、小类、大组或小组的字母及数字构成，一般分为五级结构，其从属关系为小组（三点组）$\in$小组（二点组）$\in$小组（一点组）$\in$大组$\in$小类$\in$大类$\in$部。

例如，在分类号A61K36/00中：

部——A 人类生活必需

大类——A61 医学或兽医学；卫生学

小类——A61K 医用、牙科用或梳妆用的配制品

大组——A61K36 含有来自藻类、苔藓、真菌或植物或其派生物，例如传统草药的未确定结构的药物制剂

小组（一点组）——A61K36/06 ·真菌类，如酵母

小组（二点组）——A61K36/07 ··担子菌门，如隐球菌属

小组（三点组）——A61K36/074 · · · 灵芝属

完整的国际专利分类表可通过“中国国家知识产权局—首页—专题专栏（页面最下方）—文献服务—知识原地—标准与分类—国际专利分类”路径进行下载。

1.1.3.3　欧洲专利分类体系

欧洲专利分类体系（European Classification System，ECLA）由欧洲专利局建立，它以 IPC（International Patent Classification）分类体系为骨架，是在 IPC 基础上的细分，目前包括 132 200 个小组。ECLA 分类号是欧洲专利局审查员进行检索时采用的最重要的分类号，也是众多分类体系中检索效率最高的一个分类体系，ECLA 主要对 EP、DE、FR、GB、US、WO、AP、AT、AU、BE、CA、LU、NL、OA（该数据不断增加）等 14 个国家和地区的专利文献进行分类，目前已有 4 000 多万件专利文献采用了 ECLA 分类体系进行分类。

最初，世界知识产权组织（WIPO）建立 IPC 的目的之一就是在全球建立统一的分类标准，各国无须再对外国出版的专利文献进行分类，从而提高专利检索效率。但实际上，各国在对文献的分类思想上却很难达到统一，尽管 WIPO 建立了 IPC 分类指南，但各国在如何应用方面却缺乏一致的标准，因此，同族专利在向其他国家提交申请时往往会被赋予不同的 IPC 分类号，分类的不准确导致文献检索困难，存在遗漏文献的风险。另外，伴随技术的发展，专利申请文献量与日俱增，导致在某些较活跃技术领域 IPC 分类号下的专利文献量过多，不得不引入关键词进行检索，而许多欧洲专利局审查员来自母语为德语或法语的国家，英文关键词的选择对于母语并不是英语的审查员而言也存在很多困难，导致检索效率和检索质量降低。因此，欧洲专利局在 IPC 主体结构的基础上发展了自己内部的细化分类体系 ECLA，力求使各个分类条目下的专利文献主题明确、界限清晰、文献量适中且便于进行检索，从而提高检索效率。

ECLA 分类体系有 4 个基本特点：细分性、准确性、全面性、动态性。

（1）细分性。

ECLA 分类体系是在 IPC 分类基础上的细分，以保证各分类号下的文献量适中，从而通过分类号限定一个文献量合适的范围，提高检索效率。是否细分是由欧洲专利局审查员决定的，审查员根据实际情况确定是否需要进行细分，以及增加什么样的细化分类。A61J11/00 是涉及橡胶奶嘴的杂类，在 IPC 分类号下有 984 篇文献，下位细分为两个小组，而 A61J11/00 在 ECLA 下具有 20 个细化分类，例如：

A61J11/00F：涉及包括调节流量的装置；

A61J11/00G：具有过滤装置；

A61J11/00F：包括具有母体气味的装置；

A61J11/00T：用于防止颌面畸形的；

A61J11/00S：具有特定的形状和结构；

……

在这些细分类下又进一步进行了细分，例如在 A61J11/00S 下又进一步对特定形状和结构进行了细分。

A61J11/00S2：成角的；

A61J11/00S4：具有美学特性的；

A61J11/00S6：用于改进灵活性的；

A61J11/00S8：用于提高强度的（例如防止咬破的）。

由此可见，ECLA 分类体系从形状、结构、用途等方面对该橡胶奶嘴分类进行了进一步细分，每个分类号下的文献数量适中，分类主题明确。

（2）准确性。

ECLA 分类体系由 EPC 审查员进行搭建与调整，相较于由不同国家不同人员给出的 IPC 分类号更为准确。

（3）全面性。

ECLA 分类体系针对专利文献的全部内容进行分类，反映的内容更加全面。例如，一篇涉及 X 射线诊断装置的文献（CN1860999），其发明点在于其摄像装置，该专利文献被赋予的 IPC 分类号只有一个：A6186/00（用于放射诊断的仪器），而该专利文献的同族文献被赋予的 ECLA 分类号为 G03842/02（利用 X 射线的摄影装置）和 A6186/0088（用于放射诊断的仪器，同时移动放射源和检测器）。由此可见，该专利文献的 ECLA 分类号更为全面，对检索更为有利。

（4）动态性。

①ECLA 分类体系伴随技术的发展实时修改，平均 1—2 周修订一次。

②已分类的专利文献随着分类体系的更新而进行更新。

1.1.3.4 美国专利分类体系

美国专利分类体系（U. S. Patent Classification System，USPC）是美国专利局对美国专利文献分类提出的自有体系，其只适用于美国专利文献或具有美国同族的专利文献的检索。

USPC 分类体系的原则是以功能分类为主，分类号采用二级结构，即大类和小类，其形式为“大类号/小类号”，例如 604/367。其中小类是对大类的继续细分。各分类号之间的分类等级和上下位关系必须查看详细的分类表才能理解。目前该体系包括 450 个大类、150 000 个小类。

USPC 分类体系主要包括分类表、专利分类定义分类表索引、分类表修正页等。另外，USPC 分类体系还有非正式小类，美国专利局的审查员有权对分类表中自己所管辖的小类进行临时性细分，标准相对统一。

1.1.3.5 日本专利分类体系（FI/F-Term）

FI（File Index）分类体系是日本专利局将 IPC 分类体系细分和扩展得到的，用于扩展 IPC 分类体系在某些技术领域的功能。它以第六版 IPC 分类表为基础编制，其中部分也参照了第四版和第五版 IPC 分类表。FI 分类号采用了类似 IPC 分类号的层次递降的等级结构原理对技术整体进行分割，使得在某一小组分类号下的上千或上万的专利文献在细分/扩展之后，其专利文献量限制在几百甚至几十篇之内，从而提高了检索效率，目前该体系共有 190 000 个小组。

其结构如下：

IPC 分类号，如 G01N33/02

IPC 分类号 + 文档细分号，如 G01N33/48&A

IPC 分类号 + IPC 细分号，如 G01N33/543&501

IPC 分类号 + IPC 细分号 + 文档细分号，如 G01N33/543&501A

F-Term（File Forming Terms）分类体系是日本特许厅设立的一种专门用于计算机检索的分类系统，是构成专利信息的技术术语和表示其相应的技术术语的符号组成的修正系统。F-Term 是不同于 IPC 分类体系的一种全新的分类系统，IPC 分类体系侧重于对单一的技术主题进行分类，其技术分类比较粗糙，而 F-Term 分类体系则是从技术主题的多个技术角度进行分类，例如用途、结构、材料、目的、制作方法、使用方法、装置、类型等，是一种多视点的分类方法。例如，关于"茶和咖啡"的分类，F-Term 分类系统中首先将该技术主题细分为产品的种类、目的、外形等，对于其中的外形又细分为固态、糊状，对于固态又细分为粉末、颗粒、胶囊。由此可见 F-Term 分类系统的详细程度。目前 F-Term 分类系统已归类约 2 600 个技术主题，其中约 1 900 个主题已经制成 F-Term 分类表，并下设约 22 000 个分类角度以及约 340 000 个细分项目。

F-Term 分类号由 5 位字符主题码（Theme Code）+2 位字母观点符（Viewpoint）+2 位数字位符（Figure）构成。其中，5 位字符主题码表征技术领域，2 位字母观点符表征发明的材料、方法、结构等，最后两位数字位符是对观点符表征的技术特征的进一步细化。例如，5K067/AA34 即主题码 + 观点符 + 位符，具体形式见表 1.3。

表 1.3　F-Term 专利分类号示例

5K067	移动无线电通信系统						
	H04B7/24-7/26，113@Z；H04Q7/00-7/04@Z						
AA	AA00	AA21	AA34				
	目的和效果	·改善服务	··增强便利或处理				
BB	BB00	BB01	BB02	BB03	BB04	BB05	BB06
	应用	·电话	··无线电话	···车载电话	····蜂窝电话	···列车上的电话	···飞机上的电话
DD	DD00	DD11		DD18	DD19	DD20	
	传输信号	·连接或控制信号		··区域指定信号	··区域或基站鉴别信号	··位置信号	
EE	EE00	EE01	EE02	EE03	EE04		EE06
	系统结构	·站的结构	··移动台	···具有次级站的变型	···作为多路台使用		··中继站

1.1.3.6　联合专利分类体系

联合专利分类体系（Cooperative Patent Classification，CPC）来自欧洲专利局（EPO）与美国专利与商标局（USPTO）开展的合作项目，该项目起始于 2010 年 10 月 25 日，主管知识产权事务的时任美国商务部副部长兼美国专利商标局主任 David Kappos 与欧洲专利局局长 Battistelli 签署了联合声明：为了协同国际并行的分类体系和增强检索效率，为了推动五局共同混合分类系统，USPTO 和 EPO 将共同推动基于 ECLA 的共同分类体系。

CPC 分类体系于 2013 年 1 月 1 日正式施行，EPO 的审查员自该日起只采用 CPC 分类体系对专利及部分非专利文献进行分类，同时停止 ECLA 分类体系的更新和维护；USPTO 的审查员自该日起先采取 CPC 与 USPC 并行使用的方式进行分类，两年过渡期后（2015 年），所有的 USPTO 审查员只使用 CPC 分类体系对专利文献进行分类；2013 年 6 月，韩国知识产权局（KIPO）宣布，将使用 CPC 分类体系对其部分专利文献进行分类；中国也于 2013 年 6 月 4 日与 EPO 签署备忘录：自 2014 年 1 月起，经 EPO 培训后，中国于 2016 年 1 月起对所有技术领域专利文献使用 CPC 分类体系。这意味着 2016 年开始五局中除了日本以外均使用 CPC 分类体系对专利文献进行分类。

CPC 分类条目多达 25 万条，CPC 分类体系的组成如下。

①A 部至 H 部，对应于 IPC 分类体系的 8 个部。

②新增 Y 部，一部分为新兴领域，例如 Y02（改善气候变化的技术）、Y04（智能电网）等，另一部分为来自 USPC 分类体系的跨领域技术。

1.1.3.7 洛迦诺分类

1968 年 10 月 8 日，《保护工业产权巴黎公约》全体成员国在瑞士洛迦诺召开外交会议，缔结了《建立工业品外观设计国际分类洛迦诺协定》（简称《洛迦诺协定》），规定了工业品外观设计的国际分类法，制定了《国际外观设计分类表》（又称《洛迦诺分类表》）。1996 年 6 月 17 日，中国政府向世界知识产权组织递交加入书，1996 年 9 月 19 日中国成为该协定成员国。截至 2021 年，该联盟有成员国 177 个。

国际洛迦诺分类体系是现代分类学的重要组成部分，它完整地构成了 7 个层次，这 7 个层次为界、门、纲、目、科、属、种。涉及外观设计分类表的是后三个部分，即行业、门类、品种，对应分类表是大类、小类、细类。分类表共有 33 个大类，214 个小类，按照领域可分为 10 个部分，这些领域涵盖了外观设计所涉及的全部行业。对于具体产品的分类，要掌握的是这件产品的最终状态，零部件要归位它的最上位产品，并通过主用途进行分类，产品的用途也是后续程序中判断相同和近似类别的依据。对于无法分入具体类别的外观设计则列入 99 类（其他杂项）内。

其分类号结构如下。

大类——12 运输或提升工具

小类——12-08 汽车、公共汽车和货车

产品项——12-08-B0596 公共汽车

完整的《洛迦诺分类表》可通过“中国国家知识产权局—首页—专题专栏（页面最下方）—文献服务—知识原地—标准与分类—国际外观设计分类”路径进行下载。

1.1.4 专利优先权及同族专利

专利优先权是指专利申请人就其发明创造第一次在某国提出专利申请后，在法定期限内，又在其他国家及组织以相同主题的发明创造提出专利申请的，根据有关法律规定，其在后申请以第一次专利申请的日期作为其申请日，专利申请人依法享有的这种权利，就是优先权。专利优先权的目的在于，排除在其他国家抄袭此专利者，有抢先提出申请、取得

注册的可能。

同族专利是基于同一优先权文件，在不同国家或地区，以及地区间专利组织多次申请、多次公布或批准的内容相同或基本相同的一组专利文献。由至少一个共同优先权联系的一组专利文献，称一个专利族（Patent Family）。在同一专利族中每件专利文献被称作专利族成员（Patent Family Members），同一专利族中每件专利互为同族专利。

一项发明在多个国家申请，会产生差异，在各国的专利申请可能会引用不同的优先权，各国的专利局在审查过程中也可能会接受或拒绝不同的专利权利要求，这些导致了一项发明在各国会获得不同的保护范围。

依据巴黎公约中一个专利文献和它的优先权之间的关系，专利族有多种定义方式，大体分为三种，即简单同族、复杂同族和扩展同族。

表 1.4 展示了专利文献 D1—D5 的优先权情况。

表 1.4　优先权解释表

专利文献 D1	优先权 P1		
专利文献 D2	优先权 P1	优先权 P2	
专利文献 D3	优先权 P1	优先权 P2	
专利文献 D4		优先权 P2	优先权 P3
专利文献 D5			优先权 P3

下面结合表 1.4 内容对简单同族、复杂同族和扩展同族进行解读。

（1）简单同族。

具有完全相同的优先权的所有专利文献属于一个简单专利族。按照简单专利族划分，专利文献 D1 属于专利族 P1，专利文献 D2 和 D3 同属于专利族 P1—P2，专利文献 D4 属于专利族 P2—P3，专利文献 D5 属于专利族 P3。

（2）复杂同族。

至少有一个相同优先权的所有专利文献属于一个复杂专利族。按照复杂专利族划分，专利文献 D1、D2 和 D3 同属于专利族 P1，专利文献 D2、D3 和 D4 同属于专利族 P2，专利文献 D4 和 D5 同属于专利族 P3。

（3）扩展同族。

直接或间接拥有至少一个优先权的所有专利文献属于一个扩展专利族。按照扩展专利族划分，专利文献 D1、D2、D3、D4 和 D5 属于同一个专利族。

1.2　商标的概述

1.2.1　商标概念

商标是商品的生产者、经营者在其生产、制造、加工、拣选或者经销的商品上或者服务的提供者在其提供的服务上采用的，用于区别商品或服务来源的，由文字、图形、字母、数字、三维标志、颜色或声音等组成的具有显著特征的标志，是现代经济的产物。在商业领域，文字、图形、字母、数字、三维标志、颜色和声音及其组合，均可作为商标申请注册。经国家核准注册的商标为“注册商标”，受法律保护。

自然人、法人或者其他组织对其生产、制造、加工、拣选或经销的商品或者提供的服务需要取得商标专用权的，应当依法向国家工商行政管理总局商标局（以下简称商标局）提出商标注册申请。狭义的商标注册申请仅指商品和服务商标注册申请、商标国际注册申请、证明商标注册申请、集体商标注册申请、特殊标志登记申请。广义的商标注册申请除包括狭义的商标注册申请的内容外，还包括变更、续展、转让注册申请、异议申请、商标使用许可合同备案申请以及其他商标注册事宜的办理。商标注册实行申请在先原则，申请日期的确立对商标注册能否成功至关重要。

1.2.2 商标类型

1. 商品商标

商品商标是指商品的生产者或经营者为了将自己生产或经营的商品与他人生产或经营的商品区别开来而使用的文字、图形或其组合标志。商品商标可以是具有某种含义或毫无任何意义的文字、图形或其组合。如同其他商标一样，只要不违反法律的禁用条款、不损害公共道德或他人的利益、具有商标的显著性，均可成为商品商标。

2. 服务商标

服务商标又称服务标记或劳务标志，是指提供服务的经营者为将自己提供的服务与他人提供的服务相区别而使用的标志。与商品商标一样，服务商标可以由文字、图形、字母、数字、三维标志、声音和颜色组合，以及上述要素的组合而构成。它一旦被服务企业所注册，该企业也就拥有了对该服务商标的独占专有使用权，并受法律的保护。

3. 集体商标

集体商标是指以团体、协会或者其他组织名义注册，专供该组织成员在商事活动中使用，以表明使用者在该组织中的成员资格的标志。在有些国家，也可能由一些企业的联合会作为代表去注册，有时由领导这些企业的政府机关代行注册。集体商标的作用是向用户表明使用该商标的企业具有共同的特点。一个使用集体商标的企业，有权同时使用自己独占的其他商标。

4. 证明商标

由对某种商品或服务具有检测和监督能力的组织所控制，而由其以外的人使用在商品或服务上，以证明商品或服务的产地、原料、制造方法、质量、精确度或其他特定品质的商标。比如“绿色食品”标志等。

5. 特殊标志

特殊标志是指经国务院批准举办的从国际性或者是国际性的文化、教育、科学研究及其他社会公益活动所使用的由文字、图形组成的名称及缩写、徽记、吉祥物等标志。

1.3　商业秘密概述

1.3.1　商业秘密的概念

按照《反不正当竞争法》的规定，商业秘密是指不为公众所知悉、能为权利人带来经济利益，具有实用性并经权利人采取保密措施的技术信息和经营信息。商业秘密包括两部分：技术信息和经营信息。其中经营信息有管理方法、产销策略、客户名单、货源情报等；技术信息有生产配方、工艺流程、技术诀窍、设计图纸等。

商业秘密和其他知识产权（专利权、商标权、著作权等）相比有以下特点。

1. 非公开性

商业秘密的前提是不为公众所知悉，而其他知识产权都是公开的，对专利权甚至有公开到相当程度的要求。

2. 非排他性

商业秘密是一项相对的权利。商业秘密的专有性不是绝对的，不具有排他性。如果其他人以合法方式取得了同一内容的商业秘密，他们就和第一个人有着同样的地位。商业秘密的拥有者既不能阻止在他之前已经开发掌握该信息的人使用、转让该信息，也不能阻止在他之后开发掌握该信息的人使用、转让该信息。

3. 利益相关

能使经营者获得利益，获得竞争优势，或具有潜在的商业利益。

4. 期限保护

商业秘密的保护期不是法定的，取决于权利人的保密措施和其他人对此项秘密的公开。一项技术秘密可能由于权利人保密措施得力和技术本身的应用价值而延续很长时间，远远超过专利技术受保护的期限。

1.3.2　商业秘密归属

商业秘密的权利人包括商业秘密所有人和经商业秘密所有人许可的商业秘密使用人。当商业秘密遭到侵犯的时候，所有人和使用人都有权要求侵害人停止侵害并承担法律责任。由于经营秘密的归属问题通常是容易确定的，下面从雇佣关系、委托开发关系和合作开发关系角度对商业技术秘密的归属问题进行叙述。

1. 雇佣关系下商业技术秘密的归属

雇佣关系下商业秘密的归属分两种情况，即职务技术成果的归属和非职务技术成果的归属。

（1）职务技术成果的归属。《中华人民共和国合同法》第 326 条规定，职务技术成果属于单位所有，由单位拥有并行使技术成果的使用权、转让权。所谓职务技术成果是指执行单位工作任务，或利用本单位的物质技术条件所完成的技术成果。

（2）非职务技术成果的归属。如果技术成果与职工的工作任务和责任范围没有直接关系，而且不是利用本单位的物质技术条件完成的，属于非职务技术成果。非职务技术成果属于职工个人，其使用权、转让权由完成技术成果的个人拥有和行使。

2. 委托开发关系下商业秘密的归属

除了自行研究开发之外，往往也会出资委托其他公司或科研机构研究开发生产技术。合同法规定，委托开发关系下商业秘密的归属由当事人自行约定，即当事人可以约定委托关系下完成的技术成果属于委托人，也可约定属于被委托人。如果没有约定或约定不明的，委托人和被委托人都有使用和转让的权利，即由当事人共同拥有。但是，被委托人在向委托人交付研究成果之前，不得转让给第三人。另外，除当事人另有约定以外，委托开发中完成的技术成果的专利申请权属于被委托人。

3. 合作开发关系下商业秘密的归属

高校有时也会和其他公司、高校和科研机构合作开发技术项目，以取长补短。合作开发关系下商业秘密的归属由当事人自行约定，即当事人可以约定委托关系下完成的技术成果属于参加合作的任何一方或几方。如果没有约定或约定不明的，归全体合作人共同拥有，共同行使使用权、转让权和专利申请权。

第2章　专利信息检索

专利信息检索是指根据一项或数项特征，从大量的专利文献或专利数据库中挑选符合某一特定要求的文献或信息的过程。简单地说，专利信息检索就是有关专利信息的查找。专利技术信息检索的实现主要依赖于主题词和分类号，有时还会辅以专利相关人、日期等著录项信息进行检索。

2.1　专利检索系统及访问地址

专利文献可通过本地库和在线网页的方式进行检索，从日常可使用性来看，可分为免费专利检索系统与非免费专利检索系统，其中免费专利检索系统主要有各国家/地区官方网站的检索系统、Soopat 专利搜索引擎、Baiten 专利检索系统等；非免费网站主要有 INNOJOY 专利搜索引擎、Derwent 专利检索系统、Patsnap 智慧芽专利检索系统和 Incopat 科技创新情报平台等。各检索平台背后的支撑数据量不尽相同，同时专利检索界面及检索功能也各有特点，可结合以下介绍根据自身检索需求选择最适合的检索平台开展检索工作。

2.1.1　免费专利检索系统及访问地址

2.1.1.1　中国国家知识产权局专利检索与查询系统

（1）系统优势。

①专利数据收录全面，更新较快。该系统收录了 103 个国家、地区和组织的专利数据，以及引文、同族、法律状态等数据信息。其中中外专利数据每周三更新，同族、法律状态数据每周二更新，引文数据每月更新。

②不限制浏览量。

③药物检索功能强大，包括高级检索、方剂检索和结构式检索，其中高级检索可针对待检索药物的分析方法、化学方法、物理方法、方剂组成、新用途、相互作用、CAS 登记号、药物中英文名称等 22 个细化特征点进行组合检索，并引入了中药和西药字典等小工具，可在线查找药物名称及其他信息。方剂检索可针对药物配方及药物数量固定的方剂进行检索，便于筛选药物配方信息不全的方剂。结构式检索可在线编辑药物化学结构式，并选择“精准结构”“子结构”或“自定义相似度”展开检索。

④检索辅助工具齐全，可满足检索过程中的中英文关联词扩展、双语互译、各分类体系间的分类号转换、申请人别名查询以及 CPC 分类号查询等需求。

⑤有基础分析功能，可对申请人、发明人、区域、技术区域等开展基础分析，但限制分析专利量 10 000 件。

（2）系统劣势。

①响应较慢，卡顿比较严重，检索及分析耗时较长。

②需要通过手动逐篇添加方式将待分析专利加入分析库中才可进行分析，操作较为繁杂。

③不支持号码批量检索。

④不能下载。

⑤国外专利法律状态全面性及准确性相对不高。

（3）适用情况。

①需要大量浏览全球专利信息，但无须下载。

②需要宏观分析专利数据，且数据量小于 10 000 件。

③需要针对药物开展较为详细的检索，如化学式及药剂检索。

④查询中英文扩展词、申请人别名、各分类体系分类号转换以及中英双语互译等信息。

2.1.1.2　欧洲专利局检索系统

（1）系统优势。

①欧洲专利局及欧洲地区专利数据全面，法律状态信息准确度及全面性高，更新速度良好。该系统包括世界上 90 多个国家及地区专利申请的著录项目、摘要、说明书、专利族数据、法律状态信息等，每周三进行更新。

②支持专利原件及各类信息下载、打印以及邮件发送，不限制阅读量与下载量。

③不需要注册账号。

（2）系统劣势。

①中国 IP 访问该网站延迟较高。

②不支持号码批量检索。

③无分析功能。

（3）适用情况。

①查询或下载欧洲专利局及欧洲地区专利（非批量）。

②确认欧洲专利局及欧洲地区专利法律状态信息。

2.1.1.3　日本特许厅检索系统

（1）系统优势。

①日本专利数据全面，可提供专利申请及审查中的过程文件，法律状态信息准确度及全面性高。

②可查询商标信息。

③支持专利原件下载及打印，支持专利申请及审查中的过程文件打印，不限制阅读量、下载量及打印量。

④不需要注册账号。

（2）系统劣势。

①中国 IP 访问该网站延迟较高。

②在按照申请号检索专利时，需要将“JP2019042489”改写成“2019-042489”进行检索。

③不支持号码批量检索。

④无分析功能。

（3）适用情况。

①查询或下载日本专利（非批量）。

②确认日本专利法律状态信息。

③查询或打印日本专利申请及审查中的过程文件信息。

2.1.1.4 世界知识产权组织官网检索系统

（1）系统优势。

①PCT专利数据全面，可提供国际检索报告、申请过程文件等信息。

②可查询并下载WIPO编写的各类统计报告（包括年度统计及各新兴领域专利统计）。

③不限制阅读量。

（2）系统劣势。

①中国IP访问该网站延迟较高。

②在按照公开号检索专利时，需要将“WO2021091298A1”改写成“WO/2021/091298”进行检索。

③不支持号码批量检索。

④下载功能需要注册账号才可使用，但无数量限制。

⑤无分析功能。

（3）适用情况。

①查询或下载PCT申请专利（非批量）。

②查询PCT申请专利国际检索报告及申请过程文件等信息。

③获取WIPO各类数据统计信息。

2.1.1.5 美国专利商标局检索系统

（1）系统优势。

①1976年后公布的美国专利数据全面，法律状态信息准确性与全面性高。

②可查询美国商标信息。

③不限制阅读量。

（2）系统劣势。

①中国IP访问该网站延迟较高。

②在按照公开号检索专利时，需要将“US10713054B2”改写成“10713054”进行检索。

③不支持号码批量检索。

④无下载功能。

⑤无分析功能。

（3）适用情况。

①查询或下载美国专利（非批量）。

②确认美国专利法律状态信息。

2.1.1.6 Soopat 专利搜索引擎

（1）系统优势。

①专利数据涵盖国家多，较为全面。该系统包含 110 个国家和地区、超过 1 亿 4 000 万专利文献。

②专利查询及分析响应较快，节省使用时间。

③提供专利数据基础分析功能。该系统可针对 10 万件及以下的专利数据围绕申请日、申请人、分类号等维度展开分析，并形成相关图表。

④可免费下载 50 件专利文献。

（2）系统劣势。

①需要注册账号，且专利浏览量及下载量均限额 50 件。

②点击某件专利标题不能立刻看到专利全文，需要选择网络路径再次跳转页面才可看到，下载同理，操作较为烦琐。

③不支持号码批量检索。

④专利文献需要逐件手动下载，批量下载功能收费。

（3）适用情况。

①50 件以下的专利文献查询及下载（非批量）。

②专利数据量不超过 10 万件时的专利基础分析。

2.1.1.7 Bai ten 专利检索系统

（1）系统优势。

①专利查询及分析响应很快，节省使用时间。

②浏览量无限额。

③提供专利数据基础分析功能，且分析数据量无限制。该系统可围绕时间、申请人、发明人、区域、技术分类号、代理人以及代理机构等维度展开分析，并形成相关图表。

④支持多种检索方式，如简单检索、高级检索、法律检索、批量检索、分类号检索、表达式检索、专利缴费/审查/发文检索等。

⑤中国专利有专利价值评分功能。

⑥可利用免费 + 积分的形式下载 92 件专利。

（2）系统劣势。

①需要注册账号使用，且下载量限额为 92 件。

②专利缴费/审查/发文信息需要收费查看。

③专利数据更新偏慢。

（3）适用情况。

①需要大量浏览专利内容（无下载需求）。

②需要下载专利且专利量不超过 92 件。

③需要对不超过 300 件的专利进行批量检索。

④需要对数据量庞大（超过 10 万件）的专利进行基础分析。

⑤需要对中国专利价值进行简单评估。

2.1.1.8　专利之星检索系统

（1）系统优势。

①专利查询响应相对较快。

②浏览量及下载量无限额。

③支持智能检索（简单检索）、表格检索、专家检索和法律状态（基础法律状态、转让、质押、许可）检索等多种检索方式。

④提供中英互译等在线辅助检索工具。

（2）系统劣势。

①专利信息下载后的格式为 html，不是专利文献原件。

②需要注册使用。

③pdf 下载及分析功能需要收费。

（3）适用情况。

①需要大量浏览专利内容并下载（无下载专利原件 pdf 需求）。

②需要对专利转让、质押、许可等法律信息进行查询。

2.1.2　非免费专利检索系统及访问地址

2.1.2.1　INNOJOY 专利搜索引擎

（1）系统优势。

①专利数据优质，数据更新迅速。该搜索引擎数据收录范围覆盖 130 余个国家和地区，提供 1 亿多条专利数据、5 000 多万件专利说明书、60 个国家和地区的法律状态，每周数据更新超过 5 次。

②小语种专利内容优质英文翻译。该搜索引擎提供中国、欧美等 19 个国家代码化全文、日韩法德等 14 个国家小语种的英文翻译。

③支持 AI 智能检索、专利价值（DPI）检索、简单检索、表格检索、表达式检索、法律状态检索等 10 余种检索方式，可满足各种用户的不同检索需求。

④提供上百种专利分析模板与自定义模板，支持各类分析报告一键生成。

⑤具有较为科学的中国专利价值评价体系。

（2）普通注册使用权限。

全年阅读限额 500 件，每天阅读限额 50 件。下载著录项及专利 pdf 文件需要收费。可通过官网免费申请 VIP 账户试用。

2.1.2.2　Derwent 专利检索系统

（1）系统优势。

①专利数据优质（尤其体现在法律状态信息和诉讼信息），数据更新迅速。该检索系统收录来自世界 40 多个官方专利机构的专利全文数据，数据可回溯至 1963 年，每周更

新，具有全面的专利文献收录，可综合检索各国的专利文献。

②提供人工深加工数据。每周由数百位经过专业培训的各领域专家根据5 000多条规则对6 000多条数据进行深加工，包括对数据进行规范化、标准化和校正。

③采用独特的分类代码和索引系统，提高检索精精度。技术专家采用该方法对全球各大专利授权机构和所有技术领域的专利进行人工的分类标引，遵循一致的分类原则，以实现准确、具有相关性的信息检索。

④可视化情报不仅可基于现有专利数据进行分析，还可进行预测性分析。

（2）普通注册使用权限。

无普通注册，可通过官网填写信息试用账户。

2.1.2.3 Patsnap智慧芽专利检索系统

（1）系统优势。

①专利数据较为全面，数据更新较快。该检索系统提供1.5亿个全球专利数据（覆盖116个国家及地区）、13个国家及地区的官方法律状态信息、26个国家及地区的全文数据、10个国家及地区的权利转移数据等，专利数据每周更新。

②支持简单搜索、高级搜索、批量搜索、语义搜索、图像搜索等多种检索方式，可满足各种用户的不同检索需求。

③提供多种在线专利分析模板。

④具有较为科学的中国专利价值评价体系。

（2）普通注册使用权限。

无普通注册，可通过官网填写信息注册账号，全功能试用7天。

2.1.2.4 Incopat科技创新情报平台

（1）系统优势。

①专利数据较为全面，数据更新较快。该检索系统收录了全球120个国家/组织/地区1亿余件专利信息。数据采购自各国知识产权官方和商业机构，全球专利信息每周更新四次。

②支持简单检索、高级检索、批量检索、引证检索、法律检索、AI检索、语义检索、扩展检索和图形检索等多种检索方式。

③提供多种在线专利分析模板。

④具有较为科学的中国专利价值评价体系。

（2）普通注册使用权限。

无普通注册，可通过官网填写信息试用账户。

2.2 专利检索类型及目的

2.2.1 技术现状检索

专利技术现状检索是指从任意一个技术主题出发对全球所有专利文献进行检索，从而找出一批参考文献的过程。专利技术现状检索与专利申请无关，但与科研技术创新活动密切相关，其发生的时间是在科研技术创新立项之前以及科研技术创新过程中，前者的目的是了解该项待创新技术的研发现状，从而判断是否具有立项意义，并且根据检索出的结果推断技术研发方向用作自身研发参考，后者的目的则是从专利文献中提取技术信息，协助自身突破研发瓶颈。

2.2.2 创新主体检索

创新主体检索是一种重要的检索类型，这种检索的目的在于确定某些技术领域的主要创新主体，包括专利申请人、专利权人、技术交易主体、技术实施主体等，从而快速确定该领域内技术实力分布状况，确定竞争对手、合作对象及技术转化实施对象的专利情况，同时还可根据此种检索方式了解自身布局现状。

2.2.3 新创性检索

新创性检索一般发生在科研项目研究开发阶段，是为了明确某些技术创新是否具有新颖性或创造性而进行的检索，可分为新颖性检索和创造性检索。

新颖性是指该发明或者实用新型不属于现有技术（指申请日以前在国内外为公众所知的技术），也没有任何单位或个人就同样的发明或者实用新型在申请日以前向国务院专利行政部门提出过申请，并记载在申请日以后公布的专利申请文件或者公告的专利文件中。新颖性检索是为确定申请专利的发明创造是否具有新颖性，从发明创造的主题出发对包括专利文献在内的全世界范围内的各种公开出版物进行的检索，一般发生在提交专利申请之前。

创造性是指与现有技术相比，该技术具有突出的实质性特点和显著的进步，一般用于限定发明专利技术。创造性检索指对某项申请专利的发明创造获得专利权的可能性进行判断而进行的检索，它是在确定发明创造的新颖性基础上，再筛选出若干件用以确定发明创造性的对比文献的检索。

2.2.4 侵权检索

侵权检索包括防止侵权检索和被动侵权检索，其中防止侵权检索指为了避免发生专利纠纷而主动对某一新技术、新产品进行的专利检索，主要在技术转化及产品上市前使用。被动侵权检索指被别人指控侵权时进行的专利检索，也称无效检索，目的在于寻求对指控方专利新创性造成影响的文献，主要在保护自身利益、反诉专利无效时使用。

2.2.5 专利法律状态检索

专利法律状态检索主要是针对专利有效性以及专利转让/许可/质押/诉讼等信息开展的针对性检索。由于专利法律状态信息通常是动态变化的，因此通过专利法律状态检索，可以掌握专利文献的实时法律状态动向，这对于技术创新及技术贸易等方面的决策具有重要意义。专利法律状态检索一般应用于新产品投放市场（包括产品出口）、涉及专利的贸易活动、技术引进等时期。

2.2.6 同族专利检索

同族专利检索是指对与被检索的专利或专利申请具有共同优先权的其他专利或专利申

请及其公布情况进行的检索，该检索的目的是找出专利或专利申请的同族专利文献。一般同族专利检索是指简单同族专利检索。

2.3 专利检索方法及示例

2.3.1 技术现状检索示例

技术现状检索指针对技术发展现状开展的检索，在进行检索前，需要编制相应的技术检索式，将检索式输入各专利检索系统中，即可获得所需专利文献。检索式的制作共包含6个步骤，分别为检索要素分解、关键词表达、分类号表达、检索式编制、检索式验证和检索式调整。下面针对各步骤实操方法进行详细介绍。

（1）检索要素分解。

检索要素分解指把检索主题（指需要被检索的技术或产品）分解成一组互不重叠的检索要素的过程，检索要素是体现技术或产品基本构成的可检索的要素。表2.1中，最左端为“技术主题”列，右端则为各技术主题分解获得的检索要素。

表2.1 检索要素示例表

技术主题	检索要素1	检索要素2	检索要素3	检索要素4
压力锅的排气阀	压力锅	排气阀		
带温度计的勺子	温度计	勺子		
带吸管的杯子	吸管	杯子		
头盔视镜的擦拭器	头盔	视镜	擦拭器	
无人机图像识别算法	无人机	图像	识别	算法

（2）关键词表达。

为使分解出的各检索要素可在计算机中进行检索，需要对其进行关键词表达。关键词表达一般分为3个层次：一是形式上的表达，需要注意英文检索词的不同词性（如classify & classifying）、不同时态（如weld & welded）、单复数形式（如dish & dishes）、英美不同的拼写形式（如lift & elevator）、常见的错误拼写形式（substaintial & substantial、碳黑 & 炭黑）；二是意义上的表达，需要注意充分考虑关键词的各种同义词、近义词、反义词、上位概念、下位概念、等同特征等，如飞机可表达为航空器、直升机、机翼以及核心机等；三是角度上的表达，通过考虑检索要素的效果、性质、用途、作用或解决的技术问题来对关键词进行补充，如检索主题温控阀的表达，由于温控阀是用于控制温度且防止烫伤的，因此可在关键词选用时考虑“温度控制、控制温度以及烫伤”等关键词。

注意事项：

①关键词的选取与扩充一定要建立在对相关技术充分了解的基础上，关键词的来源主

要为自有技术、资料查询以及专利文献。

②通常不使用“方法”“装置”“技术”之类的不表达具体技术内容的词汇，如“飞机通信系统”应分解为“飞机”和“通信系统”两个检索要素，若分解为“飞机”“通信”和“系统”3 个要素则会引入大量杂质。

（3）分类号表达。

分类号是专利检索中获取专利数据的重要工具，其包含了某些关键词的上下位概念，因此利用分类号可以弥补因使用关键词检索造成的漏检。分类号的确定主要包括两个步骤，第一步为分类号范围的大致确定，第二步为分类号的选取。

首先，分类号范围的大致确定主要通过以下两种方法。

第一种方法为内容查询法。将各检索要素在分类表中进行查询，找到相关技术内容的大致分类位置，再通过在分类表中进行上下级浏览和彼此交叉指引获取准确的分类位置，从而获得相关分类号。一般在检索中国发明及实用新型专利时，主要参考国际专利分类体系（IPC）分类表，在检索国外专利时，可以针对专利所属国选择对应的专利分类体系（如美国专利采用 CPC；日本专利采用 FI/F-term 等）。

第二种方法为高度相关专利分析法。首先利用各检索要素比较准确的关键词检索得到一定数量的专利文献，然后对这些专利文献的分类号进行统计排序，并通过在分类表中上下级浏览和彼此交叉指引获取准确和全面的分类位置，可以确定与所检索要素相关度较高的分类号。

在确定了分类号大致范围后，遵循以下原则进行分类号的选取。

①精确的分类号以及不明显排除的下位组直接使用。

②相关的同级组、高一级小组建议作为适度扩展直接使用。

③越级上位的分类号结合关键词进行使用。

④无相关度较高的分类号或只有上位过大的分类号，建议只使用关键词进行检索。

【示例】以检索要素“飞机大梁”为例

第一步：分类号范围的大致确定

➢ 采用内容查询法（不使用检索系统工具）

首先在 8 个部中进行初步范围锁定，由于“飞机大梁”更偏向于“B 部”，因此将“B 部”Word 文档打开，按下“Ctrl + F”键进入“查找和替换”功能，输入“大梁”，进行查找。如图 2.1 所示。

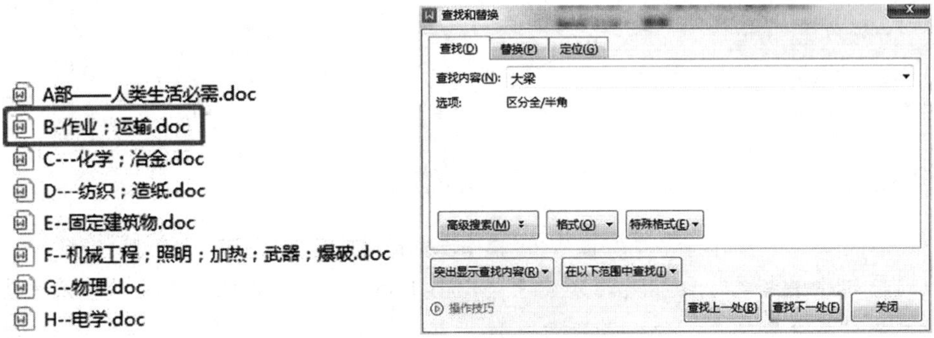

图 2.1　操作步骤示例一

找到与“飞机大梁”最相关的分类号“B64C1/06”，通过查看该分类号的上下层级关系，锁定分类号范围为“B64C1/00、B64C1/06、B64C1/08、B64C1/10和B64C1/12”。如图2.2所示。

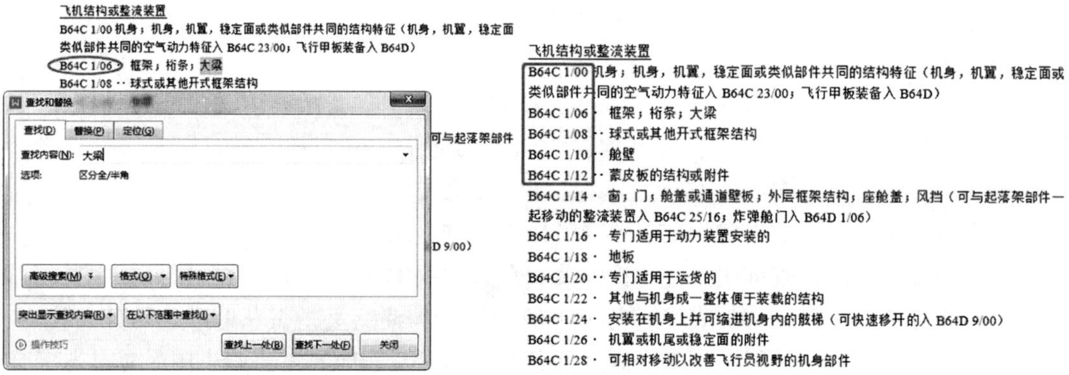

图2.2　操作步骤示例二

➢ 采用内容查询法（使用检索系统工具——以国知局检索系统为例）

首先进入国知局专利检索系统，登录账号后，选择上方的“导航检索”，点击中间的“中文含义”，在检索栏中输入“大梁”，点击“查询”即可进行查找。如图2.3所示。

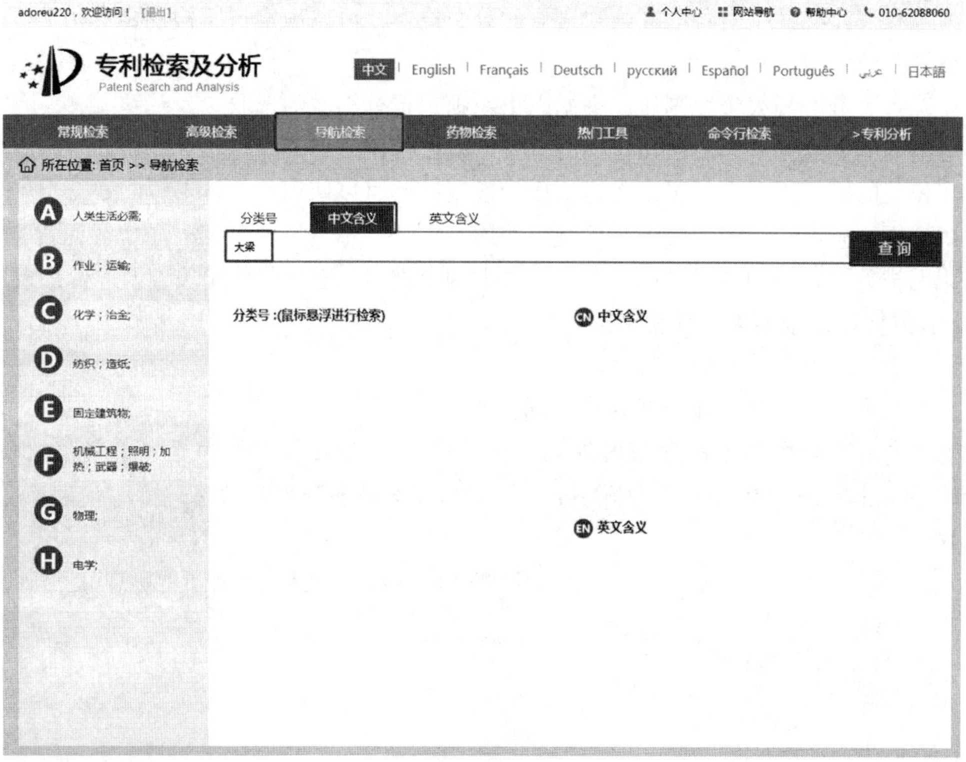

图2.3　操作步骤示例三

找到与“飞机大梁”最相关的分类号“B64C1/06”，通过右侧的含义栏查看分类号含义，确定是否与检索要素一致，若较为一致，点击最左侧的“B 作业；运输”，在其中找到分类号“B64C1/06”查看该分类号的上下层级关系，并通过右侧的含义栏查看上下层级分类号释义，最终锁定分类号范围为“B64C1/00、B64C1/06、B64C1/08、B64C1/10 和 B64C1/12”。如图 2.4 所示。

图2.4　操作步骤示例四

➢ 采用高度相关专利分析法（需借助检索系统工具——以 innojoy 为例）

首先进入 Innojoy 专利检索系统，登录账号后，直接在检索栏中输入精准关键词“飞机 AND 大梁”，点击“检索”按钮进行查找。

在检索结果的左边栏点击“IPC 主分类”，根据检索需求选择“大类、小类、大组、小组”等选项查看分类号统计结果，通过点击各分类号可查看该分类号下的相关专利，根据相关专利与“飞机大梁”的相关程度，与“大梁”最相关的分类号“B64C1/06”。如图 2.5 所示。

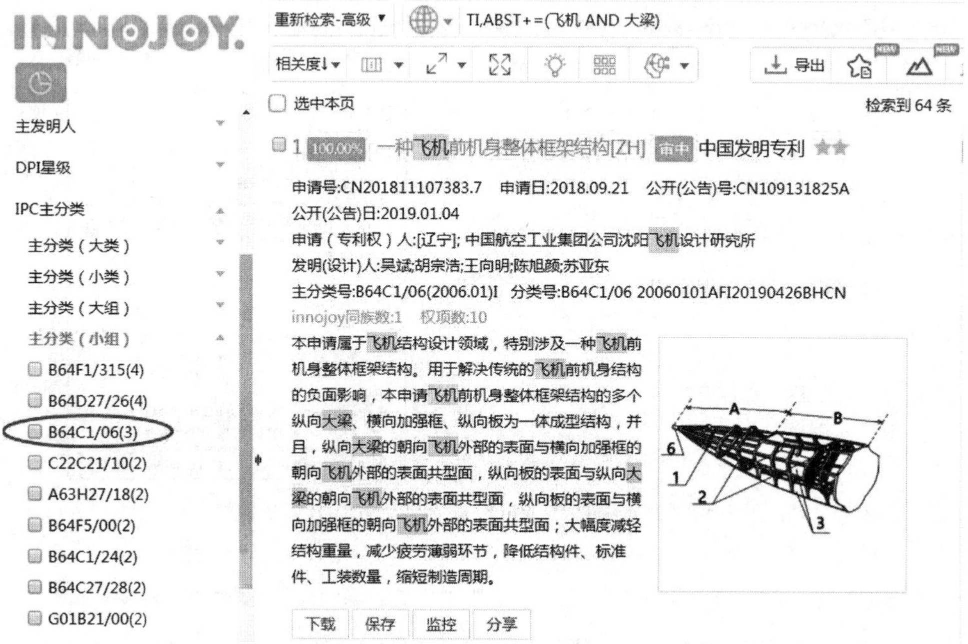

图 2.5　操作步骤示例五

随后将鼠标悬浮放置（非点击）于“检索”按钮上方，在下拉栏中点击“表格检索”按钮，进入“表格检索”界面。如图 2.6 所示。

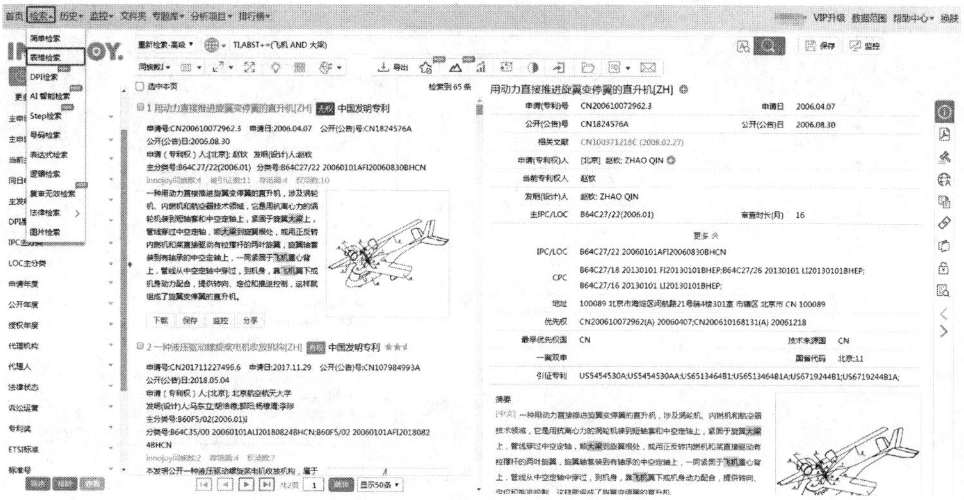

图 2.6　操作步骤示例六

点击“主 IPC/LOC”栏后面的文件夹图标，使用 IPC 工具。如图 2.7 所示。

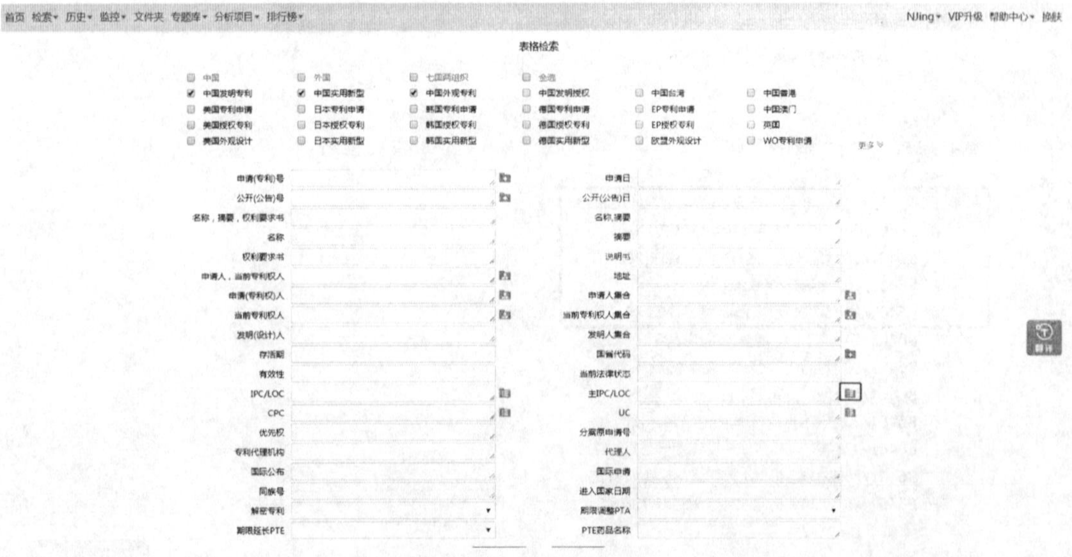

图 2.7　操作步骤示例七

在检索栏中输入分类号“B64C1”（上位检索，方便查看 B64C1/06 的上下层级关系），点击右侧放大镜按钮进行搜索，针对搜索到的上下层级关系及相关分类号释义进行查看，锁定分类号范围为“B64C1/00、B64C1/06、B64C1/08、B64C1/10 和 B64C1/12”。如图 2.8 所示。

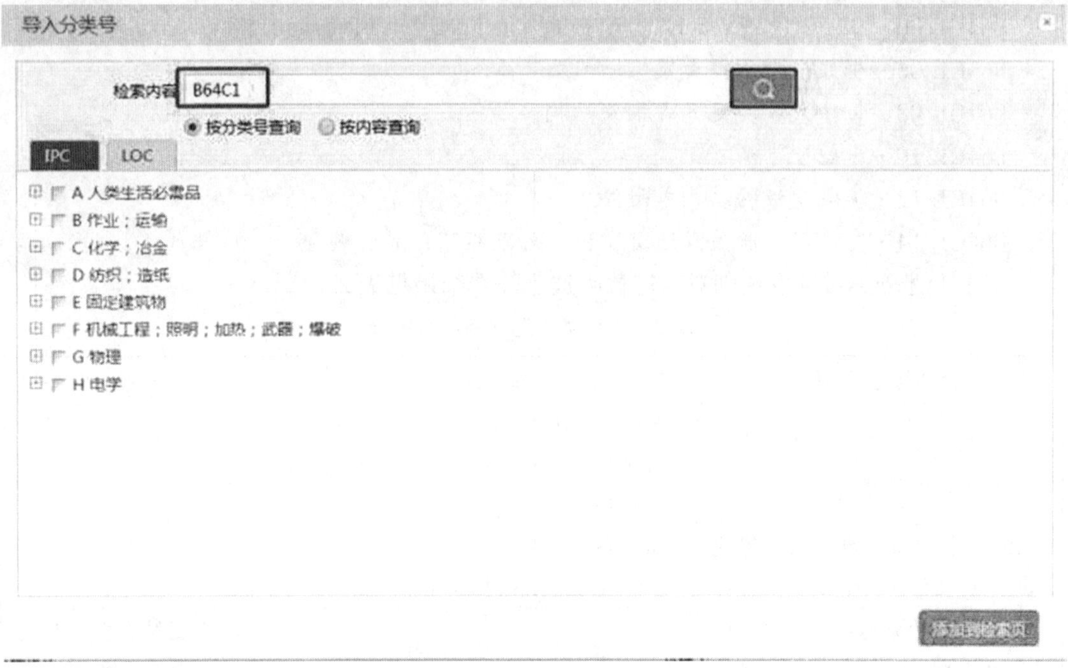

图 2.8　操作步骤示例八

续图 2.8

第二步：分类号的选取

经过上一步操作后，已基本确定分类号大致范围及层级关系如下所示。

B64　飞行器；航空；宇宙航行

B64C　飞机；直升飞机

B64C1/00　机身；机身，机翼，稳定面或类似部件共同的结构特征

B64C1/06 · 框架；桁条；大梁

B64C1/08 · · 球式或其他开式框架结构

B64C1/10 · · 舱壁

B64C1/12 · · 蒙皮板的结构或附件

B64C1/14 · 窗；门；舱盖或通道壁板；外层框架结构；座舱盖；风挡

基于上述分类号选取规则对其进行筛选，筛选结果见表 2.2。

表 2.2　分类号选取判断示例表

分类号选取规则	相关分类号	是否选取
精确的分类号以及不明显排除的下位组直接使用	精确：B64C1/06 不明显排除的下位组：B64C1/08、B64C1/10 和 B64C1/12	√
相关的同级组、高一级小组建议作为适度扩展直接使用	相关的同级组：无 高一级小组：B64C1/00	√
越级上位的分类号结合关键词进行使用	越级上位的分类号：B64C	需要结合关键词使用，不可单独使用

因此，最终选取的可直接使用的分类号为 B64C1/00、B64C1/06、B64C1/08、B64C1/10、B64C1/12，分类号 B64C 需要结合关键词使用。

（4）检索式编制。

通过步骤（2）和（3），已将检索要素分别用关键词与分类号进行了表达，下一步将进行检索式编制工作，首先将已获得的信息填入表 2.3 中。

表 2.3　检索要素示例表（以飞机大梁为例）

检索要素	检索要素 1	检索要素 2
要素名称	飞机	大梁
关键词	飞机、直升机、航空器……	大梁、加强梁、壁梁、框梁、长梁……
分类号	B64C	—
	B64C1/00、B64C1/06、B64C1/08、B64C1/10、B64C1/12	

对表 2.3 中的内容进行逻辑梳理，并用逻辑运算符将其连接起来。其中同一检索要素的“分类号”之间、“关键词”之间以及“分类号”与“关键词”之间为“或”的关系，用逻辑运算符“OR”（有些检索系统中也可以用，或；以及空格）进行连接；不同检索要素之间为“且”的关系，用逻辑运算符“AND”进行连接。

通过上述规则可形成初代检索式如下所示。

飞机 S1：（标题、摘要和权利要求书 =（飞机 OR 直升机 OR …… OR 航空器）OR 分类号 = B64C）

大梁检索式 S2：标题、摘要和权利要求书 =（梁 OR 加强梁 OR 壁梁 OR …… OR 框梁 OR 长梁）

飞机大梁检索式 S：分类号 =（B64C1/00 OR B64C1/06 OR B64C1/08 OR B64C1/10 OR B64C1/12）OR（（标题、摘要和权利要求书 =（飞机 OR 直升机 OR …… OR 航空器）OR 分类号 = B64C）AND 标题、摘要和权利要求书 =（梁 OR 加强梁 OR 壁梁 OR …… OR 框梁 OR 长梁））

注意事项：

①关键词可以选择在“标题”“摘要”“权利要求书”“说明书”及其任意组合范围内进行检索，在“标题”及“摘要”范围内进行检索的精准度较高，但在“说明书”范围内检索可能会引入较多杂质，需根据检索需求进行选择。

②一般在检索式制作过程中尽量避免“分类号 AND 分类号”和“关键词 AND 关键词”的形式，因为这两种方式会引入较多杂质。

③“标题”“摘要”“权利要求书”“说明书”“分类号”等检索字段在各检索系统中的命名/指代符号均不相同，在检索时需要根据选取的检索系统内部语言规则对上述初代检索式的相关字段名称进行替换，否则可能会出现无法检索的情况。如 innojoy 检索系统中“标题”“摘要”“权利要求书”“说明书”“分类号”等字段的指代符号分别为“TI”“ABST”“CLM”“SMS”“SIC”，同时在将字段连用时需要在字段后加入“+”，因此上述飞机大梁检索主题在 innojoy 检索系统中的检索式为“SIC =（B64C1/00 OR B64C1/06 OR B64C1/08 OR B64C1/10 OR B64C1/12）OR（（TI，ABST，CLM + =（飞机 OR 直升机

OR …… OR 航空器）OR SIC = B64C）AND TI，ABST，CLM + =（梁 OR 加强梁 OR 壁梁 OR …… OR 框梁 OR 长梁））”。

（5）检索式验证。

检索式验证的主要指标是查全率和查准率。查全率用来评估检索结果的全面性，即评价检索结果涵盖检索主题下的所有专利文献的程度；查准率用来衡量检索结果的准确性，即评价检索结果与检索主题相关程度。

➢ 查全率验证

查全率 r 可以定义为：r = P∩S 的专利数量/P 的专利数量

其中，P 为查全样本专利文献集合，S 为待验证的专利文献集合

查全样本专利文献集合 P 的构建必须具备两个条件，其一必须基于完全不同于查全过程中所使用的检索要素来构建，否则将出现用子集验证全集查全率的现象，会产生逻辑上的谬论。其二要有合理的样本数量，从本质上说查全率验证属于抽样调查，一方面，若查全率评估样本集的数量过小，不能全面反映待验证集合的全貌，将导致评估结果失真；另一方面，若查全率评估样本集的数量过大，将带来较大的工作量，失去抽查的本意。

一般采用以下方法构建查全样本专利文献集合。

①基于重要申请人/重要发明人来构建。

②基于重要专利构建。

③基于引证/引用文件来构建。

④基于年代来构建。

⑤基于不同的检索工具来构建。

【查全率验证示例】以“飞机大梁”检索式 S 为例（需借助检索系统工具——以 INNOJOY 为例）

首先进入 INNOJOY 专利检索系统，登录账号后，直接在检索栏中输入匹配 INNOJOY 检索系统语言的“飞机大梁”检索式 S，点击“检索”按钮进行检索。如图 2.9 所示。

图 2.9　查全率验证示例一

在左侧统计栏中点击“主申请人”查看下拉菜单，选择专利数据量较多且相关度较高的企业，如“中国某飞机设计研究所”。如图 2.10 所示。

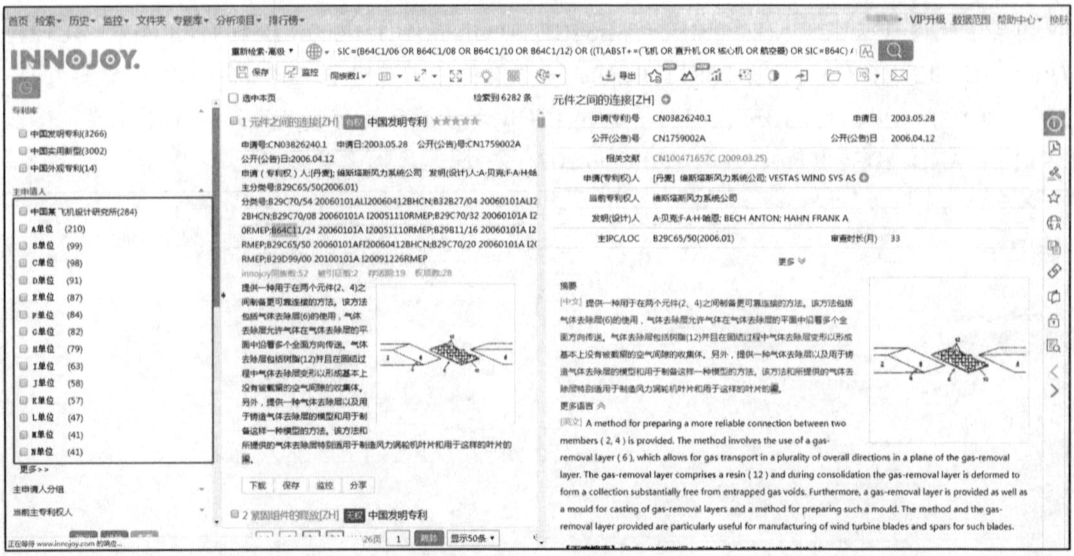

图 2.10　查全率验证示例二

针对该企业构建检索式“申请人（PA）＝中国某飞机设计研究所”并进行检索，获得该企业申请的所有专利，共计3 618件，数据量偏多，可以采用“申请人（PA）＝中国某飞机设计研究所 AND 申请日＝（2017 to 2021）”的方式将数据量减少一些，调整到1 788件，数量较为合适。如图2.11所示。

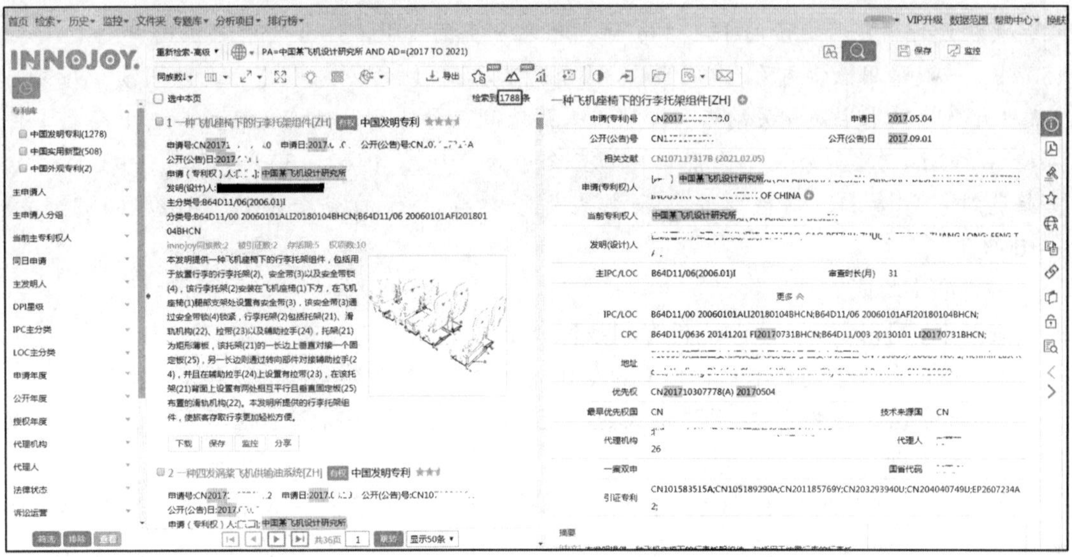

图 2.11　查全率验证示例三

随后使用“上述企业检索式”NOT“飞机大梁检索式S”的逻辑构建检索式“(PA = 中国某飞机设计研究所 NOT (SIC = (B64C1/00 OR B64C1/06 OR B64C1/08 OR B64C1/10 OR B64C1/12) OR ((TI, ABST, CLM + = (飞机 OR 直升机 OR …… OR 航空器) OR SIC = B64C) AND TI, ABST, CLM + = (梁 OR 加强梁 OR 壁梁 OR …… OR 框梁 OR 长梁)))) AND AD (申请日) = (2017 to 2021)”并进行检索。如图2.12所示。

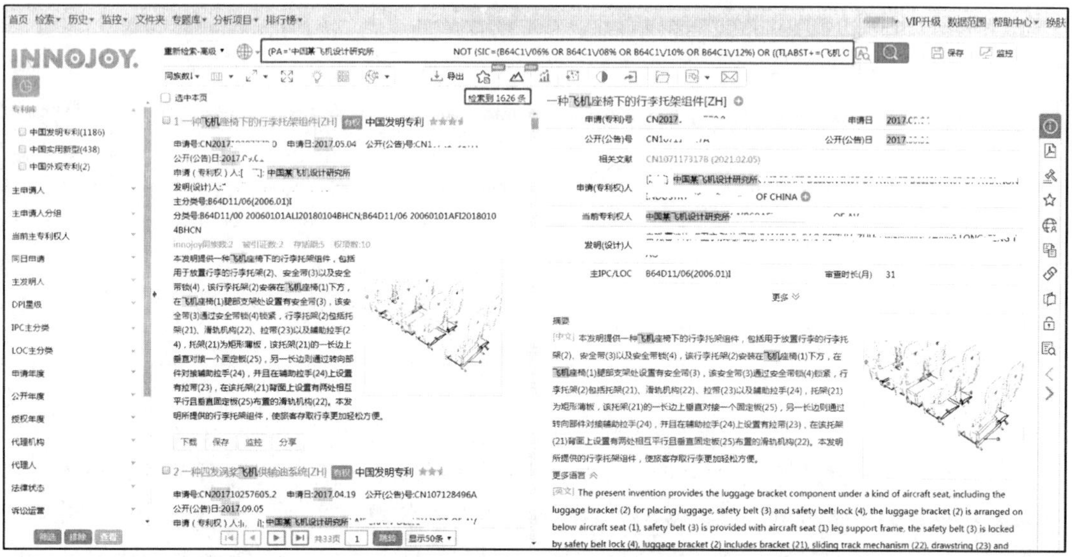

图2.12　查全率验证示例四

从两次检索差值(=1 788 - 1 626)可以推算待验证“飞机大梁”检索式S命中了中国某飞机设计研究所申请的162件专利，在未命中的1 464件专利中随机选取10%(约150件，一般采用检索首页/中间页/末页分别选取50件的方式)进行逐件阅读，筛选与“飞机大梁”技术主题相关的专利文献，若筛选到3件专利，则在150件专利中存在1件漏检，待验证“飞机大梁”检索式S的查全率为“162/(162 + 3) * 100% = 98.18%”，若筛选到 n 件专利，则待验证“飞机大梁”检索式S的查全率为“162/(162 + n) * 100%”。

➢ 查准率验证

查准率 t 可以定义为：$t = n$ 的专利数量/N的专利数量

其中，n 为N中与技术主题相关的专利文献集合，N为待验证的专利文献集合

【查准率验证示例】以“飞机大梁”检索式S为例(需借助检索系统工具——以INNOJOY为例)

首先进入INNOJOY专利检索系统，登录账号后，直接在检索栏中输入匹配INNOJOY检索系统语言的“飞机大梁”检索式S，点击“检索”按钮进行检索，获得检索结果6 282件。如图2.13所示。

图 2.13 查准率验证示例一

针对上图中的 6 282 件专利选取 500 件进行逐件阅读（若检索得到的专利数量在 300 件以内可直接进行逐件阅读；若 300 件 < 专利数量 < 1 000 件，随机选取 300 件进行逐件阅读；若专利数量 ≥ 1 000 件，随机选取 10% 进行阅读，最高阅读量不可超过 500 件），筛选与“飞机大梁”技术主题相关的专利文献，若筛选到 450 件有关专利，则待验证“飞机大梁”检索式 S 的查准率为“450/500 * 100% = 90%”，若筛选到 n 件有关专利，则待验证“飞机大梁”检索式 S 的查准率为“n/500 * 100%”。

注意事项：

①一般情况下，查全率和查准率不低于 80% 即视为合格。

②查全率与查准率均无法达到 100%，且二者互相影响，当查全率较高时，查准率势必较低；当查准率较高时，查全率势必较低。因此在检索时需要有所侧重，不要过于追求二者均高的结果。

③一般情况下，先验证查全率再验证查准率，在查全过程中发现漏检专利应分析为何漏检，并对检索式进行调整，尽量在不引入过多杂质的条件下将漏检专利收入检索式范围中。

④在逐件阅读专利前需要进行抽样操作，为了保证抽样的科学性和客观性，抽样过程要注意多样性和随机性的原则。常用的抽样方法包括按年代分布抽样、按技术分支抽样、按申请人抽样等。

（6）检索式调整。

通过上一步骤的验证，查找造成查全率和查准率不合格的原因，然后对症下药，对检索式进行相应的调整，调整后的检索式再重新进行查全率和查准率的验证，直到合格（查全率查准率均不低于 80%）为止。

2.3.2 创新主体检索示例

创新主体检索的检索式编制虽没有技术信息的步骤烦琐，但同样需要进行关键词的扩充，主要体现为通过查阅资料，搜集其分子公司、控股公司、英文名称、曾用名、别名、简称等信息，只有将这些信息搜集完备，才能保证对该申请人/专利权人进行检索获得专利文献的完整性。编制检索式时，申请人/专利权人的分子公司、控股公司、英文名称、曾用名、别名、简称之间用逻辑连接词“或”（OR）连接。

【示例】以Z集团为例

通过搜集资料，得到Z集团的分子公司、控股公司、英文名称、曾用名、别名、简称有：

中国A集团公司

湖南B总公司

中国C基地

湖南D总公司

河南E总公司

中国F河南公司

中国G汽车公司

H汽车有限责任公司

上海J研究院

上海K研究院有限公司

CHINAXXXXX CO.，LTD

SHANGHAIXXXXX RES INST

……

将以上名称用逻辑运算符“OR”连接起来，得到Z集团检索式：申请人/专利权人=（中国A集团公司 OR 湖南B总公司 OR 中国C基地 OR 湖南D总公司 OR 河南E总公司 OR 中国F河南公司 OR 中国G汽车公司 OR H汽车有限责任公司 OR 上海J研究院 OR 上海K研究院有限公司 OR CHINA XXXXX CO.，LTD OR SHANGHAI XXXXX RES INST）

注意事项：

①有关申请人/专利权人的信息主要来自于申请人/专利权人官网以及相关文献等。

②申请人/专利权人用于申请专利的名称可能会非常多，申请人/专利权人对外申请时采用的名称可通过查看该申请人/专利权人同族专利的方式进行获取。

③在检索式编制过程中需要注意有些检索系统（如Innojoy）需要将外文名称或带有特殊符号的名称用引号引起来，如CHINA AEROSPACE AUTOMOTIVE CO.，LTD，否则检索结果可能会出现较大偏差。

2.3.3 新创性检索示例

新创性检索包含新颖性检索与创造性检索，且新创性检索主要是针对技术主题进行检索，因此检索式编制方法与流程可参考2.3.1。但是新创性检索在检索要素分解、检索式验证上与技术主题检索存在差异，同时在整体流程中加入了“新创性评价”环节，本节将针对上述三点差异进行详细解读。

1. 检索要素分解

由于新创性检索主要是针对技术创新点的新颖性与创造性开展检索，所以新创性检索中的检索要素分解相较于技术信息检索更为细化，在进行检索要素分解前需要对待检索技术的技术领域、技术问题、技术方案和技术效果进行细化分析，从而识别该项技术的根本创新点，并针对该创新点进行针对性检索。

【检索要素分解示例】吸管杯

图 2.14 所示为一款吸管杯示意图。

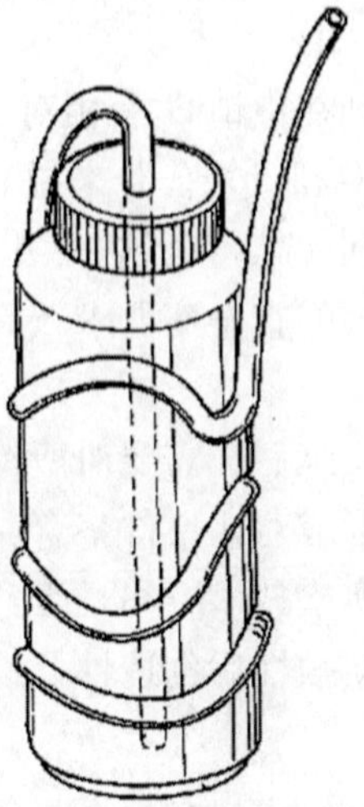

图 2.14　吸管杯示意图

该产品具有以下背景技术：

传统的用以盛装饮料的容器，如杯子等，在饮用盛装于其内的饮料时，饮用者通常先将其唇部抵靠在杯子的口缘，然后使该杯子倾斜直至开口的最低部分稍低于该杯子的倾斜状态下所盛装的饮料的液面，便可啜饮该杯子中的饮料。然而，当使用杯子来饮用饮料时，常会因来不及吞饮已进入口中的饮料，而又不能很好地控制倾斜程度，发生饮料四处散泄的情况。而常见的放有直杆式吸管的杯子，由于吸管并非固定在杯子上，所以常常会出现吸管掉出杯子的情况，影响卫生。另外，使用杯子过程中不小心摔落到地面上时很容易摔碎，并且直接接触杯子外壁较烫。

【技术领域】杯子、盛水容器

【技术问题】提供一种能够免于倾斜就可吸饮料；可以保证饮用卫生、使用方便且滑落后不易摔碎的杯子。

【技术方案】任选一种口杯，外壁加一道螺旋式吸管，吸管顶端作为吸水口，最下端作为进水口。该螺旋式吸管贴着杯壁设置，这样既能够防止吸管从杯中脱落，又能够使杯子在摔落到地面上时起到保护杯子的作用。这种采用了螺旋式吸管的杯子，外形也非常有趣和美观。当然，除了螺旋形，吸管还可以采用各种形状，比如字母形状、动物形状，来增加杯子整体的美观性和趣味性。

经分析可挖掘如下信息：

【技术效果】卫生、方便喝水、不易摔碎、防烫

【技术创新点】吸管缠绕，使得喝水不烫、杯子防摔、吸管不脱落

针对上述“技术创新点”开展检索要素分解工作，获得检索要素分解表（表 2.4）。

表 2.4 检索要素分解示例表

检索要素	检索要素 1	检索要素 2	检索要素 3	检索要素 4
检索要素名称	杯子	吸管	外壁	缠绕
要素扩展	杯、盛水器皿、容器	管、通道、软管	杯壁、内壁	螺旋

2. 检索式验证

由于新创性检索的目的在于找到在申请日（相对于被检索技术为已申请专利来说）/检索日（相对于被检索技术未申请专利且未公开来说）前已公开的与被检索技术相同或等同的专利文献，所以检索获得的专利文献越全越好，以免发生遗漏，因此一般情况下，无须验证检索式的查准率，但对检索式的查全率要求较高，应在 95% 以上。

3. 新创性评价

在经过上述检索获得一批专利文献后，需要对所检专利文献内容进行初步筛查，选择与所检技术方案相似度较高的专利形成对比文件集合，随后通过对集合内的对比文件逐件进行全部技术一一比对工作，判断所检技术方案是否具有新颖性与创造性，从而完成新创性评价。一般情况下判断顺序为先新颖性后创造性。

（1）新颖性概念回顾。

新颖性指该发明或者实用新型不属于现有技术；也没有任何单位或者个人就同样的发明或者实用新型向国务院专利行政部门提出过申请，并且记载在申请日以后公布的专利申请文件中或者公告的专利文件中。

（2）新颖性判断原则。

①整体判断原则/四相同原则：首先应当判断被检索专利申请的技术方案与对比文件的技术方案是否实质上相同，如果实质上相同，所属领域技术人员根据两者的技术方案可以确定两者能够适用于相同的技术领域，解决相同的技术问题，并且具有相同的预期效果，则认为发明或者实用新型属于现有技术。

②单独对比原则：应当将各项权利要求分别与每一项现有技术或抵触申请的相关技术内容单独地进行比较，不得将其与几项现有技术或者抵触申请的内容组合，或者与一份对比文件中的多项技术方案的组合进行对比。

为了更为直观地展示如何判断新颖性，表 2.5 中列出了在技术比对过程中可能出现的情况及判断结果以供参考。

表 2.5 各情境新颖性判断表

判断情境	检索的技术方案 A	对比文件技术方案 B	判断结果	判断依据
上位概念与下位概念	一种带护套挂锁，金属锁体上套有护套	一种带护套挂锁，黄铜锁体上套有黑色乙烯基树脂护套	无新颖性	B 属于下位概念，A 属于上位概念，下位概念破坏上位概念新颖性

续表2.5

判断情境	检索的技术方案A	对比文件技术方案B	判断结果	判断依据
数值和数值范围	一种钛合金，由0.6—0.7重量%的镍（Ni）、0.2—0.4重量%的钼（Mo）和余量钛组成	一种钛合金，组成为0.65重量%Ni、0.3重量%Mo，余量为钛	无新颖性	现有数值落入专利数值范围时破坏新颖性
	一种热处理台车窑炉，其拱衬厚度为100—400毫米	拱衬厚度为180—250毫米的相同热处理台车窑炉	无新颖性	现有数值范围完全落入专利数值范围时破坏新颖性
	一种氮化硅陶瓷的生产方法，其烧成时间为1—10小时	氮化硅陶瓷的生产方法中的烧成时间为4—12小时	无新颖性	现有数值与专利数值范围部分重叠或有一个共同端点时破坏新颖性
	一种纳米微球制备方法，在120℃、150℃、170℃和190℃下反应，可获得直径更小且均匀的微球	在120℃至190℃下制备纳米微球，可提升反应速度，提高产品收率	A中的150℃及170℃的条件具有新颖性；120℃及190℃的条件无新颖性	现有数值包括专利离散数值两个端值时，两个端值新颖性被破坏
	一种药物组合物，包括当归25%和人参13%—15%	一种保健药品，含有10%—30%当归和12%—20%的人参	若A的配比使该技术方案实现了与现有技术不同的目的或效果则具有新颖性；若其目的或效果与现有技术一致，则无新颖性	若专利数值具有“下位”和“具体”特征，且实质上不同，则具有新颖性；若实质上相同，则无新颖性
整体内容	一种桌子包括三条桌腿和圆形桌面，通过设置三条桌腿，增加稳定性	一种桌子包括三条桌腿和圆形桌面，通过设置圆形桌面，方便人员就坐	无新颖性	四相同原则
申请日及公开日	一种热处理台车窑炉，其拱衬厚度为100—400毫米；专利申请日为2020年4月1日	一种热处理台车窑炉，其拱衬厚度为100—400毫米；专利申请日为2020年3月25日，专利公开日为2020年5月1日	无新颖性	B为A的抵触申请

（3）创造性概念回顾。

指同申请日以前已有的技术相比，具有突出的实质性特点和显著的进步，其中突出的实质性特点指所检技术方案相对于现有技术，对所属技术领域的技术人员来说，是非显而易见的，如果所检技术方案是其所属技术领域的技术人员在现有技术的基础上通过逻辑分析、推理或者有限的试验可以得到的，则该技术方案是显而易见的，也就不具备突出的实质性特点；而显著的进步是指所检技术方案与最接近的现有技术相比能够产生有益的技术效果，如克服了现有技术中存在的缺点和不足，或者为解决某一技术问题提供一种不同构思的技术方案，或者代表某种新的技术发展趋势，显著的进步的要求是我国专利法的特点，比较容易满足和判断。

（4）创造性评价原则。

①创造性评价是在分析要求保护的技术方案与现有技术存在区别的技术上进行的，即在新颖性评价之后才能进行创造性评价。

②创造性是相对于现有技术整体而言的，因此可以将一份或者多份对比文件中的不同的技术内容组合在一起（组合评价）评定所检技术方案的创造性（不同于新颖性评价的单独对比原则）。

③如果独立权利要求具备创造性，则其从属权利要求必然具有创造性。

（5）创造性判断步骤。

①找出最接近的现有技术。最接近的现有技术是指现有技术中与所检技术方案最密切相关的一个技术方案。对于方法类技术方案，最接近的现有技术通常是类似的方法，对于产品类技术方案，最接近的现有技术通常是另一件功能或用途相同或相近的产品，该产品与所检技术方案相同的技术特征也最多。在确定最接近的现有技术时，当存在多篇比较相关的对比文件时，应首先考虑技术领域相同或相近的对比文件，其次考虑相同技术特征数量最多的对比文件。

②确定所检技术方案的区别特征和其实际解决的技术问题。将所检技术方案与最接近的现有技术对比，找出“区别特征”，一般来说，根据说明书的记载，判断区别特征所能解决的技术问题就是所检技术方案实际所解决的技术问题。

③判断所检技术方案对于本领域的技术人员来说是否显而易见。具体讲就是确定现有技术整体上是否存在某种“技术启示”，这种启示会使本领域的技术人员在面对所述技术问题时，改进该最接近现有技术并获得所检技术方案。首先要明确的是，技术方案解决前面所认定的技术问题所采用的技术手段是否就是前述的“区别特征”，然后要考虑的是，这样的技术手段在其他现有技术中是否有披露，如果有，再查看该技术手段的作用是否客观上与其在所检技术方案中的作用相同，如果作用相同，则可以认为该现有技术中存在“技术启示”。如果存在“技术启示”，则认为所检技术方案是显而易见的，不具有突出的实质性特点；反之，则认为所检技术方案不是显而易见的，具有突出的实质性特点，即具有创造性。

2.3.4 侵权检索示例

侵权检索一般发生在执行特定商业活动时，通过侵权检索找出法律状态为有效的且可能在该活动的实施国家内给这一活动造成障碍的专利或专利申请。侵权检索的本质也是技术信息检索，因此检索式编制方法与流程基本可参考2.3.1，但由于其目的的偏好性，侵权检索在检索要素分解、检索式验证和检索范围选取上相较于一般的技术信息检索存在一些差别，本节将针对上述三点差异进行详细介绍。

1. 检索要素分解

侵权检索的此步骤与新创性检索较为相似，均是对所检产品或方法的技术进行细化拆解，但相较于新创性检索的精准识别创新点来说，侵权检索的要素分解更追求全面，即对所检产品或方法的所有可能发生创新的技术特征均进行拆分。

2. 检索式验证

侵权检索分为防止侵权检索和被动侵权检索，其中防止侵权检索指为了避免发生专利纠纷而主动对某一新技术新产品进行的专利检索，其目的在于在海量专利文献中尽可能全地找到可能妨碍自身商业活动进行的专利文献，即与自身产品或技术高度相似的专利文献，所以检索获得的专利文献越全越好，以免发生遗漏，导致侵权意外发生，因此一般情况下，无须验证检索式的查准率，但对检索式的查全率要求较高，应在95%以上；而被动侵权检索指被别人指控侵权时进行的专利检索，也称为无效检索，目的在于精准寻求对指控方专利新创性造成影响（即高度相似）的文献，因此相关检索更倾向于较高的查准率，可适当放宽查全率指标。

3. 检索范围选取

侵权事件的涉案专利均为有效专利，因此在检索时应注意仅对法律状态为授权、实审、公开、部分无效和权利恢复的专利文献进行检索；由于专利权具有地域性，因此侵权事件的发生也具有地域性，在检索时应重点针对商业活动开展的区域内的专利文献进行检索，同时辅以世界知识产权组织范围内的检索进行补充；各技术领域内侵权事件的发生往往出现在竞争对手之间，因此侵权检索除了针对相关技术主题进行检索，还应该针对技术领域内的重点竞争对手或龙头企业进行检索。

2.3.5　专利法律信息检索示例

专利法律信息检索一般分为法律状态检索和专利运营检索，其中法律状态检索主要是针对专利文献的实时法律状态及相关文件展开检索，中国专利一般在各免费和收费专利检索平台均可检索到，而外国专利的法律状态则需要在各国或组织的专利官方网站进行查询；专利运营检索则是针对专利文献的转让、许可、质押以及诉讼等信息及相关文件展开检索，中国专利的转让、许可和质押信息在各专利检索平台可以较好地查询到，但诉讼信息只有中国裁判文书网以及各收费检索平台有。国外专利的相关运营数据获取较为困难，一部分数据可以在各国或组织的专利官方网站获取，诉讼信息可从收费的Derwent专利检索系统中获取，且数据源较全。

【示例】专利法律信息检索

➢ 法律状态检索——以国知局检索系统为例

首先进入国知局专利检索系统，登录账号后，选择上方的“热门工具”，点击中间的“法律状态查询”，在检索栏中输入“申请号或公开号”，点击“查询”即可查看所检索专利文献的法律状态。如图 2.15 所示。

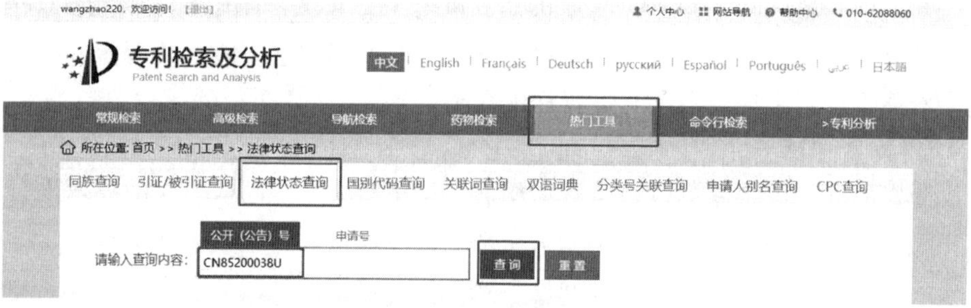

图 2.15 法律状态检索示意图

该系统不仅可以针对中文专利法律状态进行检索，还可以针对外国专利的法律状态进行检索。如图 2.16 所示。

图 2.16 国外专利的法律状态检索示意图

➢ 法律状态及运营信息检索——以 INNOJOY 检索系统为例

首先进入 INNOJOY 专利检索系统，登录账号后，将鼠标悬浮放于（非点击）“检索”按钮上方，在下拉菜单中找到“法律检索”，将鼠标悬浮放于（非点击）其上，在右侧的小菜单栏中可根据需求点击“法律状态”“转让信息”“许可信息”和“质押信息”分别进行检索。如图 2.17 所示。

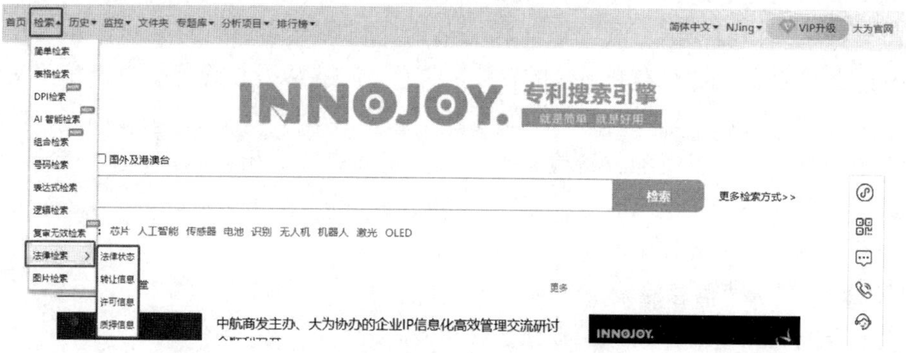

图 2.17 INNOJOY 检索示意图

在弹出的法律状态检索页面中，左边栏可以选择检索哪些信息，右边栏中上方可选择专利类型及想要查询的法律状态，中间可以根据具体的技术关键词、分类号、申请人/专利权人以及某一具体申请号/公开号/专利号进行检索，待信息录入完全后可以点击下方的“预检”按钮来快速统计数量，也可以点击“检索”按钮跳转到检索结果页，查看具体结果。如图2.18所示。

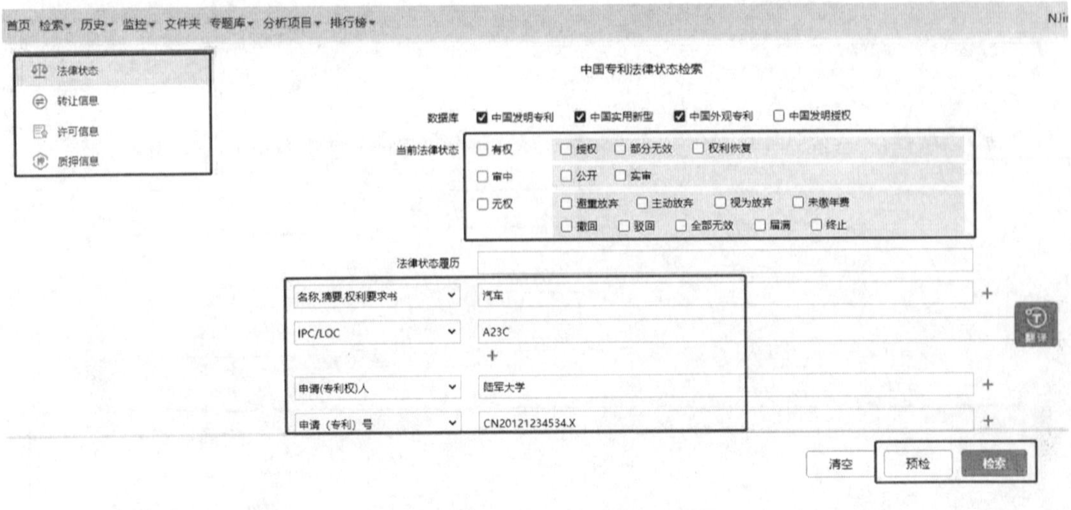

图2.18　预检与检索功能示意图

➤ 专利审查信息检索——中国及多国专利审查信息查询系统

首先进入中国及多国专利审查信息查询系统（该系统支持多种语言浏览），注册右侧绿框的公众查询账号后点击下方的“登录”按钮。如图2.19所示。

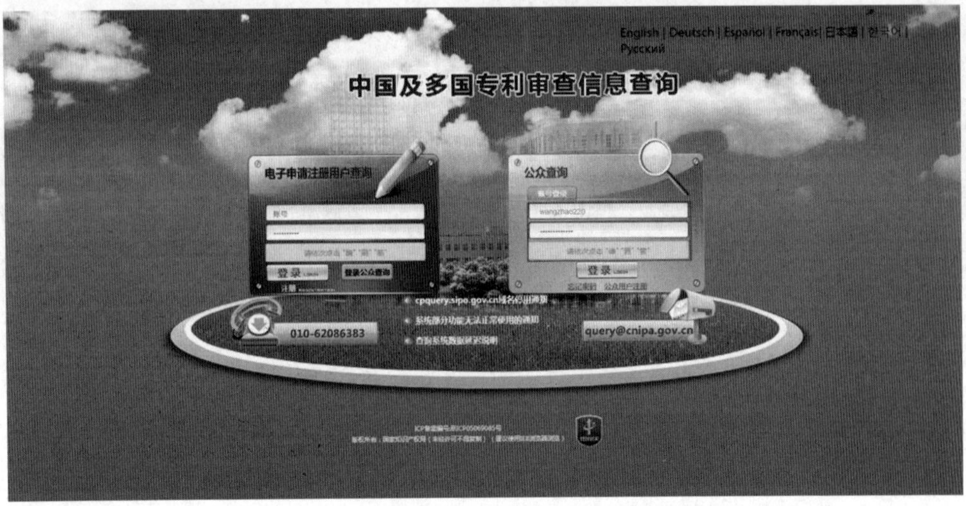

图2.19　中国及多国专利审查信息查询系统登录示例

浏览器跳转到“使用声明”界面，点击“同意以上声明”，随后点击“继续”按钮，进入检索查询界面。

在检索界面中需要注意至少输入申请号、专利名称或申请人三者之一信息，另外申请号必须为9位或13位，不需输入字母“ZL”，并且不能包含“.”，如申请号“CN201910230047. X”，在该检索系统中需要改写为“201910230047X”进行输入。相关信息输入完成后，点击下方“查询”按钮，即可在下拉菜单中找到所检专利，通过点击该件专利或其下方的各信息按钮可以跳转到相应的界面查看具体信息，但是该网站暂时不支持文件下载。如图2.20所示。

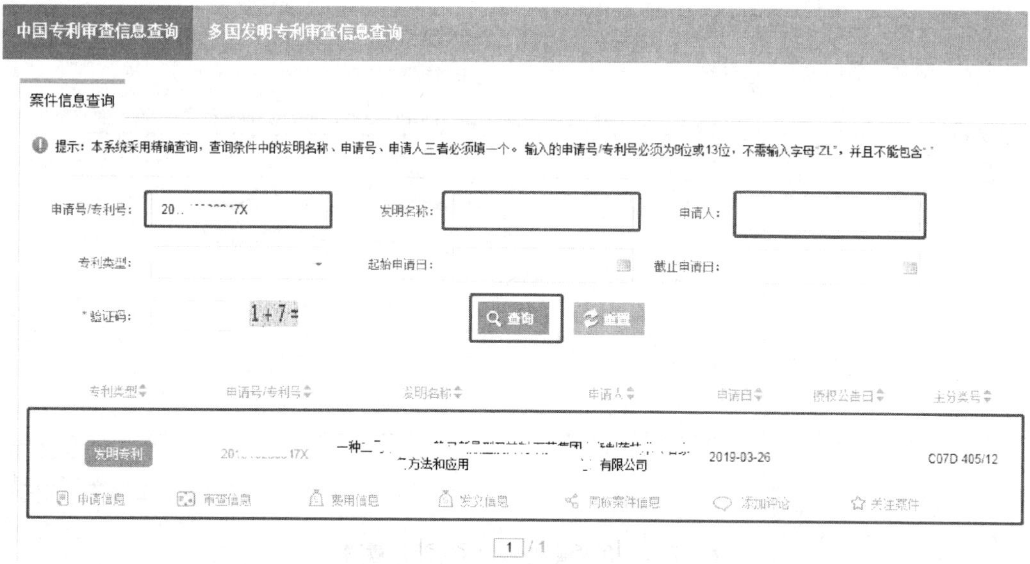

图2.20　中国及多国专利审查信息查询系统查询示例

➢ 专利诉讼信息检索——中国裁判文书网

先进入中国裁判文书网，注册并登录账号后，可直接在检索栏中输入专利诉讼案件相关的信息进行模糊检索，也可点击左边的“高级检索”按钮，在下拉菜单的各栏中输入相关信息进行精准检索。如图2.21所示。

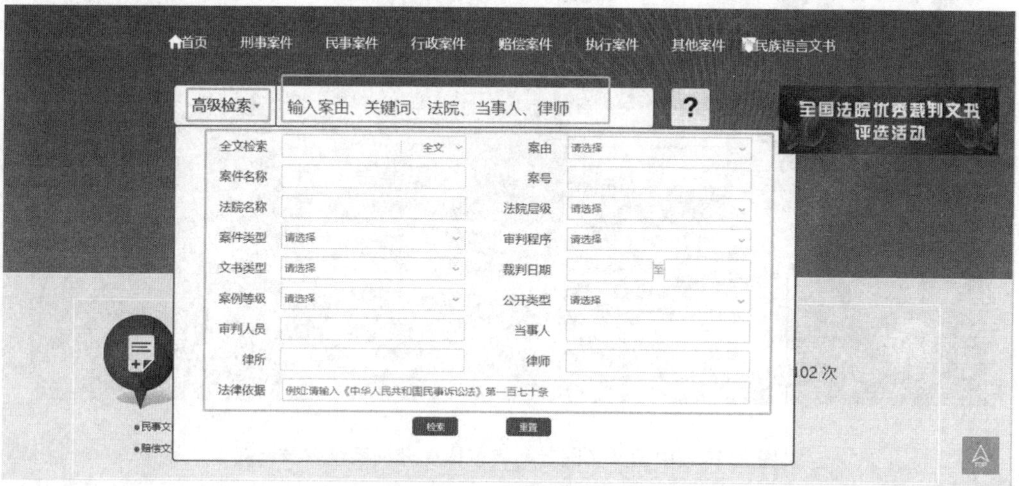

图2.21　高级检索示意图

2.3.6　同族专利检索示例

同族专利检索指针对同族专利或其相关信息开展的检索，很多时候同族专利更像是一种获取其他信息的媒介，如通过检索某件专利的同族专利来获取该申请人在海外申请专利时登记的名称以及技术内容范围等信息，又或者通过检索某类技术的所有同族专利，统计分析其地域布局情况，来确定该技术的全球市场分布情况等。同族专利检索需要借助检索平台开展，下面分别以国知局专利检索与分析系统和INNOJOY检索系统为例进行实操讲解。

【示例】

➢ 同族专利检索——以国知局检索系统为例

首先进入国知局专利检索系统，登录账号后，选择上方的“热门工具”，点击中间最左端的“同族查询”，在检索栏中输入所检专利“公开号”，点击“查询”即可在下面查看该件专利的所有同族专利情况，还可以通过每件同族专利的右侧键查看专利各项信息，并且下载。如图2.22所示。

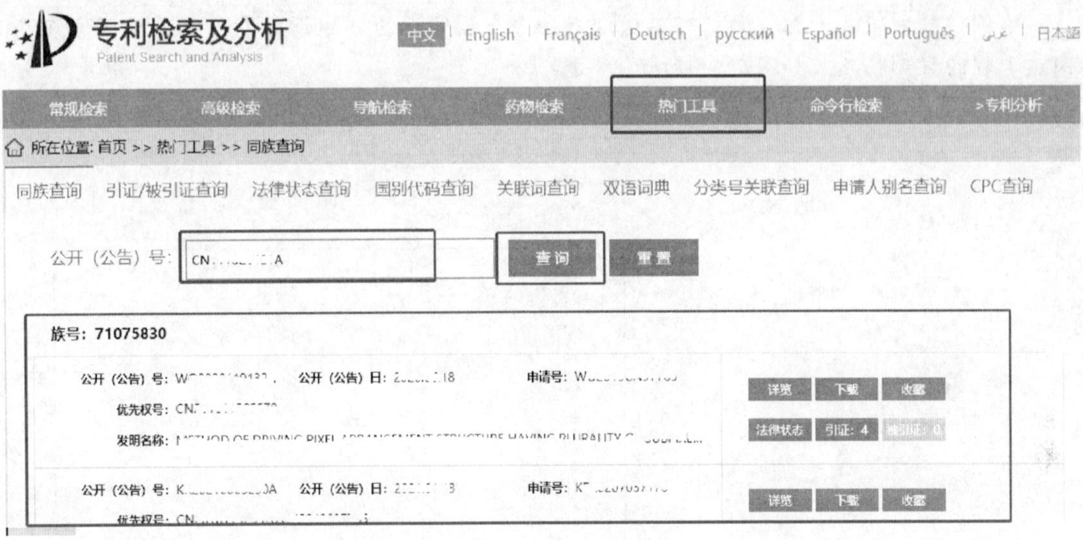

图2.22　同族专利检索示例一

➢ 同族专利检索——以INNOJOY检索系统为例

首先进入INNOJOY专利检索系统，登录账号后，直接在检索栏中输入所检专利“公开号”，点击右侧“检索”按钮进行检索。如图2.23所示。

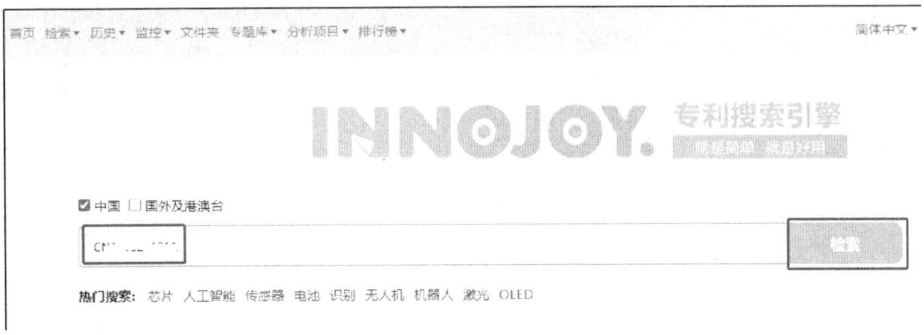

图2.23　同族专利检索示例二

在检索页面的右侧边栏中点击“同族专利”按钮。如图 2.24 所示。

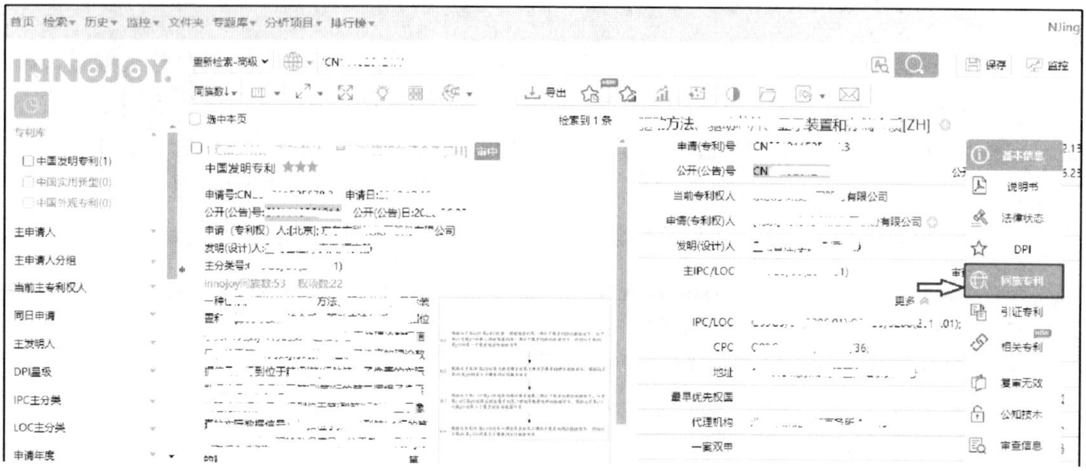

图 2.24　同族专利检索示例三

右侧跳转到同族专利页面，可以通过点击每个国家后的“申请数量”查看该国家布局同族专利的详细信息。如图 2.25 所示。

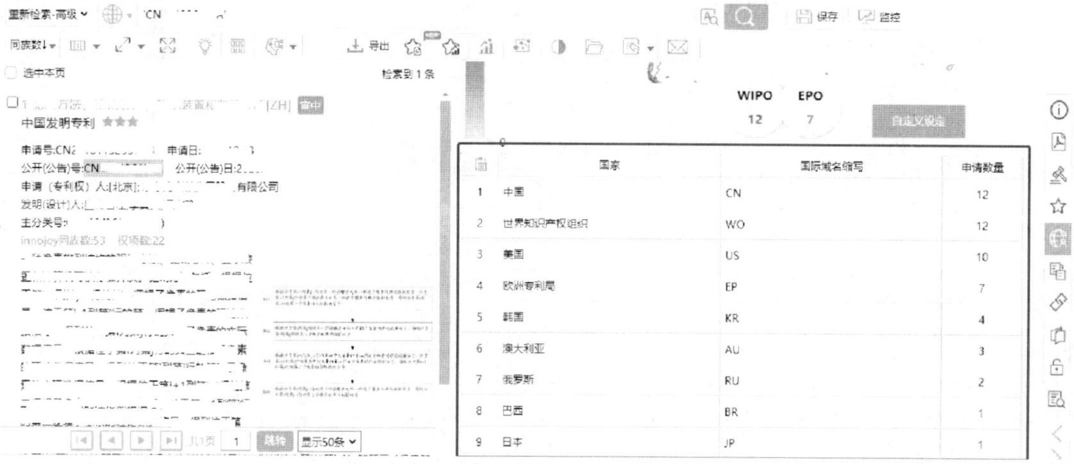

图 2.25　同族专利检索示例四

第3章　立项阶段的知识产权信息利用

研发立项阶段包括立项前与立项初期两个阶段，其中立项前的重点是通过前期调研、专利检索与分析掌握预立项技术的国内外市场前景、行业宏观环境、技术发展现状与趋势等，从而为立项必要性的判断与项目选题范围的锁定提供信息支撑。立项前的专利信息利用，目的在于充分利用现有的研发成果，提高科研创新的起点，使项目能够充分整合现有技术资源，从而早出、快出和多出领先的科技成果。利用专利查新、专利检索，将现有的与项目相关的技术方案整理汇总，筛选出可以免费使用的公开技术以及可以策略性使用的专利技术，从而避免科研资金浪费，降低重复研发的可能性。

立项初期的重点则是围绕已锁定的技术开展宏观与微观结合的专利分析工作，从而达到借鉴重点专利指导研发方向、识别合作伙伴与技术转化对象以及规划专利布局方向的目的。在立项前期利用专利信息的好处在于，通过将检索结果与项目预期成果进行比较分析，可以大致预测科研项目的价值高低，进而为项目决策提供依据。对于科研价值较高的项目，可以考虑投入更多资源尽快抢占技术高地；对于已经在行业内形成专利成果甚至有了战略布局的项目，则要考虑如何再次拔高科研项目的层次，从而提高科研水平，树立正确的研发方向。

3.1　立项前的知识产权信息利用

高校积极承担国家、企业及高校自身科研项目是高校科技创新实力的体现，项目成果凝结了高校科研工作者的智慧和心血，而研发立项是一切科研项目的起始点。据统计，我国的科研项目重复率达到40%，在某一线城市的40多万个企业及高校中，63%的科研主体在研发前没有开展知识产权信息利用工作，即使在科技部973计划、863计划和国家重大专项研究中，也不乏重复研究问题的出现。这导致我国每年数以亿计的研发经费由于低水平重复研发的问题付诸东流。在研发立项前开展知识产权信息利用工作，可有效避免成本的无端流失，对我国科研主体科研活动的开展具有重大意义。

3.1.1　前期调研

在研发立项前，首先进行的是前期调研，包括科研需求调研、市场调研、政策调研和技术调研，从宏观层面为立项必要性的评判提供信息支撑。其中科研需求调研围绕高校科研组展开，用以明晰科研组原有技术积累程度及科研方向与技术边界；市场调研围绕国内外预立项技术相关市场信息展开，用以初步识别技术所属领域产业链构成情况、产业链各环节参与者情况、技术相关产品国内外市场分布及份额情况等；政策调研主要围绕国内预立项技术相关政策信息展开，用以了解宏观政策环境、科研鼓励方向及科研资助信息等；

技术调研围绕论文、期刊、各类文章等非专利文献信息展开，用以梳理技术发展脉络、技术水平现状及未来热点方向等，并初步识别潜在合作伙伴。

科研需求、市场、政策和技术调研可通过以下几种形式开展。

（1）资料查阅。

通过阅读相关资料了解技术发展历程、现状和趋势，了解国内外市场及政策方面现状及发展情况。资料主要包括论文、期刊、行业标准、行业分析报告、政策文件以及网络新闻报道等。

（2）座谈会议。

座谈会议主要在项目组内部开展，是梳理自有技术积累和真实科研需求最为重要的手段。由于项目组大部分由多人组成，而各组成人员的技术水平及科研认知均有所不同，通过座谈会议可对项目组在预立项技术领域的准备情况及预期发展进行系统且全面的梳理，从而筛选出适合自身的科研方向。同时，还可通过座谈会议，分享在资料查阅时了解的宏观环境信息，进行交叉比对与核实，从而深入了解整个领域的技术构成、技术现状以及预立项技术的当前定位。

（3）专家问询。

通过与预立项技术领域资深专家交流，深入了解该领域整体情况，通过专家问询的形式获取比较权威的、指导性强的信息。

（4）电话调研。

电话调研是以上各种形式的补充，通过打电话沟通的形式与组内成员或相关专家进行沟通。

在前期调研结束后，需要由组内成员整合获得的信息并填写调研总结表（表3.1）。

表3.1　调研总结表示例

预立项课题名称	如“无人机模糊图像复原方法”“弹车与炮车供输弹辅助安全装置”等		
课题类型	如“自研”“国家级”“省级”等		
课题组负责人		负责人联系方式	
课题组成员			
市场前景	（叙述课题技术相关产品国内外市场现状及前景） 如“我国＊＊技术负载产品年销量/出口量/全球市场份额为……，相关产品平均售价约为……，预计每年销售额……”		
政策环境	（罗列与课题技术相关的宏观政策信息） 如“国家近期颁布的《＊＊＊指导书》文件指出鼓励……技术发展、《＊＊＊政策文件》提出高校在……领域内开展创新提供科研经费支持”等		
技术说明	（叙述课题技术所属领域、技术研发重要性、基础研发思路等） 如“本课题属于无人机控制领域，现有技术采用……手段，但是存在……问题，本课题将采用……手段，从而避免以上问题的产生，对无人机在……方向的进步具有重大意义”		

续表 3.1

科研基础	（叙述课题组在该课题领域的技术水平及硬件条件等） 如“组内成员均长期在课题领域进行研发工作，既往成果有……、……、……，在……上研发经验丰富，且具备……硬件条件，可对本课题的开展形成良好支撑，保障课题进展顺利”等
优势国家/地区及科研主体	（罗列课题相关技术领域的优势国家/地区及科研主体） 优势国家/地区： 如“中国”“美国”“英国”“德国”“日本”等 优势科研主体： 如“大疆”“北京航空航天大学”“Parrot（派诺特）”等
课题技术边界	（对课题技术边界进行界定） 如“弹车包括……车、……车、……”“炮车包括……车、……车”“供输弹辅助安全装置包括……”“关注结构、材料、安装方法、检测方法、……”等
检索边界界定及关键词	（对检索边界进行界定，包括检索地域、时间、中英关键词等） 检索地域： 如“中国”“美国”“英国”“德国”“日本”等，一般建议选择全球或者课题相关技术优势国家及地区 检索时间： 可针对课题需求对专利申请时间进行检索限定，一般建议不限定 关键词： 如“无人机”“unmanned aerial vehicle”“图像复原”等

3.1.2　检索要素/检索式构建

在获得上述调研总结表的前提下，可开展检索要素/检索式构建工作。立项前的专利检索主要有两个目的，一是从宏观层面了解课题技术所属领域的专利申请趋势，识别该领域未来研发热度；二是筛选与课题预研发方向相似的专利文献，判别是否存在重复研发情况。应注意的是，二者的检索主题不同，前者的检索主题范围较大，检索结果应注重“全”，而后者的检索主题范围较小，检索结果应注重“准”。

例如针对“无人机模糊图像复原方法”课题开展相关检索，课题组采用技术 A 实现图像复原，那么基于查看宏观发展趋势的检索主题应为“无人机所有模糊图像复原方法，包括但不限于技术 A、技术 B、……”，而基于判断重复研发的检索主题则应为“实现无人机模糊图像复原的技术 A 方法”。具体的检索要素和检索式构建采用的方式和方法与第 2 章 2.4 中描述的一致，在此不再赘述。

3.1.3　专利分析

立项前的专利分析主要围绕技术发展趋势分析和相似专利分析开展，目的在于通过前者识别预立项课题技术是否具有发展前景，通过后者判别预立项课题研究方向是否已被开发，避免低水平重复研发。

3.1.3.1 专利技术发展趋势分析

专利技术发展趋势分析通过分析专利数据随时间的变化规律，揭示出其发展轨迹，从而对未来专利及技术的发展情况进行预测。从宏观上分析专利技术发展趋势，可以反映相关技术在时间上的活跃度情况，从而在专利层面上判定该课题项目是否具有选取意义。技术发展趋势分析包括但不限于专利申请趋势分析、技术生命周期分析以及重要研究主体专利申请趋势分析等。

（1）专利申请趋势分析（图 3. 1）。

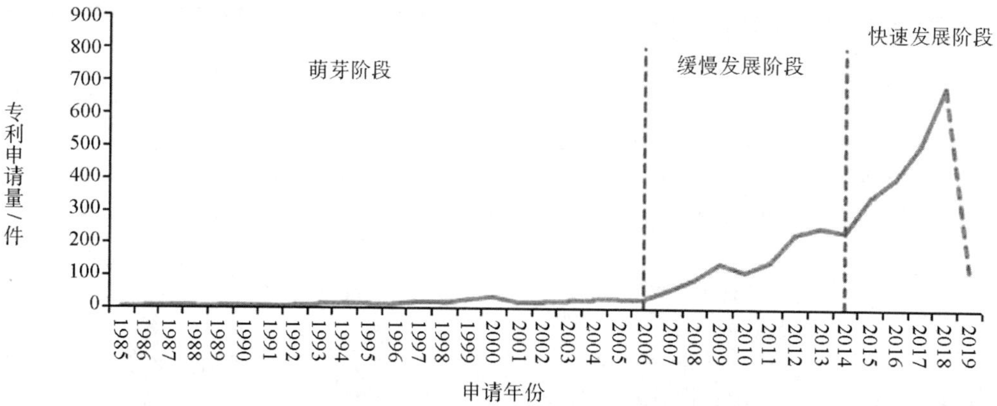

图 3. 1 专利申请趋势示例图

专利申请趋势分析图主要是以横坐标为时间，纵坐标为各个申请国/地区的申请量、授权量、公开量、申请人数、发明人数或者相应的增长率绘制而成。针对绘制的专利申请趋势分析图，分析内容包含数据拐点、不同趋势曲线比较以及信息补充分析等。数据拐点分析是经由时间维度将变化趋势划分为多个阶段，如萌芽阶段、缓慢发展阶段、快速发展阶段、成熟阶段、衰退阶段等，辨别哪些数据拐点是由技术发展原因造成，哪些是由经济或政治因素造成，以明晰技术领域的整体发展态势另外，由于图表可展示的信息较为有限，为了剖析出数据拐点和数据差异出现的原因，使得立项前课题组人员能够更好地掌握技术发展趋势，还应结合前期调研获取的市场、政策、技术等非专利文献信息进行综合解读。上述所提到的重要研究主体专利申请趋势分析即以横坐标为时间，纵坐标为各重要研究主体申请量/授权量展开的分析，分析原理与不同趋势曲线比较一致。

（2）专利技术生命周期分析（图 3. 2）。

专利技术生命周期分析是专利定量分析中最常用的方法之一，技术生命周期图的绘制一般以专利申请量为横坐标，申请人数量为纵坐标。根据各阶段专利申请量及申请人数量的不同表现形式，划分为技术引入期、技术发展期、技术成熟期和技术淘汰期四个阶段。

①技术引入期。在技术引入阶段，专利申请量较少，这些专利大多数是原理性的基础专利，由于技术市场还不明确，只有少数几个研发主体参与技术研究与市场开发，此时，专利申请量和申请人数量都较少（集中度较高），在图中表现为聚集在左下角，如图 3. 2 中 1998 年之前的情况。

②技术发展期。随着技术的不断发展，市场扩大，介入的研发主体增多，技术分布的

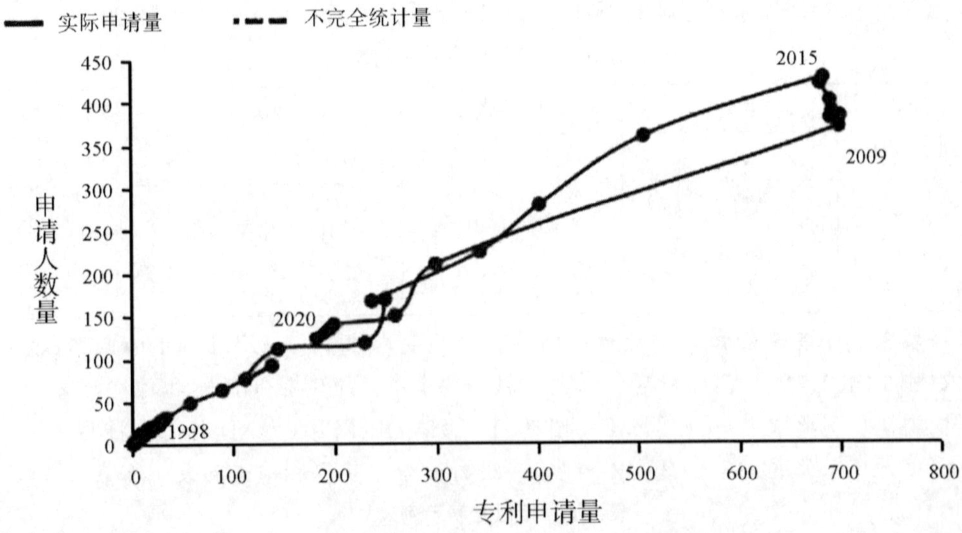

图3.2　专利技术生命周期示例图

范围扩大，在图中表现为专利申请量和申请人数量的大量激增，如图3.2中1998—2009年间的情况。

③技术成熟期。当技术逐渐趋于成熟，新入者慢慢减少，由于市场有限，只有部分技术成熟主体继续从事相关领域的技术研究，此时的申请人数量逐渐减少，专利增长的速度变慢，如图3.2中2009—2015年间的情况。

④技术淘汰期。

当技术老化后，更多的研究主体纷纷退出市场，此时有关领域的专利技术几乎不再增加，每年申请的专利数量和申请人数量都呈现负增长，如图3.2中2015—2020年间的情况。

通过专利技术生命周期分析能够揭示专利技术历史发展脉络，可以分析得出预立项的技术目前处于何种发展时期，从而帮助课题研究组预测未来技术发展趋势，避免研究可能已经被淘汰的技术。

3.1.3.2　相似专利分析

基于避免低水平重复研发的目的开展相似专利分析，首先要进行相似专利筛选工作，即识别并筛选与预立项课题研发思路相似度较高的专利文献集合，随后针对筛选出的相似专利集合进行逐篇阅读，判断预立项课题研发思路是否已被开发。

相似专利筛选可以通过两种方案实现，其一为利用第二章中的方法对“实现无人机模糊图像复原的技术A方法”进行检索要素拆分和检索式构建，随后将检索结果进行多次去噪，获得一批相似专利；其二为将预立项课题研发思路编写为一段逻辑清晰的技术描述语言，利用INNOJOY的AI智能检索功能进行检索，自动识别500件以内高相似度专利文献，获得相似专利集合。下面针对两种方案的具体实操方法进行展示。

【示例】实现无人机模糊图像复原的方法

预立项课题研发思路：首先利用识别算法对无人机图像模糊类型进行识别与分类，然后根据不同的模糊类型采取不同算法进行清晰复原。

➢ 方案一　通过检索获得相似专利

首先利用第二章中的方法对上述研发思路进行检索要素拆分工作（表3.2）。

表3.2 检索要素分解示例表

检索要素	检索要素1	检索要素2	检索要素3	检索要素4
检索要素名称	无人机	算法	图像	复原
要素扩展	无人机、无人驾驶飞机、无人飞机、UAV……	算法、卷积神经网络……	图像、图象、影像、图片……	复原、修复、恢复、清晰……

根据表3.2可搭建检索式：标题，摘要，权利要求书＝（无人机 OR 无人驾驶飞机 OR 无人飞机 OR UAV）AND 标题，摘要，权利要求书＝（算法 OR 卷积神经网络）AND 标题，摘要，权利要求书＝（图像 OR 图象 OR 影像 OR 图片）AND 标题，摘要，权利要求书＝（复原 OR 修复 OR 恢复 OR 清晰），进行检索，获得相似专利表（如表3.3）。

表3.3 相似专利示例表

序号	申请号
1	CN201410124236.6
2	CN201410084029.2
⋮	⋮
341	CN201510890380.5

随后，针对获得的341件专利进行逐篇阅读，按照第二章中的评价方式判断是否存在重复研发情况，若存在，则需考虑新的研发方向或放弃立项，若不存在，则可考虑立项。

➢ 方案二　通过AI智能检索功能获得相似专利（收费功能）

首先将研发思路编辑为一段逻辑清晰的技术描述语言（针对技术的描述越详细越好）：利用算法对无人机图像模糊类型进行识别，根据不同的模糊类型采取不同算法进行清晰复原。

随后登录账号，将鼠标悬于左上方“检索”上，在下拉菜单中点击“AI智能检索”进入检索界面，如图3.3所示。

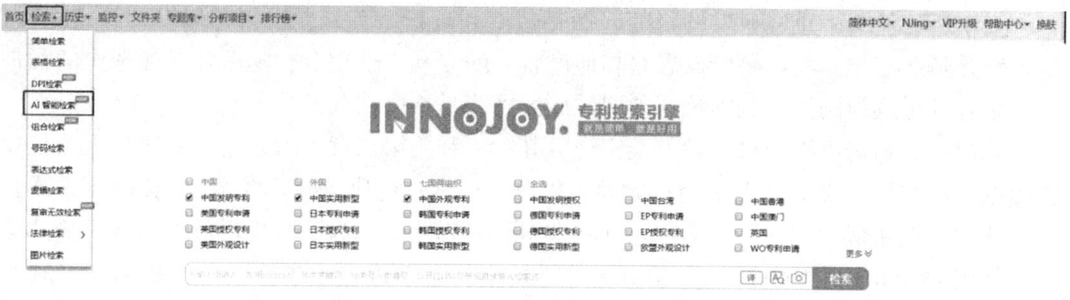

图3.3 AI智能检索示例步骤一

在“AI智能检索”界面的文本信息栏中输入已编辑好的技术描述语言，在检索时可根据具体需求选择“中国”或“全球”数据库（本案例以中国数据库为示例），还可输入申请日/公开日等信息进行检索限定，待信息输入完全后，点击“检索”按钮进行检索，如图3.4所示。

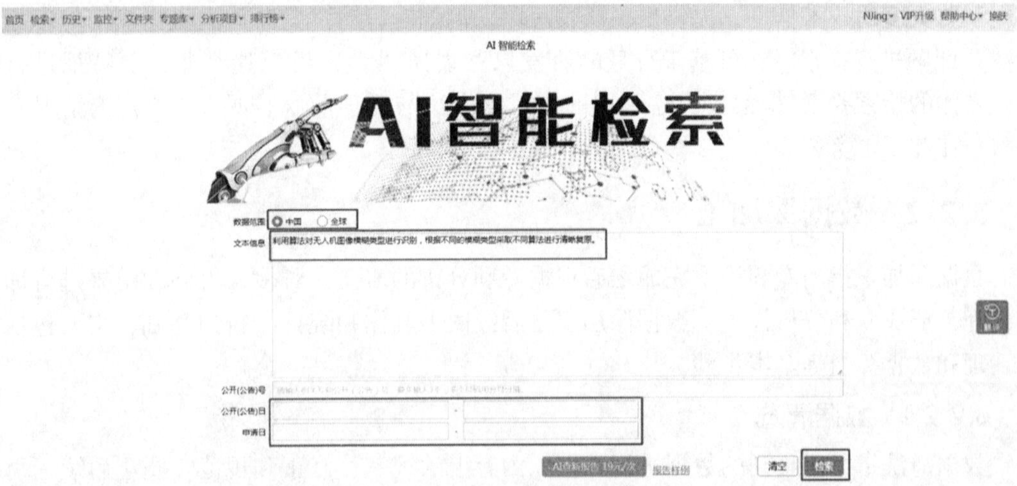

图 3.4　AI 智能检索示例步骤二

通过检索，可将检索到的相似专利通过逐件阅读的方式，与预立项课题研发思路进行对比，判断是否存在重复研发情况。

3.1.4　立项可能性判定

基于前述分析结果，已基本确定课题项目前景与重复研发可能性，一般企业类主体在确认上述两项信息后即可判定是否立项，但高校与科研院所存在一定特殊性，在专利分析结束后，还需要针对课题项目本身解决的问题及拟采取的技术方案进行讨论，并通过二者的新旧情况为项目立项可能性提供新的信息支撑，具体判定方法见表 3.4。

表 3.4　立项可能性判定方法

课题项目解决问题	拟采用技术	立项可能性
旧问题	旧技术	无
旧问题	新技术	一般
新问题	旧技术	较高
新问题	新技术	很高

3.2　立项初期的知识产权信息利用

立项初期指刚刚立项，科研项目组仅有大方向研发思路，尚无具体实施路径的阶段，此阶段的重点在于利用知识产权信息检索与分析，了解细化分支中的研发思路，并合理合法借鉴现有技术，利用前人研究基础提升自身科研起点，同时寻找潜在的合作伙伴并提前规划专利布局方向。

3.2.1　检索要素/检索式构建

由于此阶段的重点在于借鉴信息，在检索时应注意适度扩大检索范围，从而为科研项目组获取更多的技术信息，提供更多研发思路。例如在针对“实现无人机模糊图像复原的方法”课题进行检索时，可基于自身的研发思路去掉“无人机”这类非必要特征进行检索。具体的检索要素/检索式构建采用的方式和方法与立项前（详见3.1.2）的情况基本一致，在此不再赘述。

3.2.2 数据深加工

数据深加工指当专利检索完成之后根据专利分析的需要，对检索得到的结果进行加工和处理，形成专利分析样本。数据深加工是后续图表制作和统计分析的基础，主要包括数据清理和数据标引等基本步骤。

3.2.2.1 数据清洗

数据清洗指对采集到的数据进行数据项内容上的统一、修正和规范，便于后续标引和分析工作的开展。不同的检索系统和不同的国家或地区在专利著录项目录入时会存在著录项格式不同、语言表达习惯不同、数据输入出现错误、部分著录项目内容的缺失、未区分重复专利或同族专利等问题。上述问题会导致原始数据格式和内容的不一致，一定程度上会影响后续数据统计分析的准确性。因此需要在数据采集之后对数据进行清理，包含合并、去重、去噪以及规范化等处理。

在实际操作中，数据清理主要包括数据去噪、数据去重和数据标准化三部分。

（1）数据去噪：依据检索时所划定的技术边界，通过计算机检索和/或人工阅读等手段，去除检索到的数据集中属于该技术边界以外的噪声文献。常用的方法主要包括检索批量除噪和人工阅读除噪等。

（2）数据去重：在对从不同检索系统中检索到的数据集进行合并时，去除其中的重复专利文献和/或合并同族专利文献。

（3）数据标准化：对原始数据源的部分或者全部数据项的格式和/或内容进行规范化加工处理。通过修正错误和统一格式等手段使采集的专利数据符合后续的统计分析以及相应专利分析工具的需求。数据标准化的内容主要包括分类号标准化、日期格式标准化、申请号/公开号标准化、申请人国别标准化、申请人名称统一化处理（即申请人合并，将分子公司合并起来）和去重、发明人名称统一化、关键词统一化、说明书摘要等信息的补充等。

3.2.2.2 数据标引

标引即通过标记，指引人们方便、快捷地找到所需要的信息。数据标引主要指选用检索语言词或自然语言词反映文献主题内容，并以之作为检索标识的过程。通过标引项的引入可以增加额外的字段来对数据合集有针对性地开展深入分析。

根据标引字段的不同，数据标引可分为常规字段标引和自定义字段标引。常规字段标引通常采用专利信息分析系统对清洗后的检索结果进行自动提取；自定义字段标引指针对分析需求对自定义字段进行标引，例如，对技术内容、技术分支和技术功效等进行标引。

标引方法包括人工标引和批量标引等。人工标引需要阅读大量专利文献，甚至逐篇阅读，比较烦琐费时，但能够深入理解专利文献，获得的信息较为丰富。批量标引主要适用于大量文献的标引，批量标引有时可与专利检索同时完成。

【示例】"实现无人机模糊图像复原的方法"课题标引

在标引工作开始前，需要基于课题需求设置标引项。由于该课题研发方向主要与算法有关，因此可重点针对算法进行标引项设置（表3.5）。

表3.5　标引项设置示例表

一级节点	二级节点
识别算法类型	卷积神经网络
	⋮
模糊类型A图像复原算法	混合特性正则化约束的盲复原算法
	⋮
模糊类型B图像复原算法	去雾算法
	⋮
模糊类型C图像复原算法	频谱预处理与改进霍夫变换的盲复原算法
	⋮
技术手段	识别算法改变
	图像复原算法改变
	算法改进
	⋮
技术功效	提高鲁棒性
	提高实用性
	⋮

标引项设置完成后，可采取Excel标引与借助INNOJOY搜索引擎的方式对待深加工数据合集进行标引工作。

➢ 方案一　通过Excel标引专利

首先基于自身需求在2.2中提到的专利检索平台上下载待标引专利列表，随后在专利列表的Excel文件中按照标引项设置表的情况设置标引列及下拉菜单，随后根据每篇专利的具体技术情况开展标引工作即可，如图3.5所示。

图3.5　通过Excel标引示例

➢ 方案二　通过 INNOJOY 标引专利（收费功能）

登录账号，将鼠标悬于左上方“分析项目”上，在下拉菜单中点击“分析项目列表”进入分析项目界面，如图 3.6 所示。

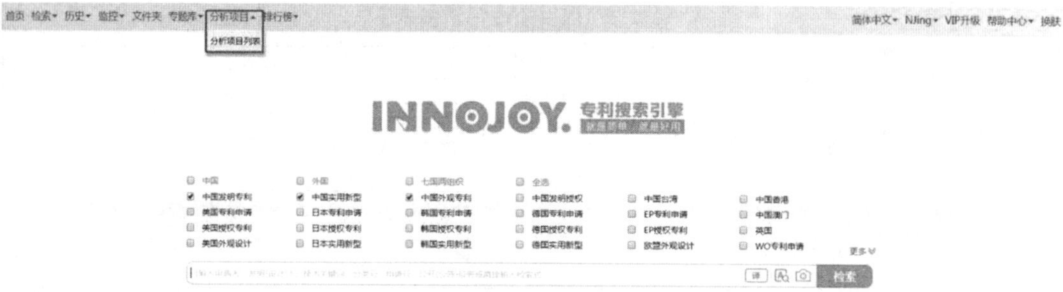

图 3.6　通过 INNOJOY 标引步骤一

随后点击左上角的“新建”按钮进入分析项目新建界面，在界面上的“项目名称”栏中输入课题名称，点击下方的“保存”按钮即可，如图 3.7 所示。

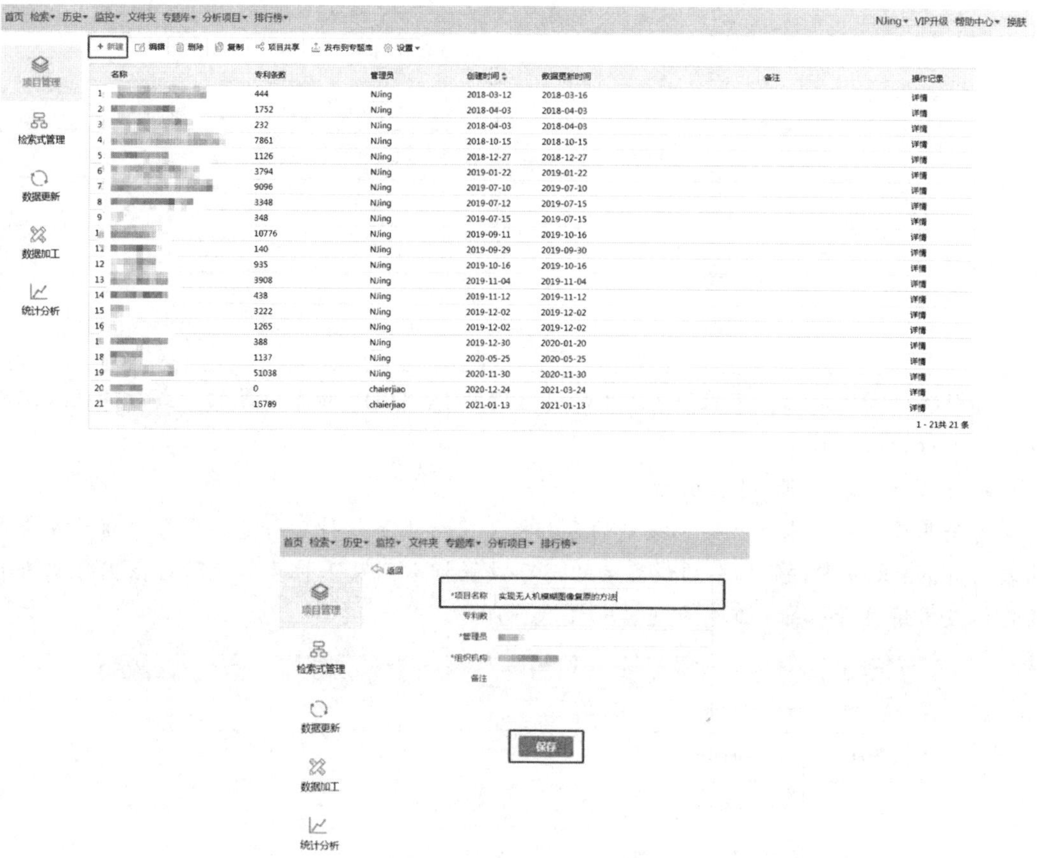

图 3.7　通过 INNOJOY 标引步骤二

保存后页面自动跳转至分析项目界面，点击已建好的“实现无人机模糊图像复原的方法”分析项目，随后点击左上方的“检索式管理”按钮，跳转到相关界面。在“检索式管理”界面中，点击左上的“添加”键，根据需求添加节点（本案例以“中文”和“英文”节点为例），建成节点后，将鼠标挪动到新建节点上方，通过点击节点后三个按键的中间按键，修改节点名称。待名称修改后，点击节点，在右方选择数据库范围，并在下方空白栏中录入3.2.1构建的相应检索式，点击“保存”按钮保存。如图3.8所示。

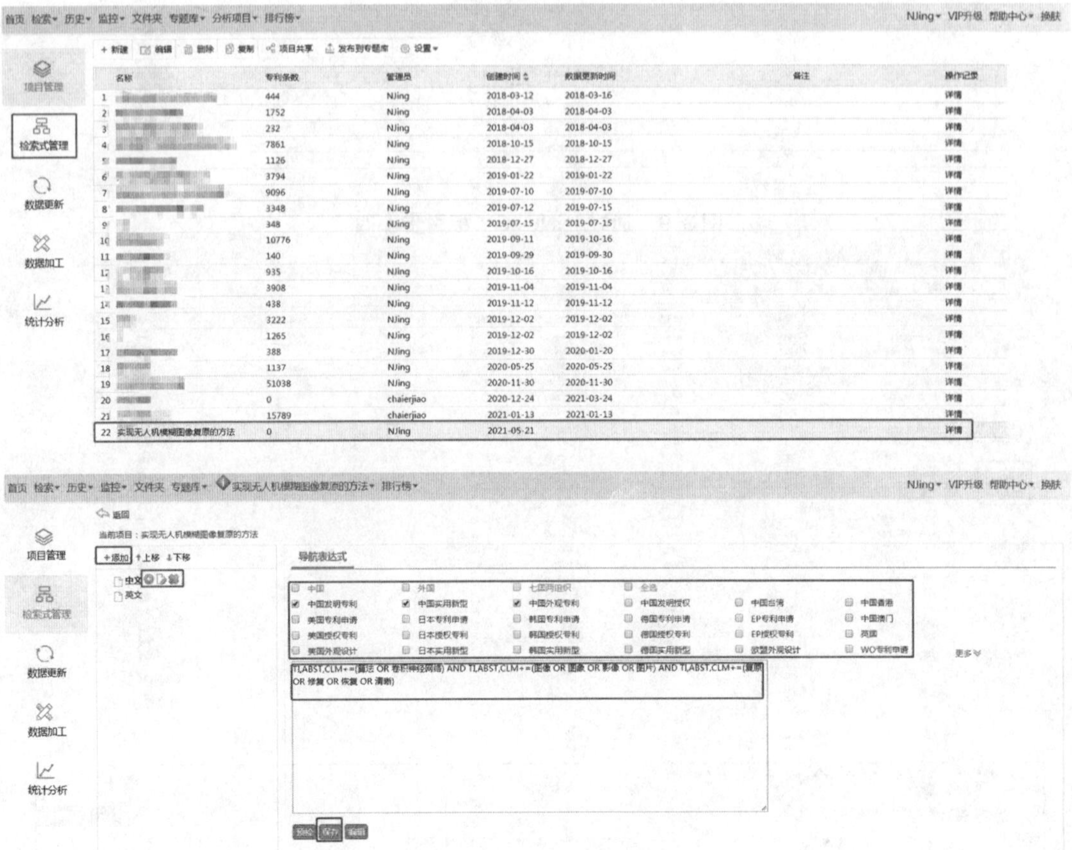

图3.8　通过INNOJOY标引步骤三

保存成功后，跳转到分析项目界面，再次点击已建好的“实现无人机模糊图像复原的方法”分析项目，随后点击左方的“数据更新”按钮，进行数据入库工作，如图3.9所示。

待入库完成后，再次点击该项目名称，点击左方的“数据加工”按钮，跳转到专利标引界面。在标引界面的左下方，通过点击“添加”按钮和各节点后的“添加、修改名称、删除”按钮将标引项设置列表中的各项进行罗列，搭建好后，点击右方的文献号进入单件标引界面，在右侧浏览专利文献内容，左侧通过勾选的方式进行标引即可，具体流程如图3.10所示。

图 3.9　通过 INNOJOY 标引步骤四

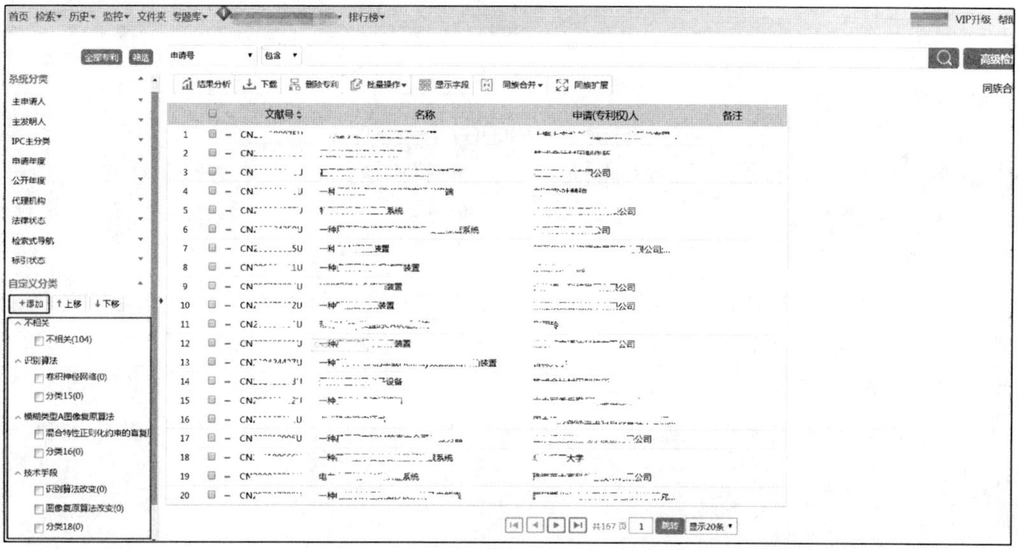

图 3.10　通过 INNOJOY 标引步骤五

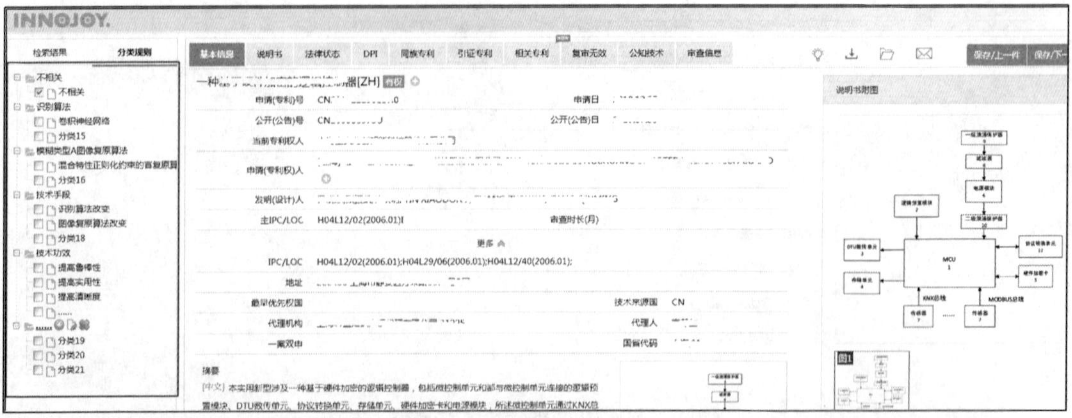

续图 3. 10

3. 2. 3　专利分析

立项初期的专利分析主要围绕技术分支分析、技术路线分析、技术功效矩阵分析、技术研究主体分析、重点研究主体技术路线及专利布局分析、重点专利分析和专利布局规划开展，目的在于通过技术分支/技术路线/技术功效矩阵分析了解细化分支研发现状与方向，拓宽研发思路；通过技术研究主体及其技术路线分析，识别潜在合作伙伴；通过重点专利分析，筛选与课题组研究方向一致的既有可借鉴专利，提高研发起点，缩短研发进程；通过重点研究主体专利布局分析和专利布局规划，吸收优势布局策略并基于自身特点提前规划布局方向，以保证各阶段相关知识产权成果的顺利产出。

3.2.3.1　专利技术分支分析

专利技术分支分析用于了解拟研究技术领域下细化技术分支的研发现状，可分为基础版与高级版。其中基础版是基于分类号的分类规则对细化技术分支进行统计分析，常用于待分析专利数据量过大（人工标引耗时过长）或分类号体系可较好地体现细化技术分支等情况下，工作量较小但精准度相对较低；高级版则是基于数据标引的分类规则对细化技术分支进行统计分析，常用于待分析专利数据量适中且分类号体系不能很好地体现细化技术分支的情况下，工作量较大但精准度较高。在具体的分析过程中应根据实际需求进行选取。下面分别针对基础版及高级版进行介绍。

1. 基础版专利技术分支分析

基础版专利技术分支分析是指对国际专利分类 IPC 或联合专利分类 CPC 进行统计，从而进行技术层面的归类与分析。该种分析方式能够总览技术分布全局，为课题项目组提供专利技术分支研发现状，从而了解当前研发领域下的研发重点及研发热点。如图 3. 11 所示，H01F27/33（变压器或电感器阻尼噪声的装置）是变压器或电感器研发领域的研发热点，其次为 H01F27/26（把磁芯部件紧固在一起或磁芯在外壳或支架上固定/安装的变压器或电感器）。

【示例】无人机图像识别技术

无人机图像识别技术的基础版专利技术分支图绘制过程需要借助专利检索分析平台帮

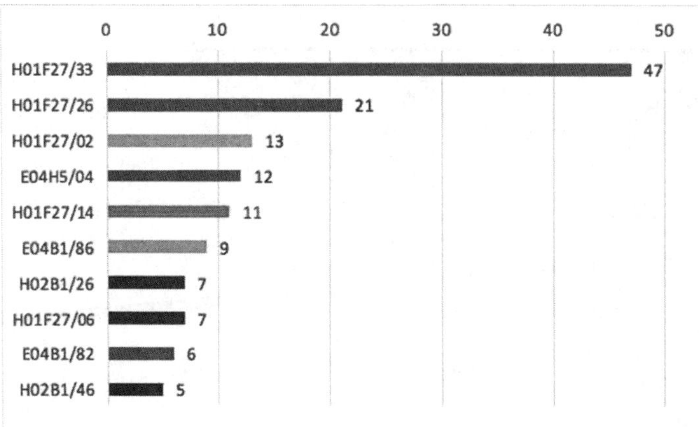

图 3.11　基础版专利技术分支分析示例图

助，可采取“佰腾 + Excel”组合使用的手段进行作图，下面针对该手段的实操方法进行展示。

首先进入 Baiten 专利检索系统，点击右上角的“登录”按钮进行账号注册并进行登录，随后点击搜索按钮后的“更多检索方式”，跳转进入检索界面。

在检索界面的左边通过勾选的方式选择检索地域范围（本案例以中国为例），随后可以选择字段进行检索，各字段可通过后方的“加号”和“减号”键进行添加或减少，字段间的关系可以选择“AND（且）”“OR（并）”和“NOT（否）”来连接（本案例选择在专利名称/摘要/权利要求字段中检索无人机 AND 图像 AND 识别），待信息输入完成后，界面上方会自动显示相关检索表达式，随后点击检索表达式预览框下面的“检索”按钮即可跳转至检索结果界面，如图 3.12 所示。

图 3.12　Baiten 专利检索系统技术分析步骤一

点击上方中央的“分析”按钮，即可跳转到分析界面，通过点击左方的“技术分类排行”可跳转到对专利数据分类号进行统计分析的界面，如图 3.13 所示。

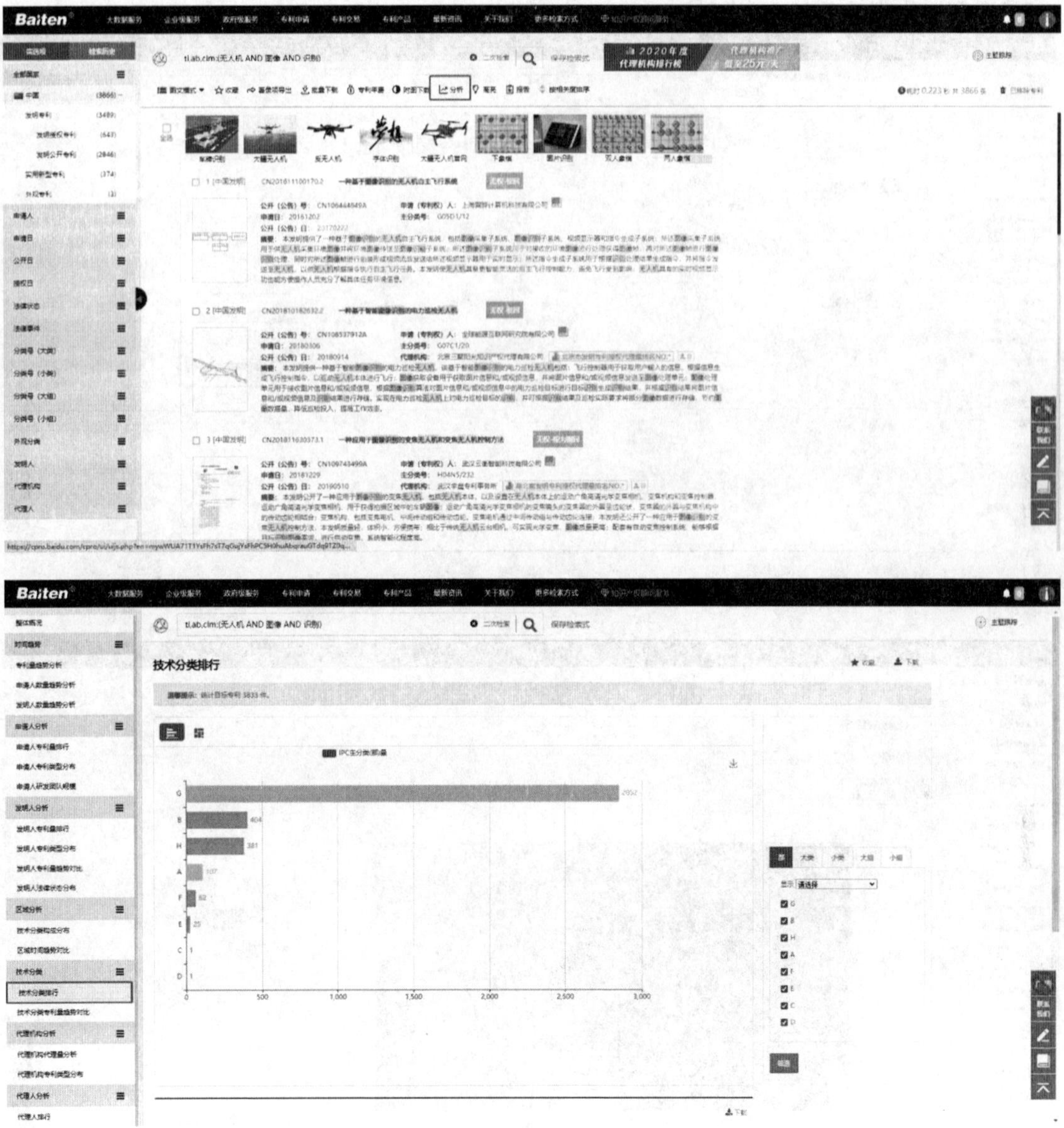

图 3.13　Baiten 专利检索系统技术分析步骤二

通过点击右下方的“部”“大类”“小类”“大组”“小组”等按钮选择分类号的细化程度，通过下方的下拉菜单，可以选择显示的分类号数量，待选择完成后点击下方“筛选”按钮，即可获得相应图表，在图表选择上，可以通过点击图表左上方的两个按钮切换条形图或矩形图，如图 3.14 所示。

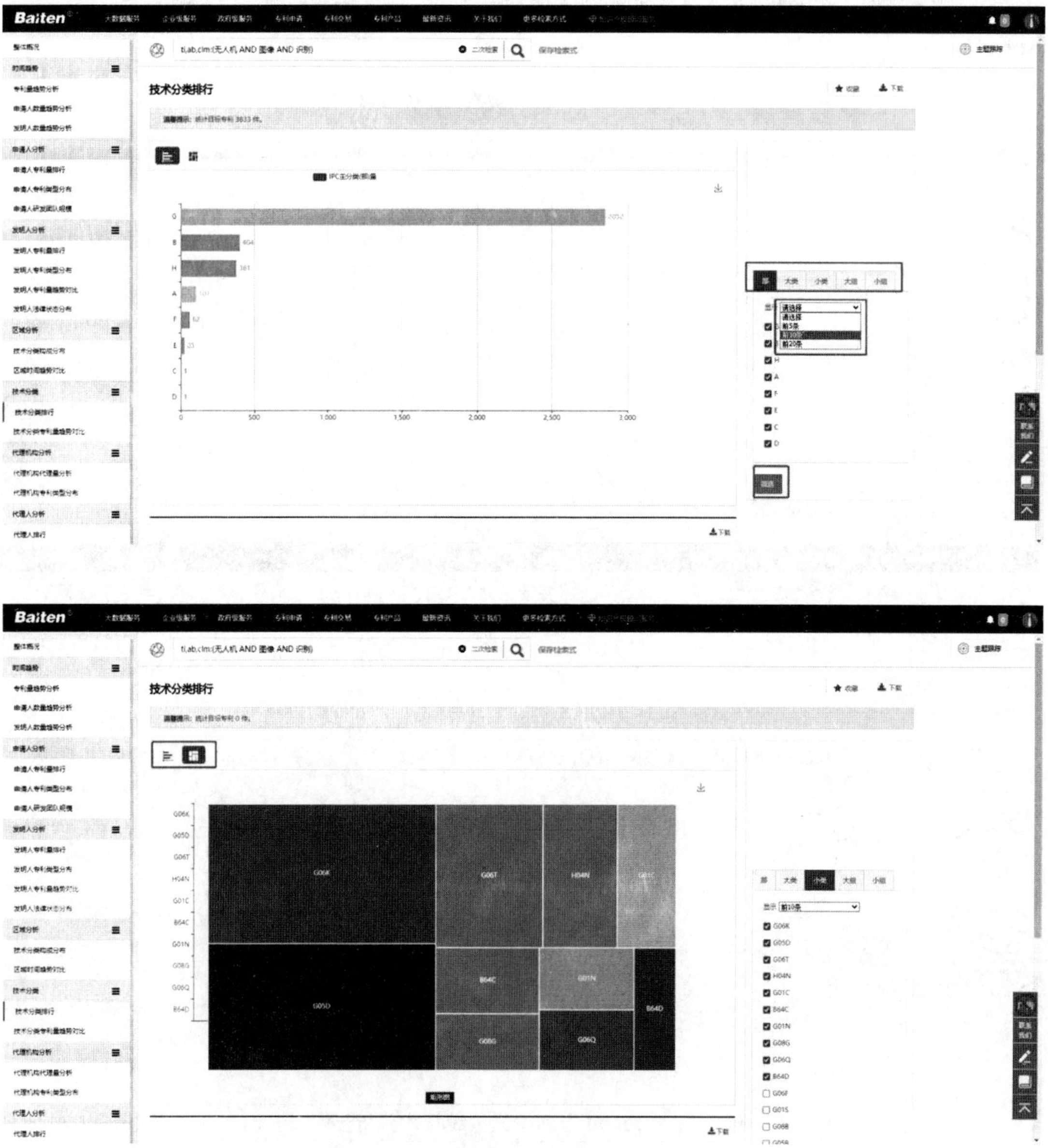

图 3.14　Baiten 专利检索系统技术分析步骤三

相关图片可选择直接下载或下载数据表在 Excel 中作图的方式获得，其中“直接下载”方式通过点击图片右上角的“下载图标”按钮获得，如图 3.15 所示。

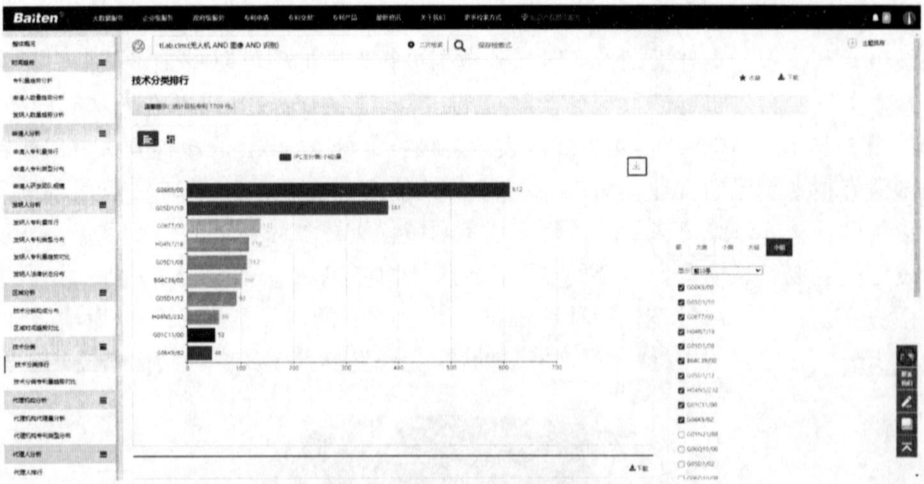

图 3. 15　Baiten 专利检索系统技术分析步骤四

如果想获得相关数据在 Excel 中制作添加其他元素的图表，可点击图片下方的“下载”按钮获得“分析统计”Excel 表，随后打开该 Excel 文件，进行相关图表绘制工作。具体流程如图 3. 16 所示。

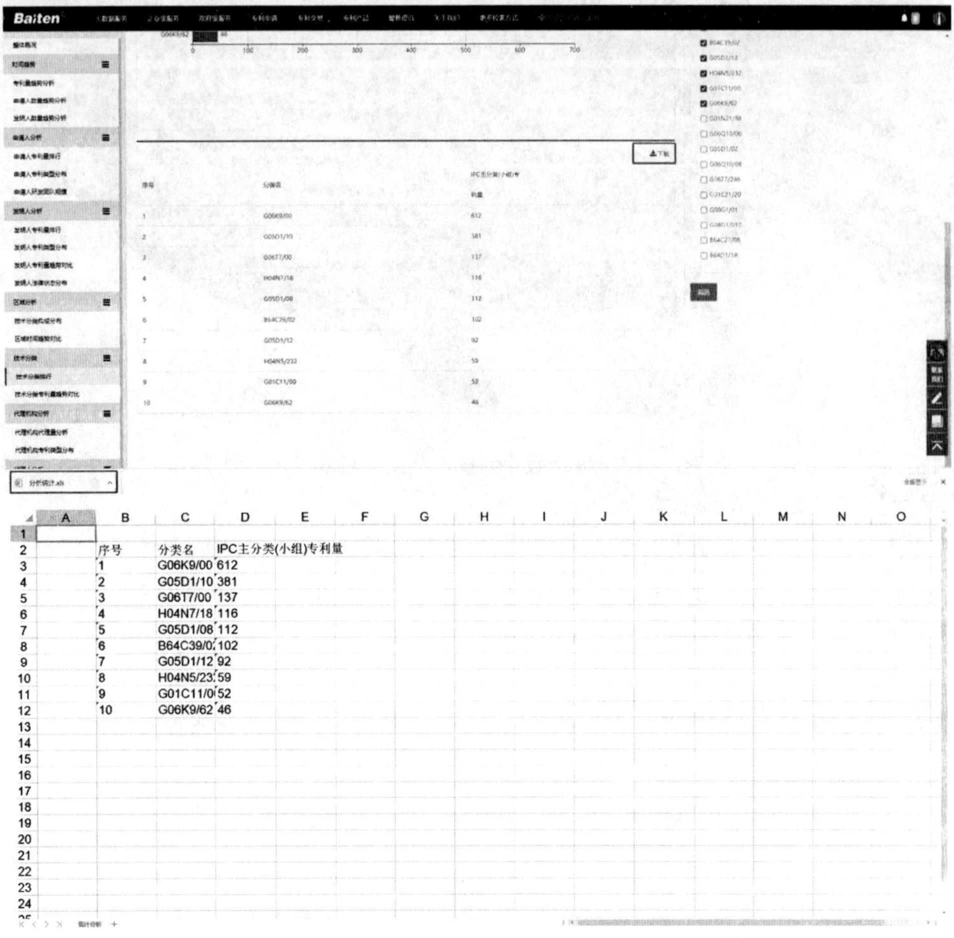

图 3. 16　Baiten 专利检索系统技术分析步骤五

2. 高级版专利技术分支分析

高级版专利技术分支分析是指在对专利数据进行人工标引的基础上，按照设置的标引项对各技术分支专利分布量进行统计及解读的过程。图表表示方式可选择基础的条形图，也可选择图 3.17 所示的鱼骨图（更好地表示多级技术分支情况）。该种分析方式能够直观地反映拟研究技术领域的产业链分布情况以及各技术分支下的技术细分专利数量分布情况，可以帮助课题项目组快速了解拟研究技术领域各级技术分支下的研发重点，从而为自身的研发方向获取思路，也为后续的专利布局规划奠定基础。如图 3.17 所示，从细分的一级技术分支来看，结构材料和特种纤维是该技术领域的研发热点，其次为功能性材料，从二级技术分支来看，结构材料下位的铝锂合金为研发热点，其次为结构陶瓷。

图 3.17　高级版专利技术分支分析示例图

【示例】某领域新材料技术

由于高级版专利技术分支分析是基于人工标引结果展开的，因此主要依赖于 Excel 进行作图，在 3.2.2.2 中提到数据标引可采取借助 Excel 标引和借助 INNOJOY 标引的方法，其标引数据处理方式稍有不同，下面进行详细介绍。

➢ 借助 Excel 标引

若依照 3.2.2.2 中提到的标引方法借助 Excel 进行标引，标引结束后可获得 Excel 文件如图 3.18 所示。

图3.18 借助Excel标引步骤一

首先利用Excel文档中的筛选功能将人工标引筛选出的杂质（标记“删除”的专利文献）去除，具体操作方式为点击J列的“删除”单元格，点击右上方的“筛选”按钮，进入筛选模式，随后点击J列的“删除”单元格后出现的小三角按钮，将下拉菜单中“删除”前面的勾选项去掉，然后点击“确定”按钮，便获得了去除杂质的标引数据，如图3.19所示。

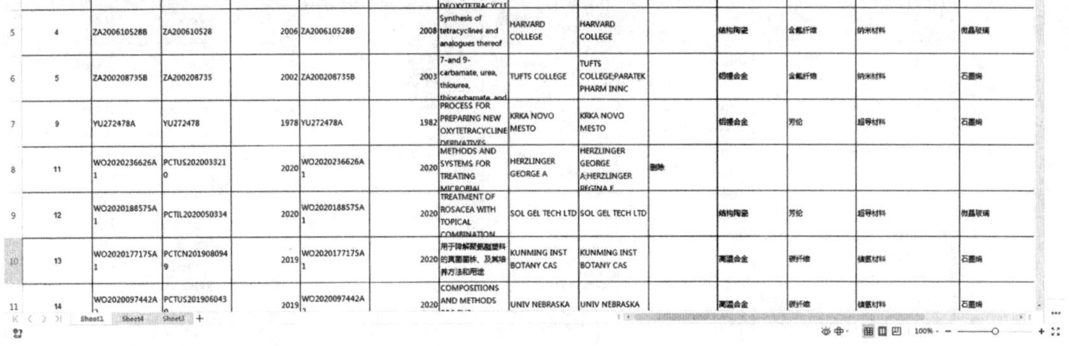

图3.19 借助Excel标引步骤二

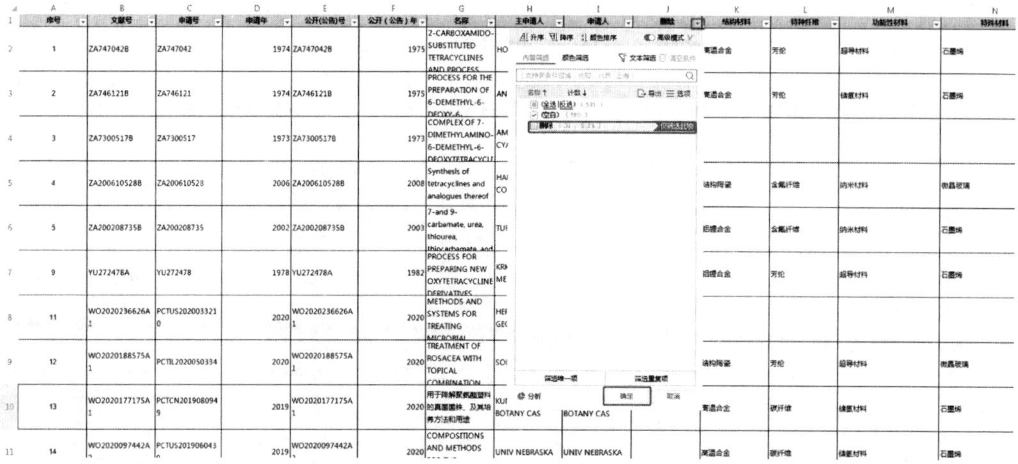

续图 3.19

随后利用 Excel 的统计功能手动统计各技术分支及其下位分支的数据量，具体操作方法为点击 K 列“搅拌件”单元格后的小三角按钮，在下拉菜单中查看搅拌件技术分支的数据量和其下位各分支的数据量，如图 3.20 所示。

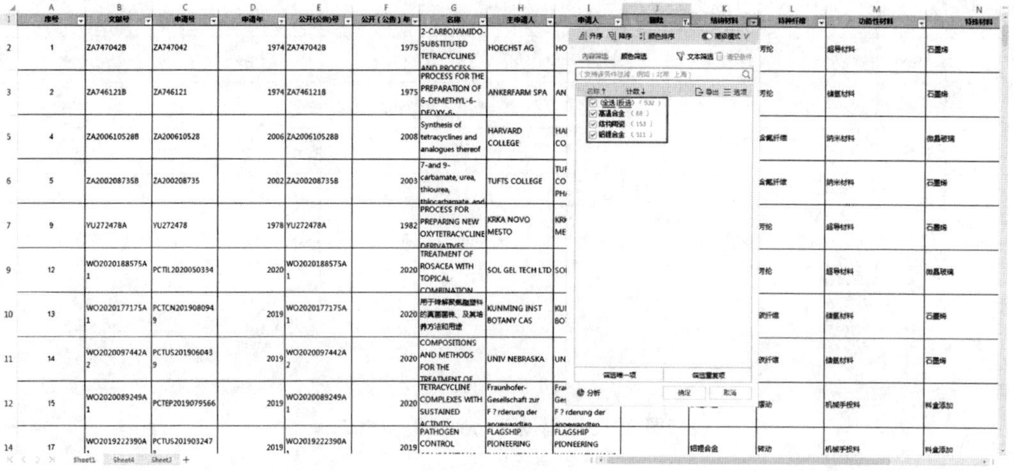

图 3.20　借助 Excel 标引步骤三

从上述操作中可以看到"搅拌件"技术分支的数据量为532件，其下位"高温合金"分支数据量为68件，"结构陶瓷"分支数据量为153件，"铝锂合金"分支数据量为311件，按照上述方法对其他分支及下位分支数据量进行统计，得到统计表如图3.21所示。

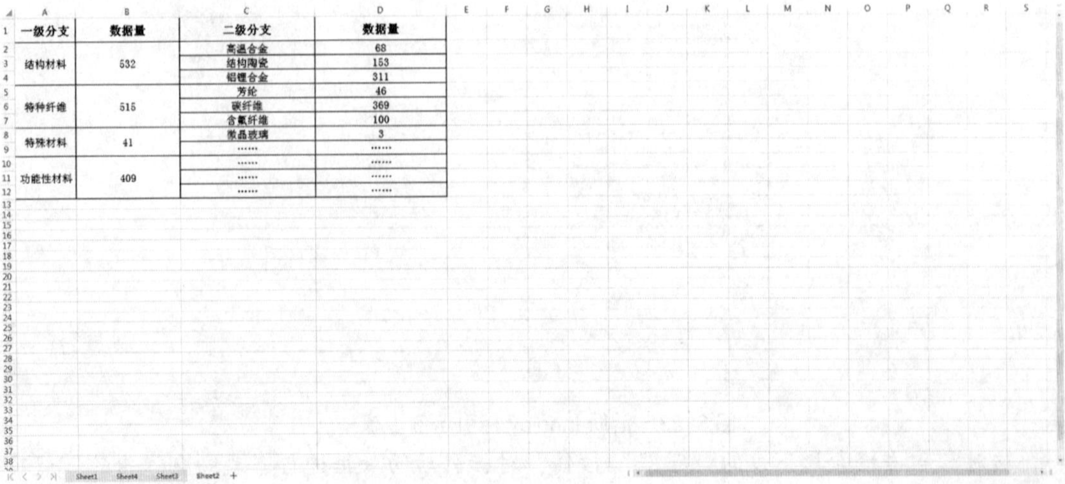

一级分支	数据量	二级分支	数据量
结构材料	532	高温合金	68
		结构陶瓷	153
		铝锂合金	311
特种纤维	515	芳纶	46
		碳纤维	369
		含氟纤维	100
特殊材料	41	微晶玻璃	3
		……	……
功能性材料	409	……	……
		……	……
		……	……

图3.21　借助Excel标引步骤四

根据上图中的统计表可制作相应的表格、条形图、饼图等，也可制作较为美观的鱼骨图和思维导图等，其中鱼骨图需要自行下载鱼骨图PPT模板进行编辑，而思维导图则可以通过点击Excel上方的"插入"—"思维导图"路径进行编辑，如图3.22所示。

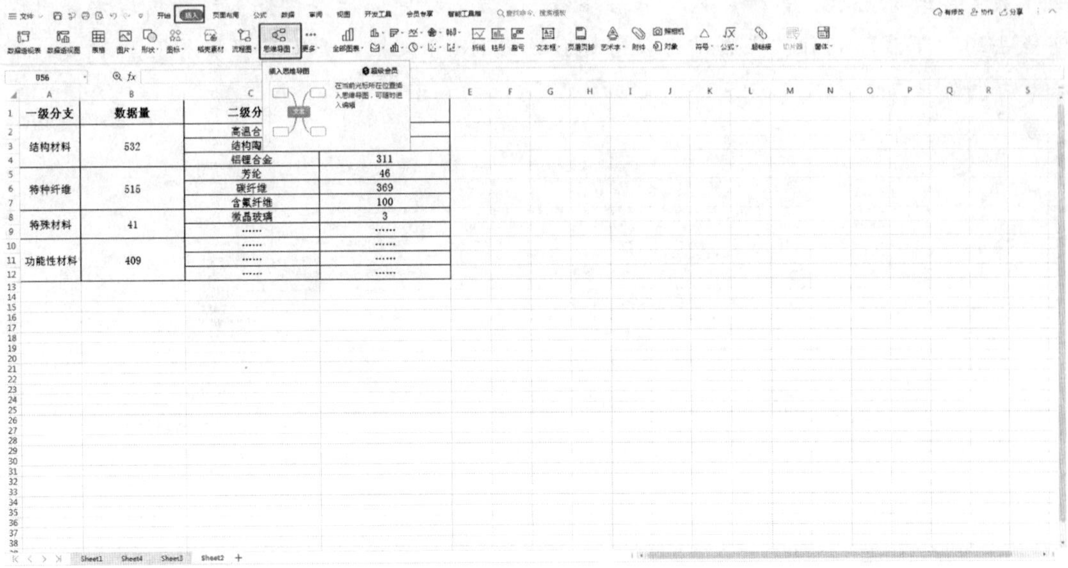

一级分支	数据量	二级分	
结构材料	532	高温合	
		结构陶	
		铝锂合金	311
特种纤维	515	芳纶	46
		碳纤维	369
		含氟纤维	100
特殊材料	41	微晶玻璃	3
		……	……
功能性材料	409	……	……
		……	……
		……	……

图3.22　借助Excel标引步骤五

➢ 借助Innojoy标引

若借助Innojoy专利检索系统进行标引，待标引结束后应停留在如下界面，且左方的标引状态中"未标引"应显示为0件。如图3.23所示。

图 3.23　借助 Innojoy 标引示例步骤一

这时，点击检索栏下方的“下载”按钮，对标引后的数据进行下载，在弹出的下载窗口中可基于下载专利范围、标题和各字段进行编辑，在选择字段时应注意把人工标引的字段全部勾选，还应尽量选择“申请年”“申请人”等关键信息，以便后续开展分析。待编辑完成后，点击下载窗口下方的“确定”按钮，相关下载会自动提交到后台进行。稍等片刻后（若数据量及字段较多时间会比较长），可将鼠标悬浮于右上方的“账号名称”上，在出现的下拉菜单中点击“我的下载”按钮，进入下载界面，随后查看下载数据状态，当未下载完成时会显示“等待”或“正在下载”，当下载完成后，该条下载数据后方会出现可点击的“下载”按钮，点击即可获得标引数据 Excel 文档。具体流程如图 3.24 所示。

图 3.24　借助 Innojoy 标引示例步骤二

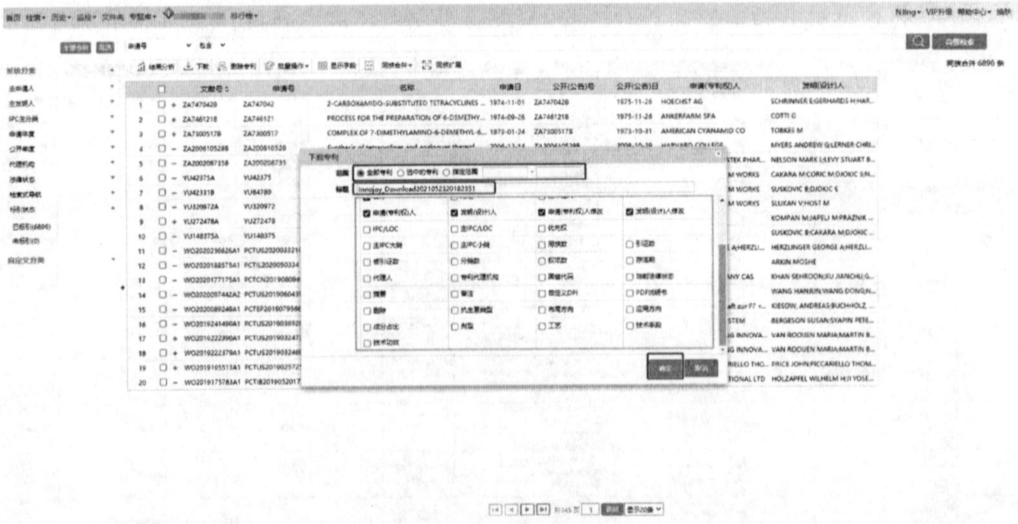

续图 3.24

下载获得的标引数据如图 3.25 所示，相关制图方式与前述一致，在此不再赘述。

	A	B	C	D	E	F	G	H	I	J	K	L	M	N
1	序号	文献号	申请号	申请年	公开(公告)号	公开（公告）年	名称	主申请人	申请人	删除	结构材料	特种纤维	功能性材料	特殊材料
2	1	ZA747042B	ZA747042	1974	ZA747042B	1975	2-CARBOXAMIDO-SUBSTITUTED TETRACYCLINES AND PROCESS	HOECHST AG	HOECHST AG		高温合金	芳纶	超导材料	石墨烯
3	2	ZA746121B	ZA746121	1974	ZA746121B	1975	PROCESS FOR THE PREPARATION OF 6-DEMETHYL-6-DEOXY-6-	ANKERFARM SPA	ANKERFARM SPA		高温合金	芳纶	储氢材料	石墨烯
4	3	ZA7300517B	ZA7300517	1973	ZA7300517B	1973	COMPLEX OF 7-DIMETHYLAMINO-6-DEMETHYL-6-DEOXYTETRACYCLI	AMERICAN CYANAMID CO	AMERICAN CYANAMID CO	删除				
5	4	ZA200610528B	ZA200610528	2006	ZA200610528B	2008	Synthesis of tetracyclines and analogues thereof	HARVARD COLLEGE	HARVARD COLLEGE		结构陶瓷	含氟纤维	纳米材料	微晶玻璃
6	5	ZA200208735B	ZA200208735	2002	ZA200208735B	2003	7-and 9-carbamate, urea, thiourea, thiocarbamate, and	TUFTS COLLEGE	TUFTS COLLEGE;PARATEK PHARM INNC		铝锂合金	含氟纤维	纳米材料	石墨烯
7	9	YU272478A	YU272478	1978	YU272478A	1982	PROCESS FOR PREPARING NEW OXYTETRACYCLINE DERIVATIVES	KRKA NOVO MESTO	KRKA NOVO MESTO		铝锂合金	芳纶	超导材料	石墨烯
8	11	WO2020236626A1	PCTUS2020033210	2020	WO2020236626A1	2020	METHODS AND SYSTEMS FOR TREATING MICROBIAL	HERZLINGER GEORGE A	HERZLINGER GEORGE A;HERZLINGER REGINA E	删除				
9	12	WO2020188575A1	PCTIL2020050334	2020	WO2020188575A1	2020	TREATMENT OF ROSACEA WITH TOPICAL COMBINATION	SOL GEL TECH LTD	SOL GEL TECH LTD		结构陶瓷	芳纶	超导材料	微晶玻璃
10	13	WO2020177175A1	PCTCN2019080949	2019	WO2020177175A1	2020	用于降解聚氨酯塑料的真菌菌株、及其培养方法和用途	KUNMING INST BOTANY CAS	KUNMING INST BOTANY CAS		高温合金	碳纤维	储氢材料	石墨烯
11	14	WO2020097442A	PCTUS201906043	2019	WO2020097442A	2020	COMPOSITIONS AND METHODS	UNIV NEBRASKA	UNIV NEBRASKA		高温合金	碳纤维	储氢材料	石墨烯

图 3.25　借助 Innojoy 标引示例步骤三

3.2.3.2　专利技术分支发展趋势分析

专利技术分支发展趋势分析是基于专利技术分支分析开展的“动态”分析，在静态申请总量的基础上加入了时间维度，可清晰地获取各技术分支的专利申请量发展态势，从而识别各技术分支当前的研发阶段与活跃度情况，对技术分支分析获得的信息进行补充，有助于课题研究组更加全面客观地进行研发方向选取与调整。技术分支发展趋势图以时间为横坐标，技术分支为纵坐标，其中纵坐标可根据技术分支分析中的基础版及高级版分别选取分类号或标引项赋值，本节以高级版为例绘制示例图，如图 3.26 所示。

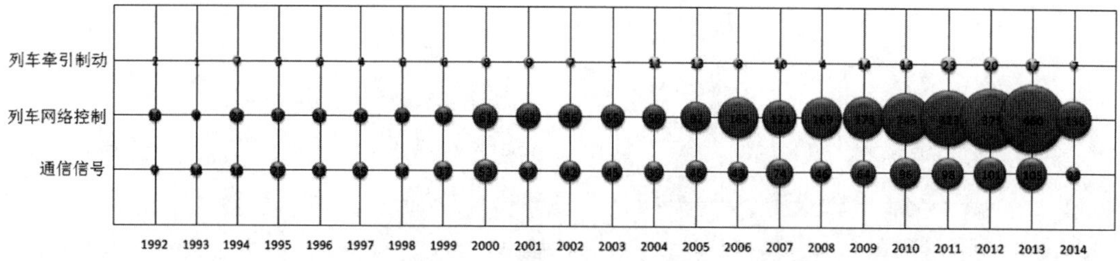

图 3.26　专利技术分支发展趋势分析示例图

从图 3.26 可以看出，三个分支技术的研发初始时间均为 1992 年，其中列车网络控制技术和通信信号技术的研发热度在 2000 年开始提升，随后列车网络控制技术专利申请量于 2006 年开始快速提升，通信信号技术专利申请量基本保持平稳，于 2010 年开始缓慢提升，而列车牵引制动技术于 2011 年才出现了专利申请量的小幅提升，因此目前该领域内列车网络控制技术为研发热点，其次为通信信号技术，列车牵引制动技术关注度较低。

【示例】无人机图像识别技术（分类号分类）/某领域新材料技术（标引项分类）

技术分支分类的基准不同，专利技术分支发展趋势图的绘制也略有不同，其中基于分类号进行分类的技术分支发展趋势图可借助平台直接出图，而基于标引项进行分类的技术分支发展趋势图则需要依赖下载的标引数据在 Excel 内进行作图，具体实操方法如下所示。

➢ 基于分类号进行分类

鉴于技术分支发展趋势分析可视为技术分支分析的延伸，因此本节仍以“无人机图像识别技术”为例，且仍需借助 Baiten 检索系统进行。按照 2.2.3.1 中的既有检索及分析流程进入分析界面，通过点击左下方的“技术分类专利量趋势对比”进入相关分析界面如图 3.27 所示。

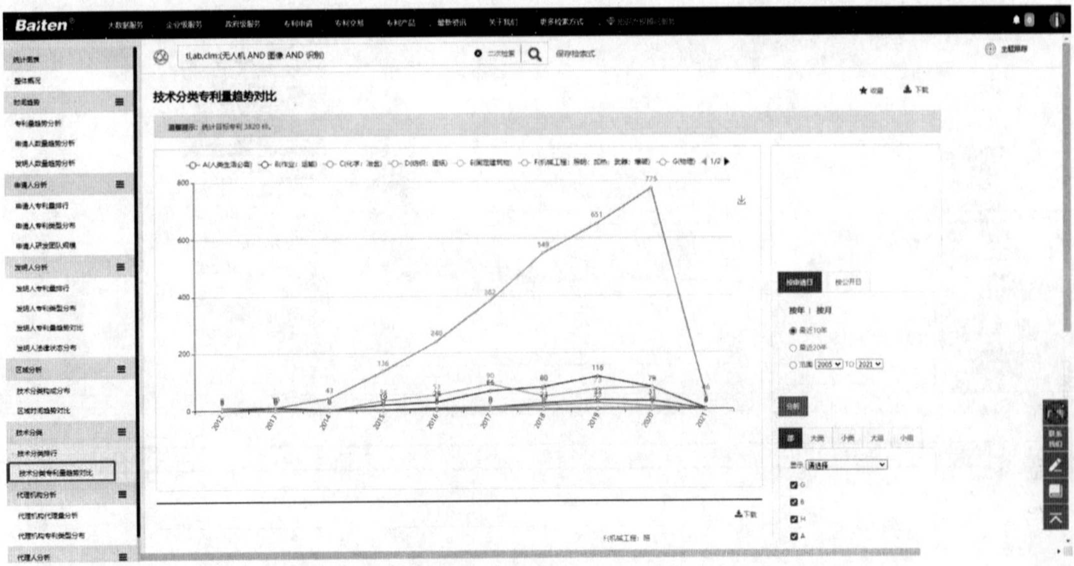

图 3.27　技术分类专利量趋势对比步骤一

通过点击右方的一系列按钮，如“按申请日”“按公开日”“按年”“按月”“最近 10 年/月”“最近 20 年/月”“部”“大类”“小类”“大组”“小组”等筛选符合自身分析需求的分析数据，随后点击“筛选”与“分析”按钮，即可获得相应图表，如图 3.28 所示。

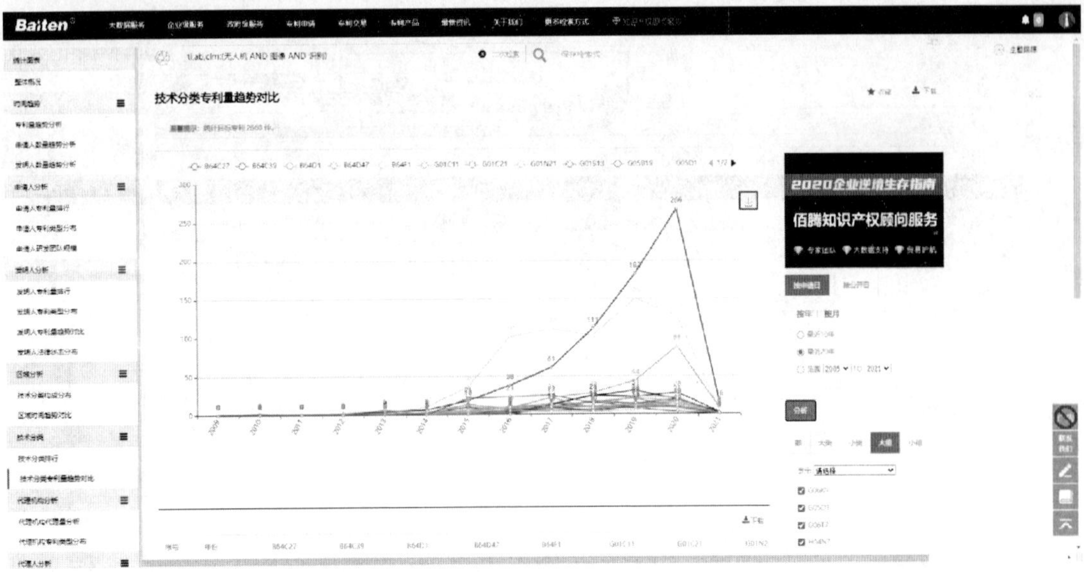

图 3.28　技术分类专利量趋势对比步骤二

通过点击图片右上方的“下载图标”按钮可以下载该图片，但由于折线与分类号较多，会出现折线数据标签与图例重叠或缺失的情况，影响信息展示，因此建议先点击图片下方的“下载”按钮对相关数据表进行下载，再于 Excel 中选择相关数据点击上方“插入”按钮点击“折线图”绘制相关图表效果较好，具体实操情况如图 3.29 所示。

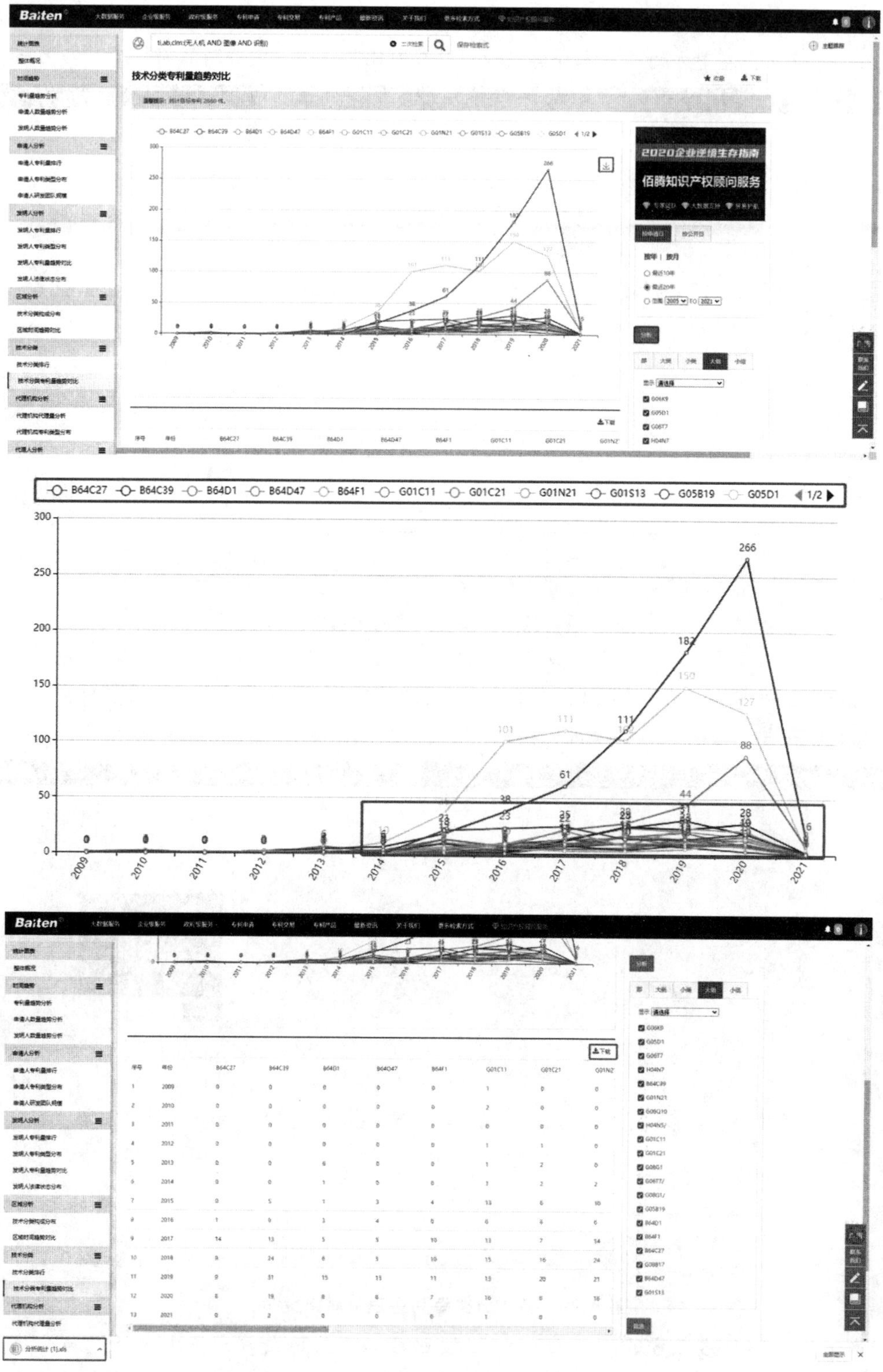

图 3.29　技术分类专利量趋势对比步骤三

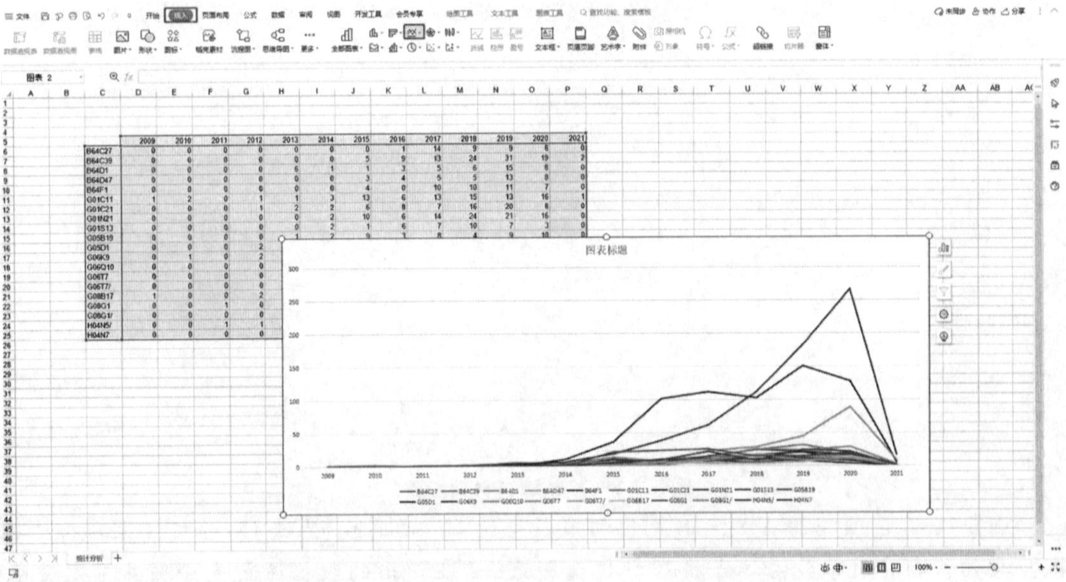

续图 3.29

➢ 基于标引项进行分类

鉴于技术分支发展趋势分析可视为技术分支分析的延伸，因此本节仍以“某领域新材料”为例，在 3.2.3.1 中获得的标引数据 Excel 文档中进行相关作图操作。

首先利用 Excel 中的筛选功能，将杂质（删除）专利去除，获得如下数据列表，如图 3.30 所示。

序号	文献号	申请号	申请年	公开(公告)号	公开（公告）年	名称	主申请人	申请人	删除	结构材料	特种纤维	功能性材料	特种材料
1	ZA747042B	ZA747042	1974	ZA747042B	1975	2-CARBOXAMIDO-SUBSTITUTED TETRACYCLINES AND PROCESS	HOECHST AG	HOECHST AG		铝锂合金	芳纶	超导材料	石墨烯
2	ZA746121B	ZA746121	1974	ZA746121B	1975	PROCESS FOR THE PREPARATION OF 6-DEMETHYL-6-DEOXY-6-	ANKERFARM SPA	ANKERFARM SPA		铝锂合金	芳纶	储氢材料	石墨烯
4	ZA200610528B	ZA200610528	2006	ZA200610528B	2008	Synthesis of tetracyclines and analogues thereof	HARVARD COLLEGE	HARVARD COLLEGE		结构陶瓷	金属纤维	纳米材料	微晶玻璃
5	ZA200208735B	ZA200208735	2002	ZA200208735B	2003	7-and 9-carbamate, urea, thiourea, thiocarbamate, and	TUFTS COLLEGE	TUFTS COLLEGE;PARATEK PHARM INNC		高温合金	金属纤维	纳米材料	石墨烯
9	YU272478A	YU272478	1978	YU272478A	1982	PROCESS FOR PREPARING NEW OXYTETRACYCLINE DERIVATIVES	KRKA NOVO MESTO	KRKA NOVO MESTO		高温合金	芳纶	超导材料	石墨烯
12	WO2020188575A1	PCTIL2020050334	2020	WO2020188575A1	2020	TREATMENT OF ROSACEA WITH TOPICAL COMBINATION	SOL GEL TECH LTD	SOL GEL TECH LTD		铝锂合金	芳纶	超导材料	微晶玻璃
13	WO2020177175A1	PCTCN2019080949	2019	WO2020177175A1	2020	用于降解聚氨酯塑料的真菌菌株、及其培养方法和用途	KUNMING INST BOTANY CAS	KUNMING INST BOTANY CAS		铝锂合金	碳纤维	储氢材料	石墨烯
14	WO2020097442A2	PCTUS2019060439	2019	WO2020097442A2	2020	COMPOSITIONS AND METHODS FOR THE TREATMENT OF	UNIV NEBRASKA	UNIV NEBRASKA		铝锂合金	碳纤维	储氢材料	石墨烯
15	WO2020089249A1	PCTEP2019079566	2019	WO2020089249A1	2020	TETRACYCLINE COMPLEXES WITH SUSTAINED ACTIVITY	Fraunhofer-Gesellschaft zur F ? rderung der angewandten	Fraunhofer-Gesellschaft zur F ? rderung der angewandten		铝锂合金	摆动	机械手投料	料盒添加
17	WO2019222390A	PCTUS201903247	2019	WO2019222390A	2019	PATHOGEN CONTROL	FLAGSHIP PIONEERING	FLAGSHIP PIONEERING		铝锂合金	转动	机械手投料	料盒添加

图 3.30 某领域新材料步骤一

随后选择预分析的技术分支列数据（以结构材料为例）与申请年（一般分析发展趋势默认选择申请年）数据，粘贴至新的 sheet 页中，此处需要注意的是，由于目前 Excel 处于筛选状态，即非全部数据展示状态，在选择列数据时，不可将标题列与下方列一起选中，否则会出现已删除项再次出现的情况，导致分析结果不准确，最终获得新 sheet 页数据如图 3.31 所示。

图 3.31　某领域新材料步骤二

选择该 sheet 页中的 A 列与 B 列（可直接全选上述两列），点击 Excel 文件上方的“插入”按钮，在其菜单最左端点击“数据透视表”，在弹出的数据透视表小窗中直接点击“确定”键，进入新的 sheet 页，具体操作方式如图 3.32 所示。

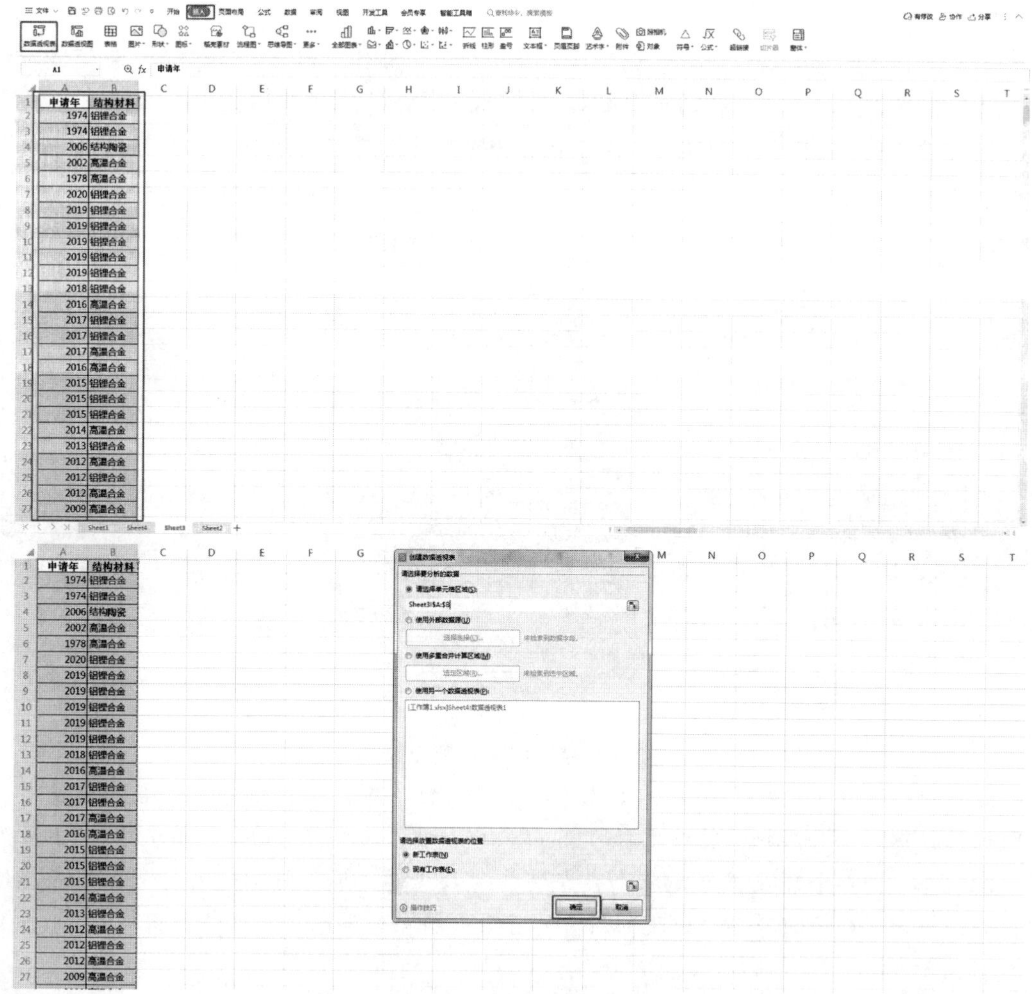

图 3.32　某领域新材料步骤三

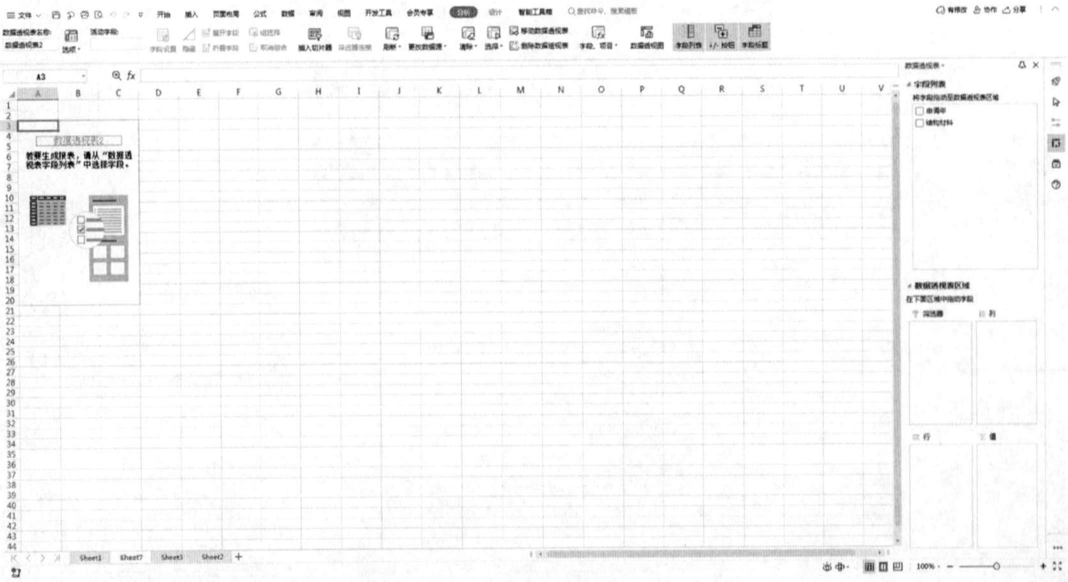

续图 3.32

在新的 sheet 页中，按住右上方的“申请年”拖动到右下方的“列模块”中，按住右上方的“结构材料”拖动到右下方的“行模块”中，随后任意拖动“申请年”或“结构材料”到右下方的“值模块”中，初步获得数据表如图 3.33 所示。

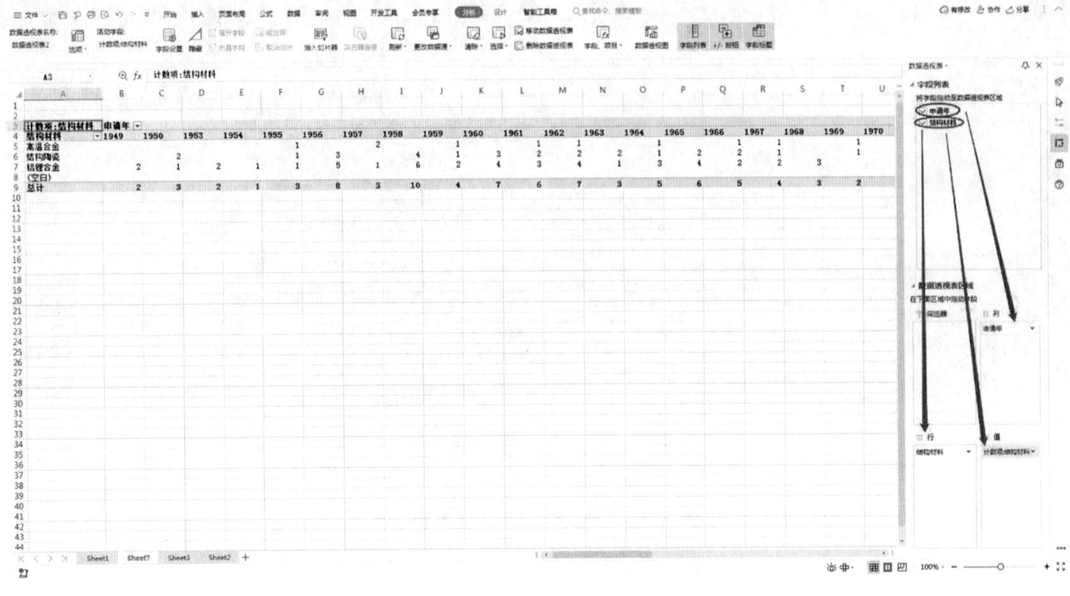

图 3.33　某领域新材料步骤四

为了去掉上图数据表中的“空白”项，点击右上方的“申请年”和“结构材料”右侧的小箭头，分别在下拉菜单中将“空白”项前的“√”去掉，点击确定，获得最终数据表如图 3.34 所示。

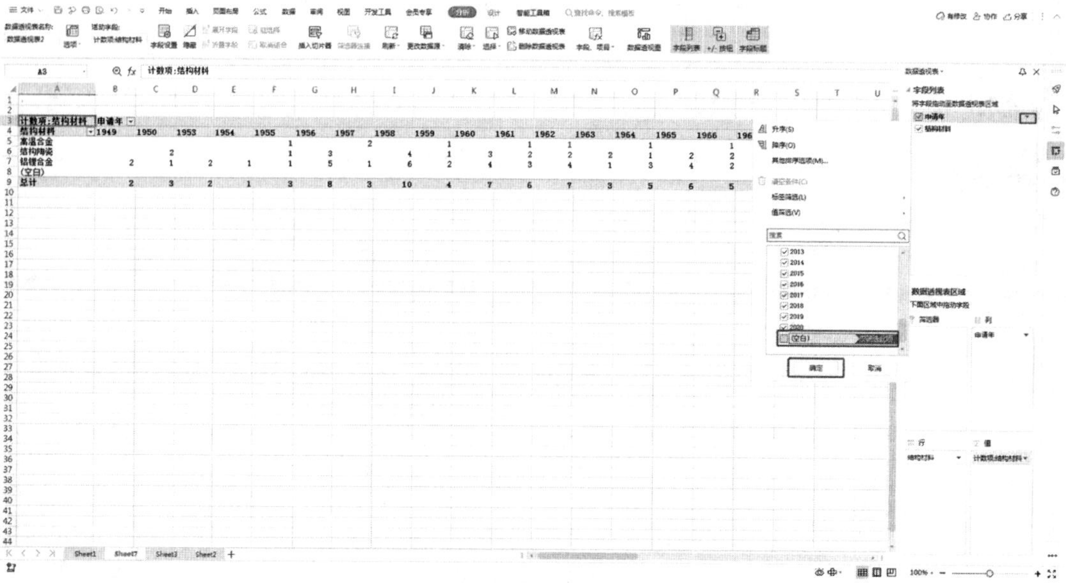

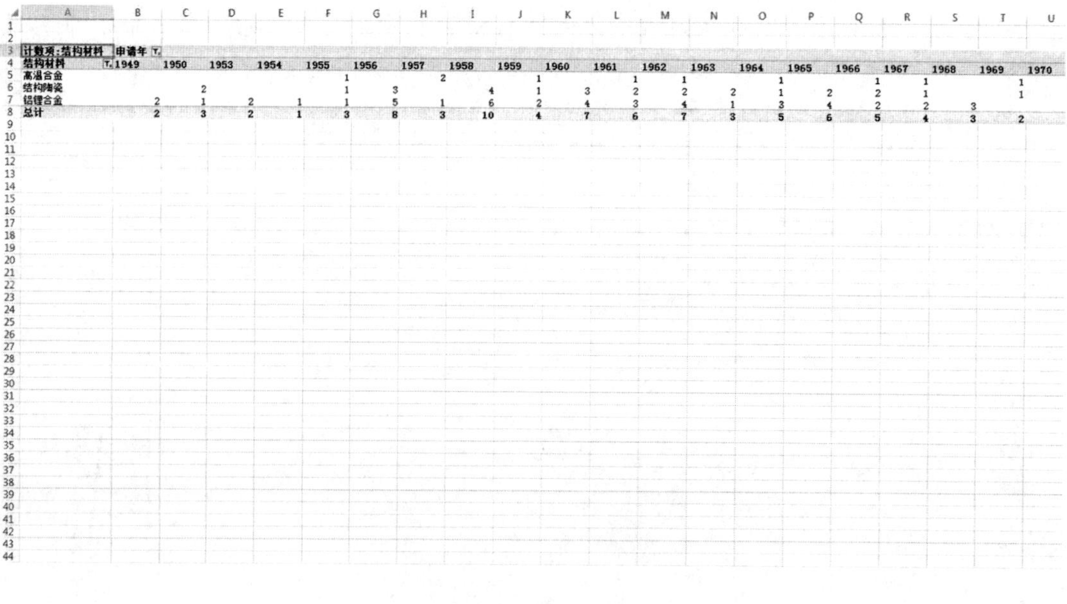

图 3.34　某领域新材料步骤五

将获得的数据表进行复制，以“粘贴为数值形式”在作图 sheet 页中粘贴，选中相关数据，点击 Excel 上方的“插入”按钮，在其菜单栏中选择“插入气泡图”按钮，获得相关图表如图 3.35 所示。

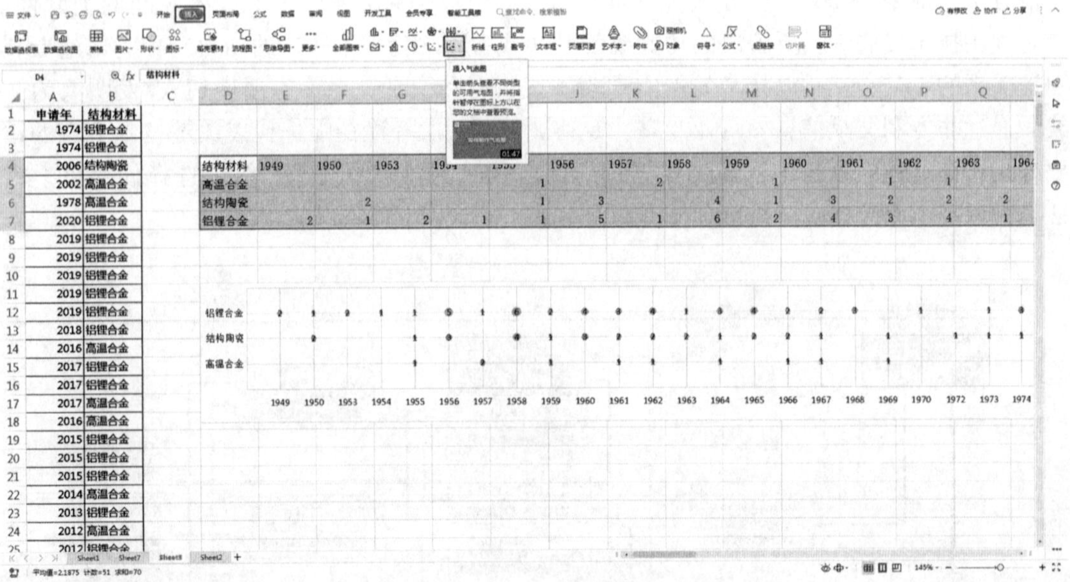

图 3.35　某领域新材料步骤六

3.2.3.3　专利技术路线分析

专利技术路线分析的作用主要体现在以下三个方面：

(1) 帮助课题项目组理清技术的发展主流。

专利技术路线分析可以将技术发展的主要路径和关键技术节点可视化地展现出来，相当于一个巨大的透视镜，因此可以帮助课题项目组抓住拟研究技术领域的技术发展的主要矛盾，认清自身所处的实际位置，优化研发资源配置，以便迅速进入技术发展的主要路径这一“快车道”，加之对关键技术节点的研究分析，在技术突破方面实现“弯道超车”。

(2) 帮助课题项目组获取更多的他人技术情报。

专利技术路线图相当于“作战地图”，一个技术领域的技术发展主要路径和关键技术点就像是主要交通线和战略要地。通过对主要技术发展路径和关键技术节点的专利布局情况的掌握，可以更为准确地了解其他研究主体的技术实力和研发动向，进而判断其他研究主体的技术研发思路和专利布局策略，最终制定适合自身发展的研发策略。

(3) 帮助课题项目组把握技术未来发展方向。

专利技术路线图能够帮助课题项目组发现自身技术相对于先进技术的真实差距，把握技术研发方向，就像航海时指南针的作用一样。同时，专利技术路线分析还可以进行短期的技术预见，可以使用这一“望远镜”进行超前布局，实现自身技术的超越式发展。

图3.36所示为专利技术路线分析的示例图，在实操过程中，专利技术发展路线图的绘制方法一般采用如下三种方式：一是利用专利引证关系表示出专利技术之间的关联性；二是利用技术发展中需要解决的功能或效果（或者称之为技术改进的动力）作为修建专利引证关系的工具；三是以技术发展需求为主线，专利引证关系、主要申请人/发明人为分线，通过非专利文献信息、行业专家、专利被引证频次等途径筛选代表关键技术节点的重要专利。在具体的分析中，需要根据每个课题项目的特点及需求，综合选择使用以上方法，力求技术路线揭示分析准确、有用。

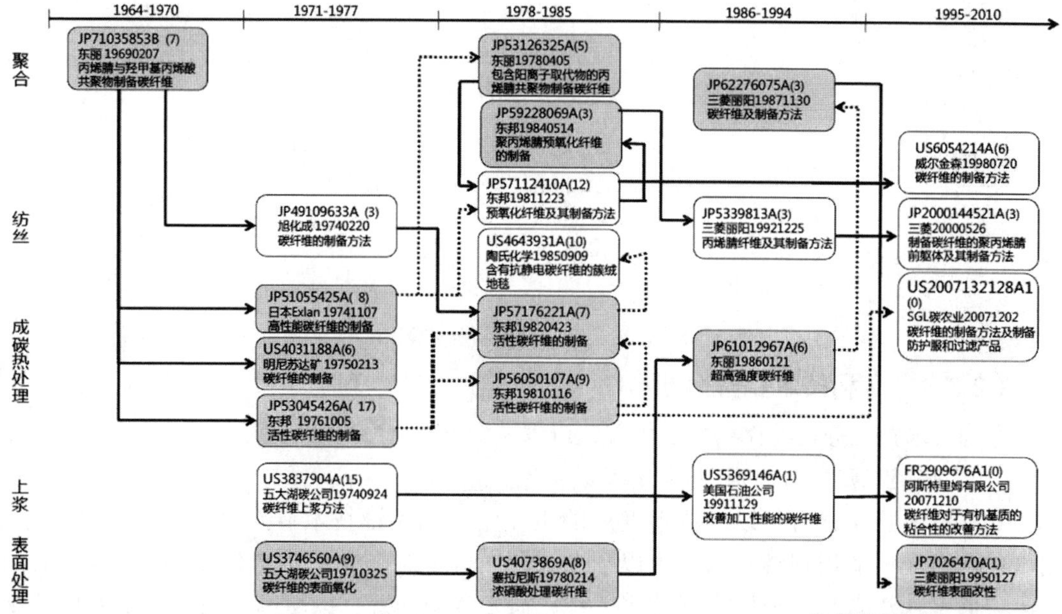

注：括号中数字表示该专利的引用频次

图3.36　专利技术路线分析示例图

【示例】碳纤维制备技术

专利技术发展路线图的难点在于筛选专利，筛选流程一般为通过识别高价值专利筛选出一批拟研究领域内的疑似关键技术专利，随后通过查看各专利的引证与被引证信息补充一批疑似关键技术专利，随后通过与行业专家座谈，结合自身科研方向，筛选出最终的关键技术专利列表。然后利用visio、迅捷流程图等软件工具将以上专利按照时间顺序与技术借鉴情况连接起来，形成最终的专利技术发展路线图。

由于目前尚无免费专利检索平台开通高价值专利筛选功能，因此本节以Innojoy为例展示具体操作流程：

访问www.innojoy.com，点击右上方登录后，将鼠标悬置于左上角的“简单检索”按钮之上，在下拉菜单中点击“DPI检索”，进入DPI检索界面，在该检索界面中填写关键词等信息，并填写DPI数值（30分以下无星级、30—40分为1星级、40—50分为2星级、50—60分为3星级、60—70分为3.5星级、70—80分为4星级、80—90分为4.5星级、90分以上为5星级，一般认为四星级及以上为高价值专利，故在下限处填写

70)，点击生成检索式，在下方获得相关检索式，点击“检索”按钮进行检索，具体流程如图 3.37 所示。

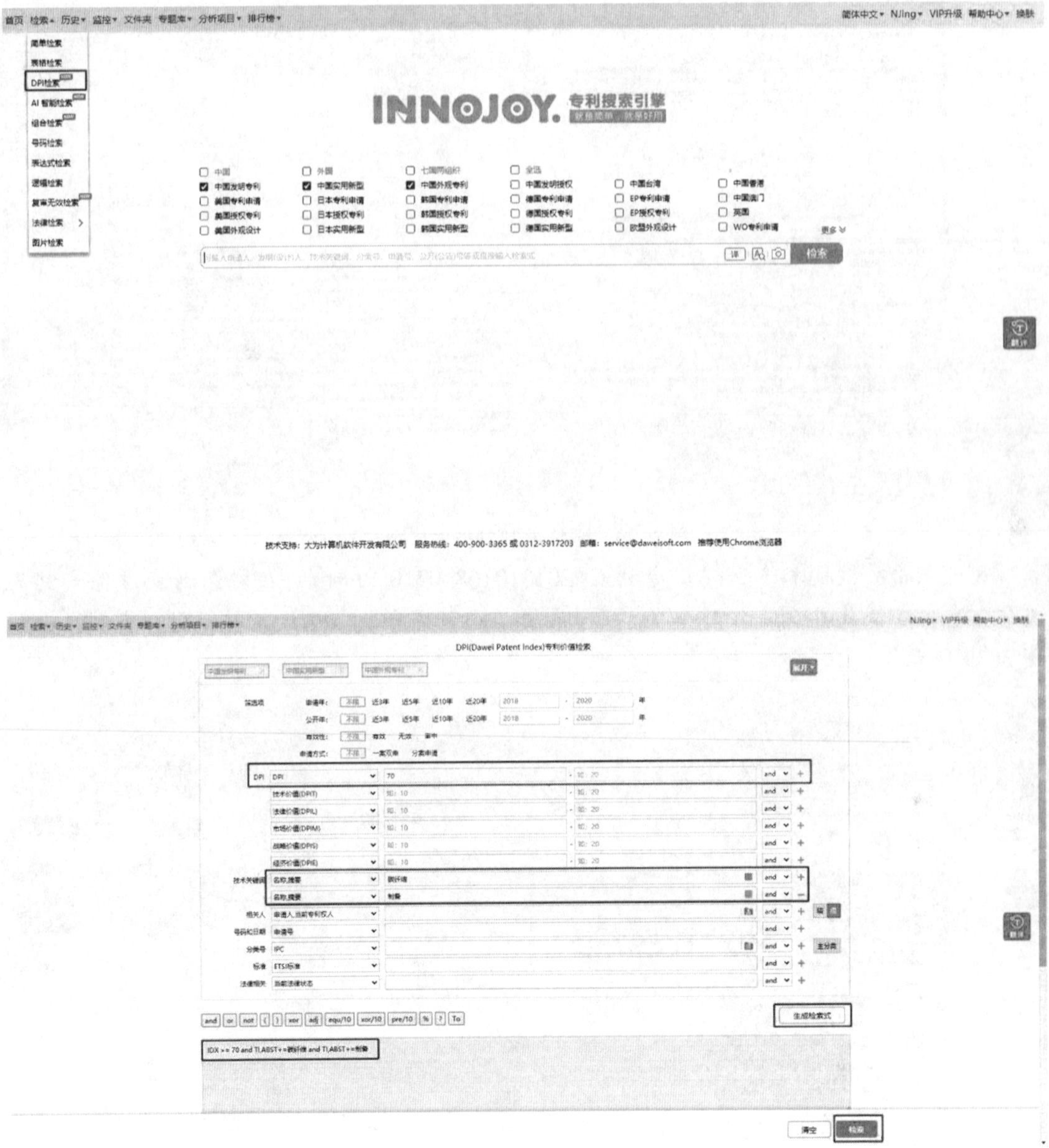

图 3.37　碳纤维制备技术步骤一

跳转至检索结果界面后，获得约 1 500 件专利如图 3.38 所示，结合前期调研及技术分支分析中获得的相关信息，筛选出疑似拟研究领域关键技术的专利文献。

图 3.38　碳纤维制备技术步骤二

通过点击关键技术专利（以专利 CN201310168407.0 为例），在右侧浏览该件专利的具体信息，在浏览界面最右侧的功能栏中点击“引证专利”按钮，跳转至引证专利界面如图 3.39 所示。

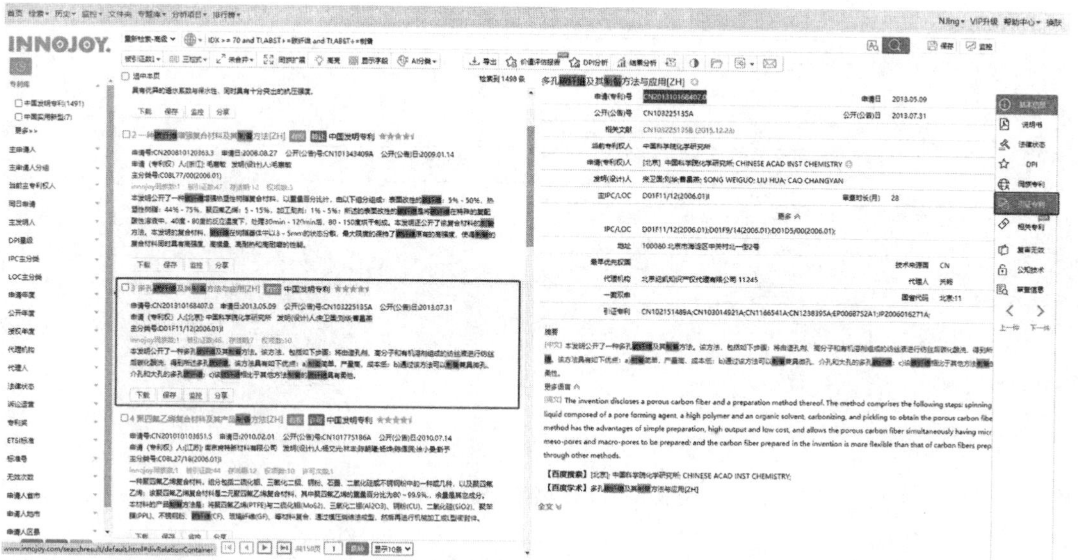

图 3.39　碳纤维制备技术步骤三

点击右上方的“引证分析图”跳转界面，查看该件专利与其他专利间的完整引证关系，通过点击各专利公开号，在右侧简略浏览专利信息，筛选新的疑似关键专利对之前的专利名单进行补充，同时还可点击右上方的“下载图标”按钮一键下载引证关系图。具体操作流程如图 3.40 所示。

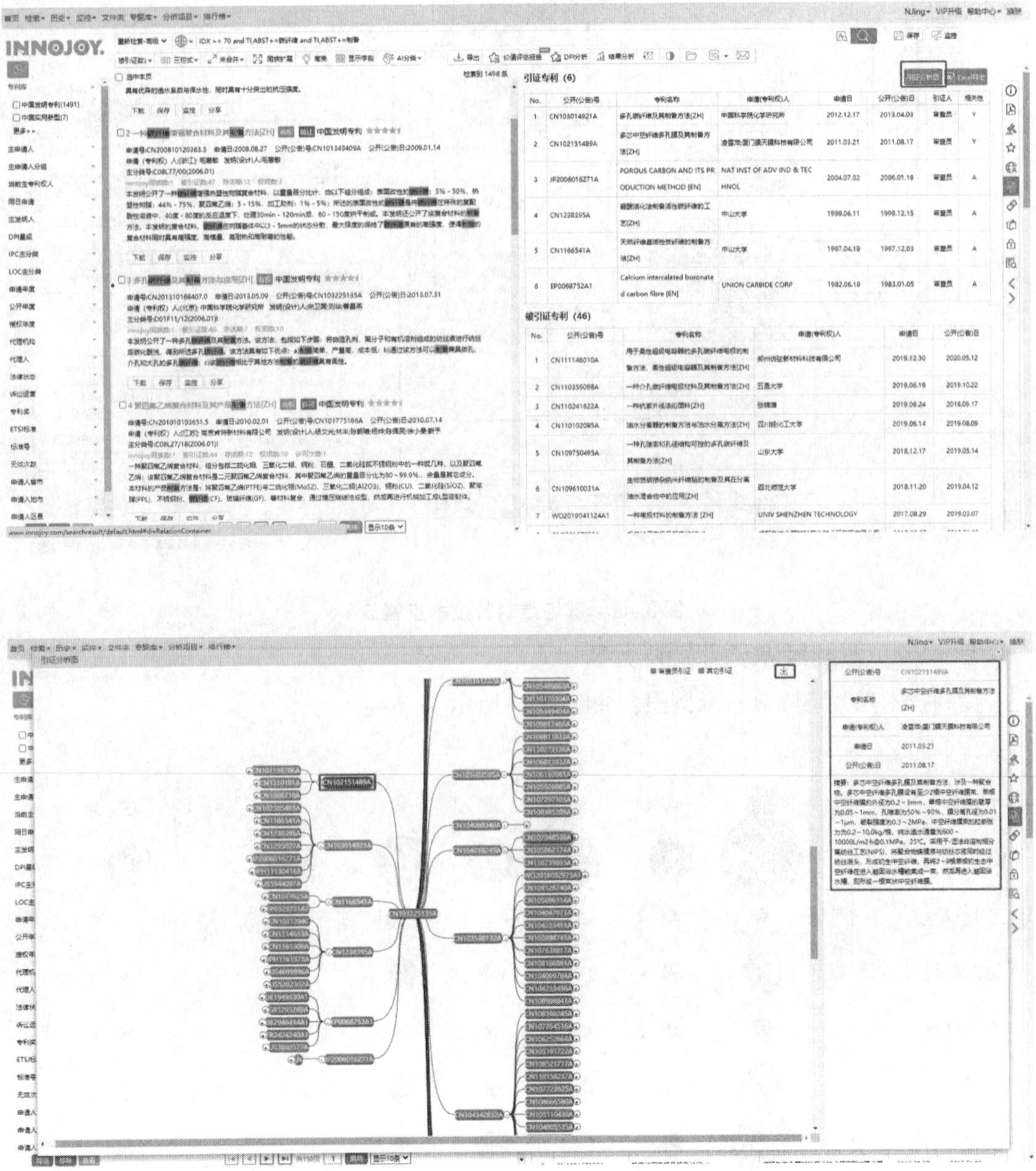

图 3.40　碳纤维制备技术步骤四

在筛选出疑似关键专利列表后，与领域内专家进行深入探讨，结合自身研发方向筛选出关键专利列表，随后利用 visio 或迅捷流程图（可用微信/QQ 登录、免费使用）等工具将各关键专利连接起来，形成专利技术路线图如图 3.41 所示。

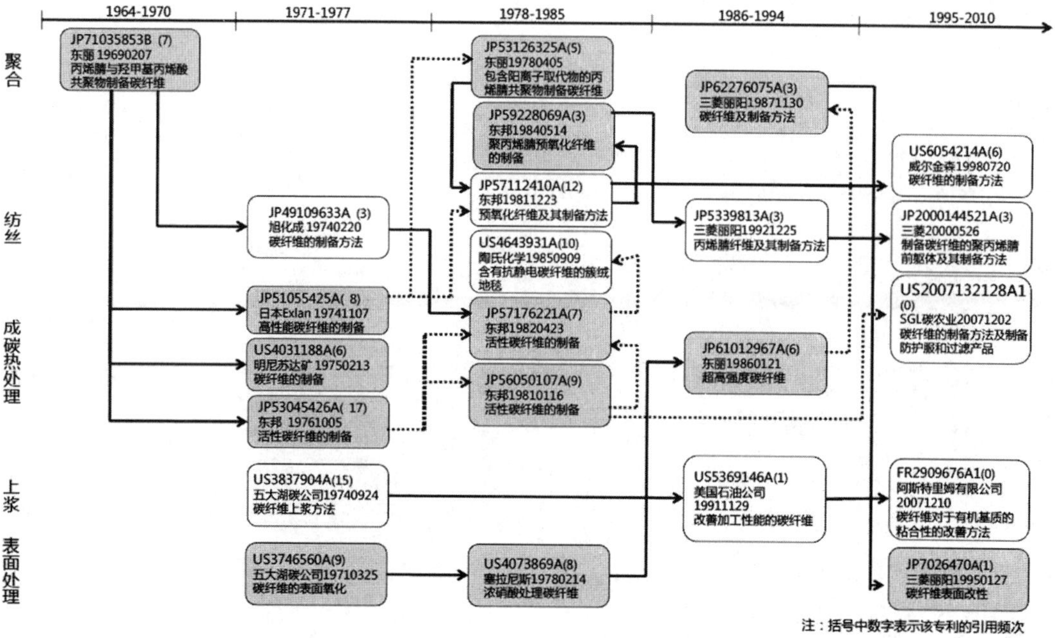

图 3. 41　碳纤维制备技术步骤五

3.2.3.4　专利技术功效矩阵分析

专利技术功效矩阵分析示例图，如图 3. 42 所示

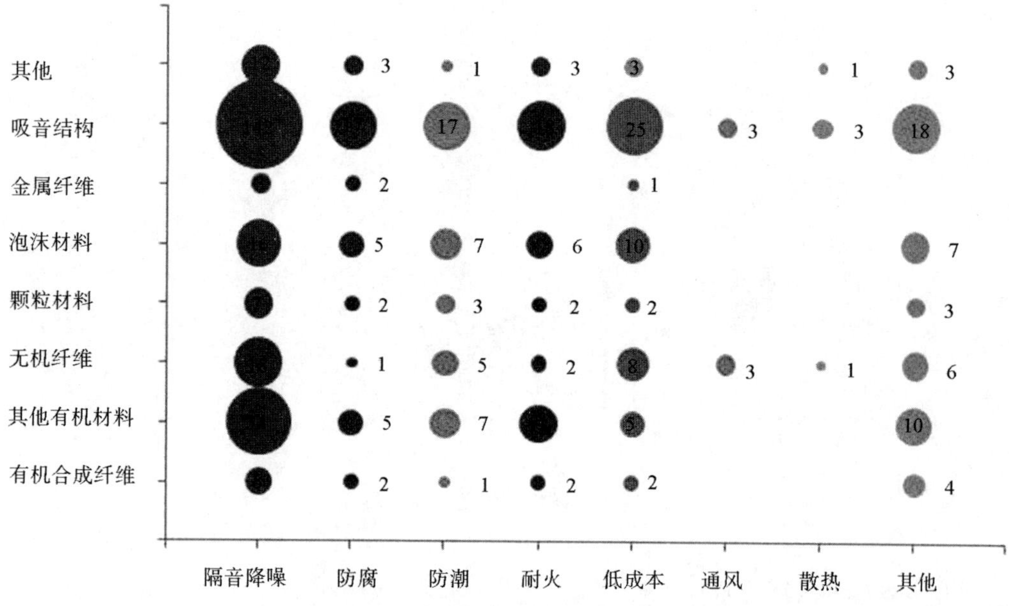

图 3. 42　专利技术功效矩阵分析示例图

专利技术功效矩阵分析是通过多专利文献反映的技术主题内容和主要技术功能效果之间的特征研究，通过梳理它们之间的相关关系，便于课题项目组成员掌握该专利组合或集

群的技术布局情况，用于寻找技术空白点、技术研发热点和突破点，以规避技术雷区（低水平重复研发），发现潜在的研发方向。

专利技术功效矩阵分析需要基于人工标引成果开展，一般采用由技术分支和功能效果构建的技术功效矩阵来分析专利技术领域发展的整体情况，让课题项目组通过技术功效矩阵分析图一目了然地掌握“专利雷区”和“专利空白区”分布情况，以便帮助课题项目组更加有效地加强“专利部署”，更好地做好专利布局，更好地识别专利壁垒，规避重复研发风险。

专利技术功效矩阵分析是基于标引数据开展的，其图表制作流程与3.2.3.2中的“基于标引项进行分类”技术分支发展趋势图的流程完全一致，在选择作数据透视表的时候注意将“申请年”和“技术分支”列改为“技术手段”和“技术功效”列即可，在此不再赘述。

3.2.3.5　重点创新主体分析

通常而言，待分析的重点创新主体分析是以前期调研情况、专利检索数据及专利技术分析结果等综合信息为基础来确定的，对重点创新主体的专利申请量、研发活跃度等重点信息进行分析（表3.6），以了解各创新主体在拟研究领域的专利储备量（申请总量）、有效专利量、研发活跃度等信息。通过重点创新主体分析可以帮助课题项目组识别拟研究技术领域内头部的优势创新主体，同时获悉优势创新主体的具体创新实力以及创新活跃度等信息，从而寻找潜在的合作对象。

表3.6　重点创新主体分析示例表

创新主体名称	专利申请量/件	有效专利量/件	研发活跃度	近三年申请量/件	首次申请年
创新主体A	65	30	48%	31	2013
创新主体B	34	20	50%	17	2011
创新主体C	21	12	71%	15	2013
创新主体D	19	11	68%	13	2013
创新主体E	14	10	71%	10	2012
创新主体F	12	5	58%	7	2011
创新主体G	11	5	82%	9	2013
创新主体H	9	3	78%	7	2014
创新主体I	8	4	50%	4	2012
创新主体J	7	2	100%	7	2016

【示例】无人机图像识别技术

识别重点创新主体可借助佰腾平台实现。按照3.2.3.1中的既有检索及分析流程进入分析界面，通过点击左下方的“技术分类专利量趋势对比”进入相关分析界面，通过右侧的筛选功能选择图片显示的申请人数量，通过图片右上角的“下载图标”可一键下载图片，如图3.43所示

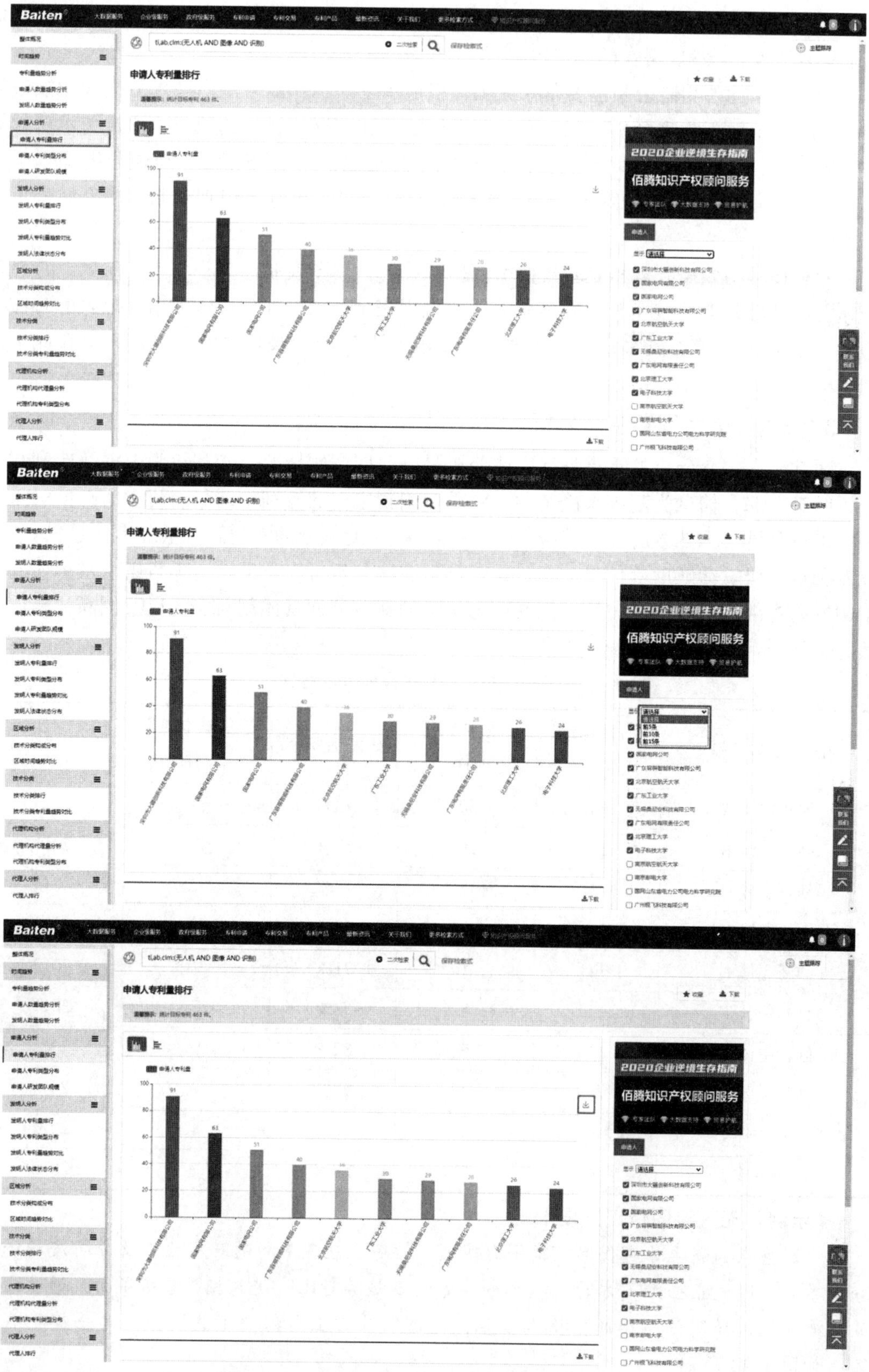

图 3.43　技术分类专利量趋势对比步骤一

若对于该环节分析具有较高要求，需要对识别出的重点创新主体进行公司树梳理工作，即利用天眼查、企查查、官网查询等手段全面获得重点创新主体的分子孙公司名称、别名、外文名、昵称、曾用名等信息，进行名称统一化工作。随后对名称统一后的数据再次进行统计分析，并对每个重点创新主体的研发活跃度（一般为近 3 年申请量/近 5 年申请量）进行计算。

目前免费检索平台功能尚不能支撑上述工作开展，现以 Innojoy 检索系统为例进行实操方法展示。首先在简单检索界面输入“无人机图像识别技术”检索式，点击右侧“检索”按钮进行检索，如图 3.44 所示。

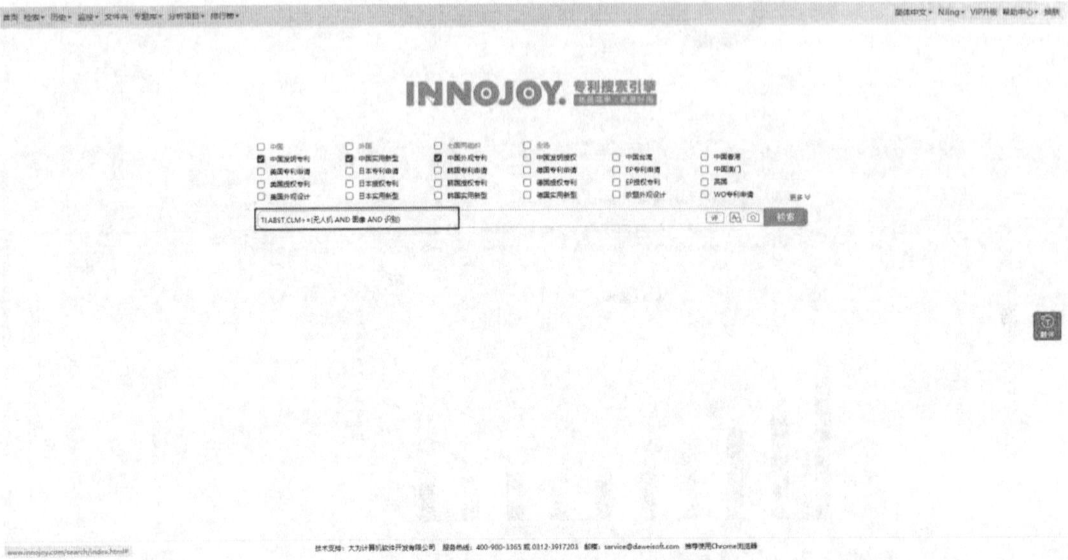

图 3.44　技术分类专利量趋势对比步骤二

在检索结果界面上方点击“结果分析”按钮，跳转至专利分析功能界面，点击“申请人分析”下的“申请量排行榜”跳转至相关界面，如图 3.45 所示。

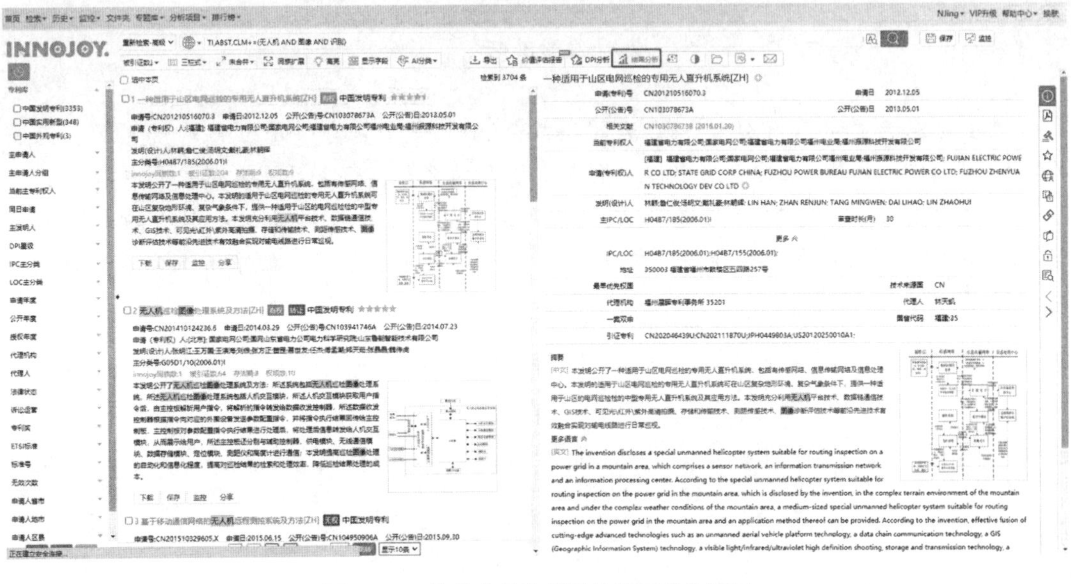

图 3.45　技术分类专利量趋势对比步骤三

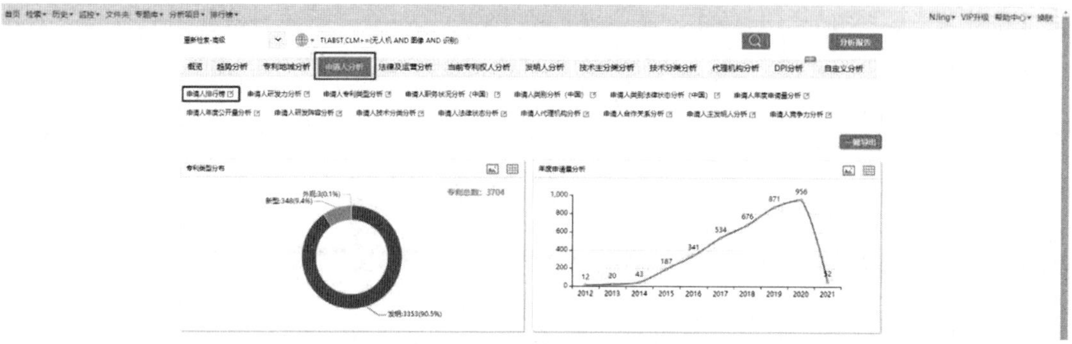

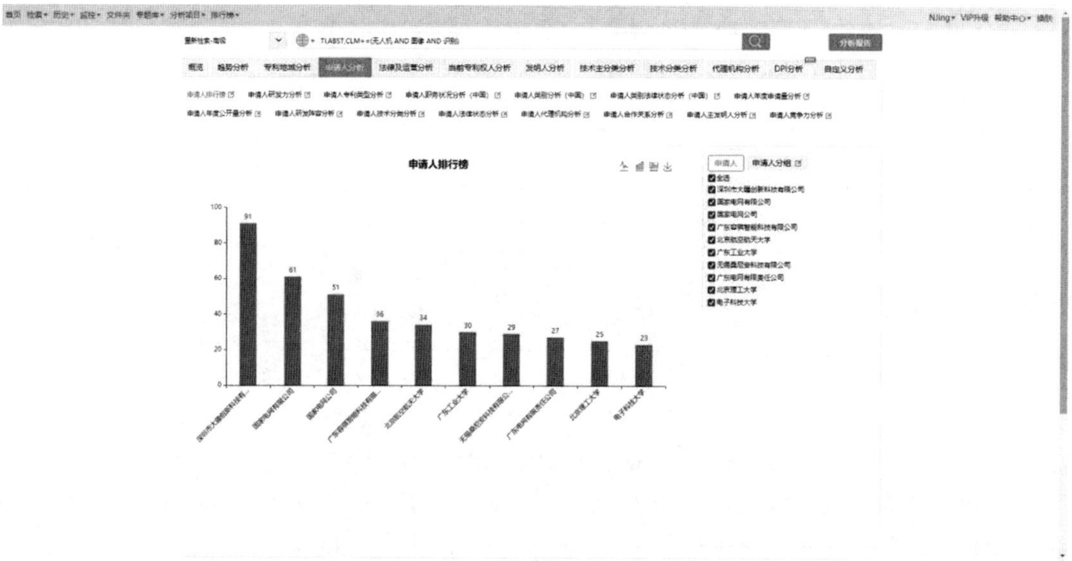

续图 3.45

点击右侧栏“申请人分组”右边的小按钮，进入“申请人分组”编辑界面，点击“申请人字典”按钮，在搜索栏中搜索重点申请人的名称，得到已录入的公司树情况，点击“新建申请人分组”按钮新建节点，将名称改为拟定的简称（如示例中的“国家电网”），点击“保存到申请人分组”按钮，即完成了“国家电网”的申请人合并工作，如图 3.46 所示。

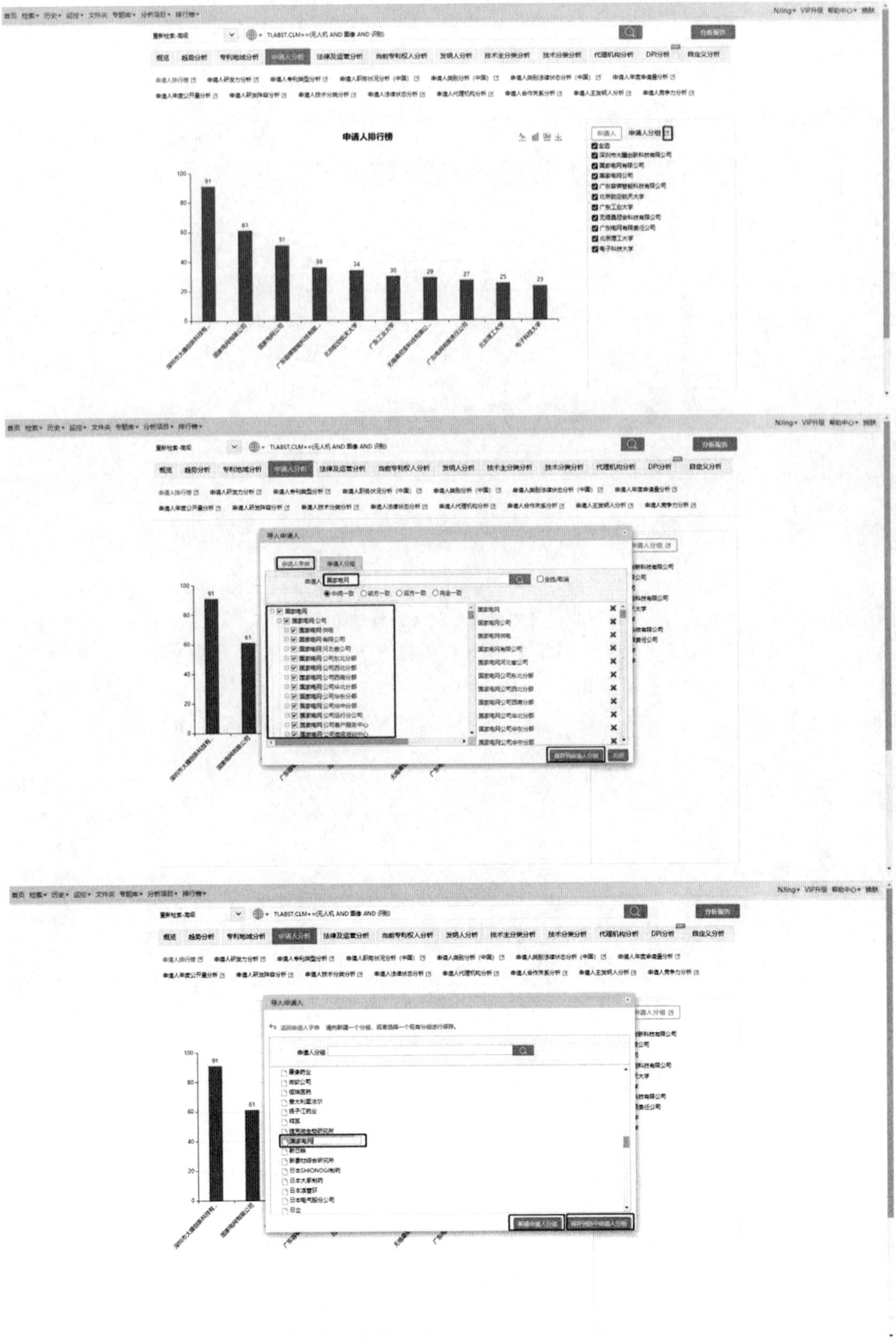

图 3. 46　技术分类专利量趋势对比步骤四

再退回到申请人分析界面后，点击右侧的“申请人分组”按钮即可发现“国家电网”公司已被合并，如图 3.47 所示。

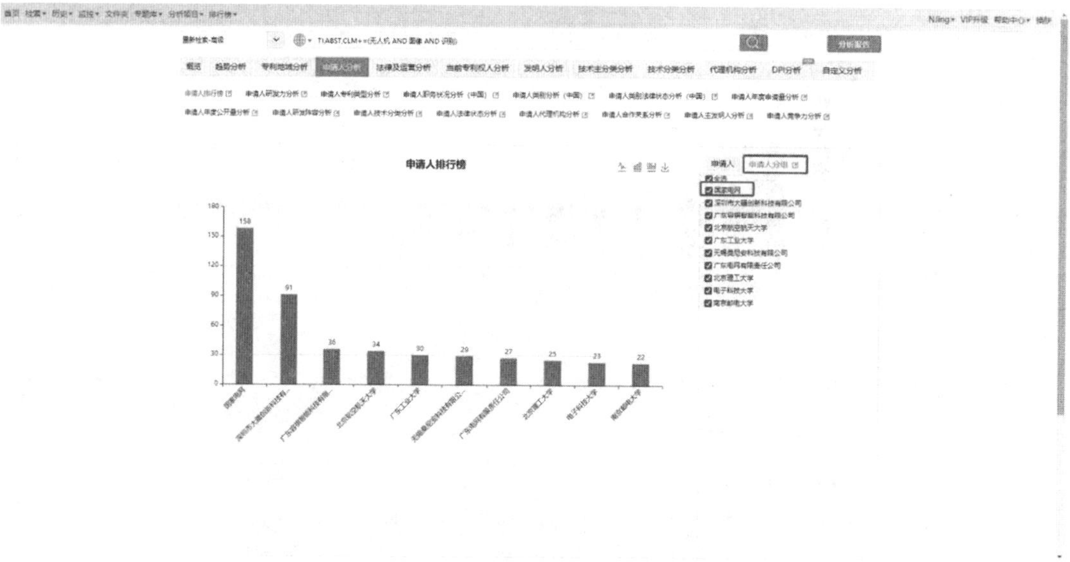

图 3.47　技术分类专利量趋势对比步骤五

此时，下拉页面后，点击“国家电网”后的蓝色数字，将在初始检索页中自动跳转出由“国家电网”申请的专利集合，通过左侧的统计栏可以查看近 3/5 年的申请量情况以及初始申请年等信息，从而获取创新活跃度等信息。具体操作方式如图 3.48 所示。

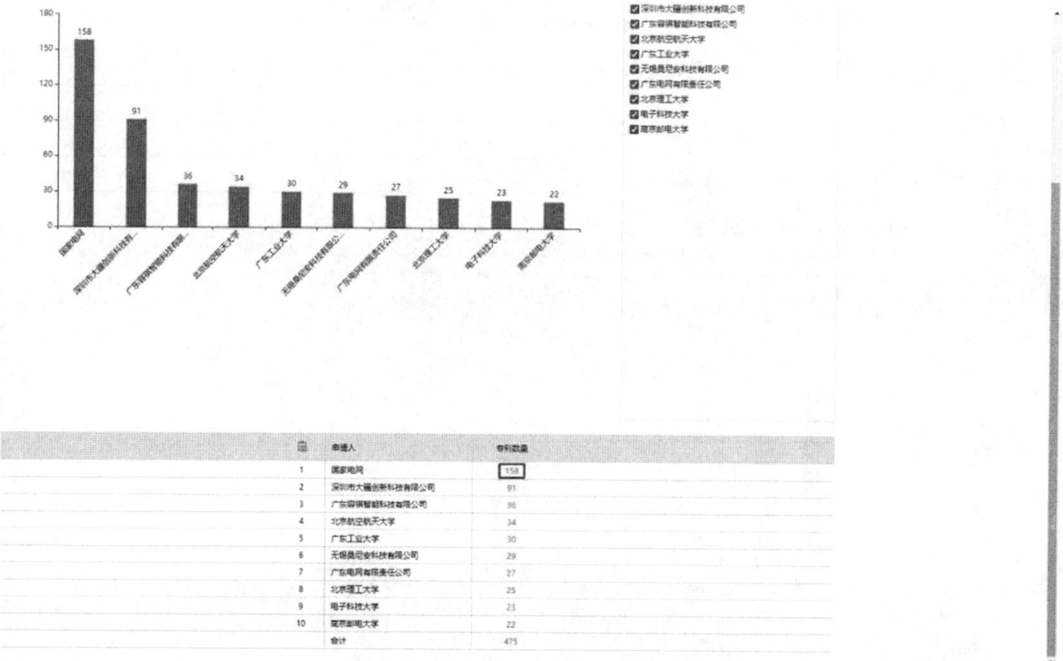

图 3.48　技术分类专利量趋势对比步骤六

续图 3.48

3.2.3.6　重点创新主体技术分析

开展重点创新主体技术分析可梳理拟研究领域内各重点创新主体的技术研发现状与后续研发动向，便于寻找与自身研发方向较为一致或互补的合作对象。分析内容包括技术分支分析、技术分支发展趋势分析、技术路线分析和技术功效矩阵分析等，均为在各技术分析既有维度上添加重点创新主体维度。由于基本作图方法与图表解读方式与 3.2.3.1—3.2.3.4 的内容别无二致，在此不再赘述。

3.2.3.7　重点专利分析

重点专利是一个相对的概念，相对于一般专利而言，是属于取得技术突破或重大改进的关键技术节点的专利，或者是技术领域内受到重点关注的、涉及技术标准以及诉讼的专利。通过重点专利的筛选和分析，可进一步给课题项目组提供有价值的专利信息，找出与课题项目组技术研究密切相关的专利技术，为其研发提供参考，拓宽研发思路，提高研发效率。

（1）重点专利的筛选。

对重点专利的筛选一般是结合课题科研目标、课题重点技术分支和技术功效以及专利信息指标共同完成。专利信息指标包括专利内部衡量指标和专利外部衡量指标。专利内部衡量指标是指可直接通过著录项目或大数据分析获得的专利各类自身特征指标，一般包括权利要求数量、专利被引用次数、同族数量、专利寿命等信息；专利外部衡量指标是指可获得的专利与各类外部事件的相关性指标，一般包括技术生命曲线位置、行业标准相关性、合作行为相关性和许可行为相关性等信息。

（2）重点专利分析。

对筛选后获得的重点专利进行细化解读，即对重点专利所要保护的技术方案、主要发明点、专利技术特点等进行评析，最终总结提炼为各重点专利的技术要点，编制重点专利列表（表 3.7）。

表 3.7　重点专利列表示例

公开号	申请年	名称	专利权人	被引证数	最新法律状态	技术要点
CN10＊＊＊＊746B	2014	无人机＊＊处理系统及方法	＊＊公司	64	授权	人机交互模块改进，提升巡检图像处理的自动化和信息化程度，提高对巡检结果的检索和处理效率，降低巡检结果处理的成本
CN10＊＊＊＊906A	2015	基于＊＊网络的无人机＊＊系统及方法	＊＊大学	56	无权	在基于移动通信网络的无人机远程测控方法中，采用神经网络对移动通信网络进行延时预测并将其结果引入无人机的位置补偿，实现远程测控无人机，提高了基于移动通信网络的测控无人机系统的整体性能

3.2.3.8　专利布局规划

高校需要根据课题需求和目标有目的地制订专利布局规划，并根据专利布局规划对发明创造进行专利挖掘，在获得专利权的基础上，对专利进行保护和运用。专利布局是高校实施专利战略的起点，而且贯穿于整个专利战略的实施过程。对于高校来说，专利战略的实施效果，对自有研究的保护及后续的成果转移转化具有至关重要的意义。

专利布局的策略主要有保护式布局、对抗式布局和储备式布局。保护式布局主要是围绕高校科研课题的技术创新活动开展的，其专利一般都和高校科研课题技术或产品密切相关，申请专利的目的是对高校技术创新成果以及应用这些成果的产品提供充分的专利保护屏障，借此确保高校在创新成果上的技术优势；对抗式布局重点着眼于竞争对手的原始创新，是围绕竞争对手在关键技术上的专利布局实施封堵式或突围式的布局，针对竞争对手的技术发展方向和产品拓展方向铺设专利，意图在一定时期内减轻或消除竞争对手的专利威胁。这一布局方向与高校的发展需求相关性较小，较少被使用；储备式专利布局大多属于前瞻性技术方案和提前圈地性质的技术方案，由于高校在技术研发上往往具有先导性，因此该布局策略在高校申请中也较为常见。

在上述专利技术、重点创新主体和重点专利分析中，高校课题拟研究技术领域的专利技术现状、研发态势及专利布局情况等信息已被一一挖掘，此时，课题项目组可结合自身的研发方向和研发思路主要围绕保护式布局和储备式布局初步编制专利布局规划表（表3.8），从而在立项初期聚焦布局目标、明晰布局思路，为后续科研成果的良好保护打下基础。

表 3.8　专利布局规划表示例

涉及研究内容	技术来源（自研/合作）	专利布局方向	技术创新点	解决技术问题	计划申请专利类型（发明/实用新型/外观）	计划申请时间	是否计划国际申请	是否为核心专利	布局方式
无人机 * * * * 算法	自研	算法	算法改进	提升模糊类型识别速率及准确度	发明	* * * * 年 * 月	否	是	储备式布局
基于 * * 算法的无人机模糊图像复原方法	合作	方法	算法类型改变、方法路径改变	提高复原后图像清晰度	发明	* * * * 年 * 月	是	是	保护式布局

表 3.8 仅仅为简单的示例，在具体实施过程中，课题项目组应根据实际需求情况，在表格设计及填写内容方面进行持续更新调整，确保所输出的专利布局规划表更具有实操性和有效性。

值得说明的是，专利布局规划包括专利宏观布局规划和专利微观规划，所谓的专利宏观布局规划包括基于技术功效分析的布局、基于专利技术发展路线的布局、基于自身核心技术的布局、基于规避设计的布局以及专利布局的区域和时机选择、海外布局等方面。从微观的角度来看，表 3.8 的专利布局方向还可以从以下几方面进行拓展考虑。

（1）外观：外观设计。

（2）结构：工具、设备等结构。

（3）方法：控制方法、测试方法、监测方法、管控方法、分析方法、检测方法、评估方法、模拟方法、预警方法、工艺方法等。

（4）系统：嵌入式系统类。

（5）软件：软件算法、应用程序。

（6）材料：材料本身、材料的制备方法、材料的净化方法等。

（7）电路：电子电路模块等。

3.3　注意事项

（1）由于专利信息分析获得的信息仍以技术为主，且要素较为单一，因此在对各图表进行解读时，需要结合宏观信息进行综合分析，从而得到较为客观且合理的结果。

（2）在开展专利分析工作时，应根据各课题及自身的具体需求选取分析维度，而非模板化地将本章列出的维度都进行分析。

（3）标引项的设置并非一蹴而就，需要先搭建整体框架，再通过试标引几百件逐渐摸索专利信息分布规律，形成较为完整的标引项设置表。即便如此，各标引项也并非一成不变，在标引过程中需要根据实际情况进行调整，不断完善标引体系。

（4）数据标引工作量较大，一般由多人参与完成，在标引初期，各标引人需要针对标引项的理解进行深入讨论，确保每个标引人对每个标引项的理解完全一致，在标引过程中，无论出现何种问题（包括各种不确定或标引项的修改），均需要所有人再次讨论，保证标引项理解的一致性，标引结束后需要进行抽检筛查，依据筛查结果再对标引结果进行适度调整，才能获得较好的标引成果。

（5）专利申请趋势的各技术阶段并非局限于“萌芽阶段”“缓慢发展阶段”“快速发展阶段”和“成熟阶段”，也可根据具体图表情况添加新阶段或重新命名，但在解读时需要有理有据。

（6）由于专利文本的公开具有一定滞后性，近两年的申请量会因未公开受到较大影响，因此专利申请趋势图的后两年大多呈现下降趋势，应注意不要将其解读为进入衰退阶段，而应根据宏观信息的整体形势结合前几年的整体态势进行预测分析。

（7）在重点针对“技术”现状或态势进行分析时，需要先进行同族合并工作，以保证所得结果客观准确。

（8）在解读图表时，不应过度追求拟研究领域内的热点技术，也可结合宏观环境信息，寻求尚未布局但前景广阔的空白点进行挖掘，寻找真正有益的研发方向。

（9）在借鉴重点专利技术时应注意专利的法律状态信息，若为有权（授权、部分无效、权利恢复等）状态，应主要借鉴其技术思路，并且需要进行二次创新才可使用，否则可能面临研发成果侵权的情况；若为无权（未缴年费、视为撤回、驳回、届满、全部无效等）状态，则可作为公知技术直接使用；若为在审（公开、实审等）状态可持续监控其法律状态变化，再视情况进行使用，在其法律状态明确前应谨慎使用。

3.4 常用技巧

3.4.1 避免重复研发风险

重复研发风险是指由于研究立项决策的失误，导致企业或高校将研发资金投入到他人已经研发的或者公开的技术而造成的风险。

该风险的应对方法是加强技术情报的收集和分析，具体来讲，一般在研发立项前5—6个月就开始专利技术查新工作，通过如本书3.1.3和3.1.4中描述的方法进行检索分析，充分了解该技术的成熟度及其在国内外的专利布局情况，最终决定项目是否开展以及如何开展。

3.4.2　避免合作研发中存在的风险

高校或者企业在合作研发（主要是产学研合作）时，可能会带来技术秘密流失、合作失败、树立竞争对手等多方面的风险。开放式研发是大势所趋，产学研合作是中国目前提升企业技术创新能力的重要方法。因此，高校或者研发企业要预先了解合作研发中可能存在的风险，做好防范措施。

（1）选择合适的合作伙伴。

合作研发最主要的风险是合作伙伴的信用风险，在合作之初就应提前做好调查，提前审查合作方的资质、信用和技术实力，避免上当。考察的主要侧重点包括但不限于对方的信用记录、经济实力、研发条件、业绩成果等。同时，企业还应尽量避免选择与自身核心盈利领域相同或相近的企业合作研发，或者提前做好相关约定。

（2）做好双方权利义务的约定。

合作研发前，应提前做好双方权利、义务的约定，包括专利权归属、保密协议、非竞争协议、雇佣员工协议等。

（3）加强合作过程监督。

合作研发过程中，要做好监督管理工作，具体包括：加强技术秘密保护教育、加强研发过程文件管理、加强研发过程控制等，以便提前发现不良现象，尽早采取应对措施。

第4章　研发阶段的知识产权信息利用

研发阶段的重点是围绕立项初期设定的研发思路开展具体研发工作并产出知识产权成果，知识产权信息利用在此阶段的作用主要包括研发方向调整、各研发环节技术问题解决思路提供、成果转移转化对象筛查、课题项目产品侵权风险排查与规避、知识产权具体布局规划、高价值专利培育及产出以及商标注册与技术秘密保护等。

4.1　知识产权检索分析

研究开发阶段与立项阶段的知识产权检索分析相似度较高，均需要从专利申请趋势、技术分支、技术路线、技术功效矩阵、重点创新主体以及重点专利等维度进行分析。但二者也存在两点区别，其一为检索及分析的对象不尽相同，具体体现为立项阶段检索主题的技术范围更大且分析更倾向于了解整体脉络，而研究开发阶段的检索主题则更为细化且具有针对性；其二为分析重点创新主体及其技术的目的不尽相同，具体体现为立项阶段可通过重点创新主体及技术分析寻找合作对象，而研究开发阶段可通过重点创新主体及技术分析寻找成果转移转化对象。因此，本节将重点针对二者的不同点进行细化解读，对于相同的部分不再赘述。

4.1.1　检索要素/检索式构建

由于研究开发阶段的专利检索及分析与立项阶段的目的存在不同，因此在研究开发中各研发环节可能需要针对特定的技术重新开展检索与分析工作，如课题为“开发一种治疗××类疾病的药物”，初期研究倾向于化合物制备、药物靶点选取、化合物晶型等方面，中期研究倾向于药物提纯、药物检测等方面，后期研究则倾向于药物剂型、药物制剂、药物配方、药物应用等方面，在各环节均需要对不同主题及技术范围进行检索与分析。具体的检索要素和检索式构建采用的方式和方法与第2章2.4中描述的一致，在此不再赘述。

4.1.2　数据深加工

与技术分析相关的标引项设置思路及数据深加工方法与3.2.2别无二致，在此不再赘述。而利用重点创新主体分析筛选成果转移转化对象，则需要在此阶段对拟研究技术领域的产业链或技术链进行梳理，并在标引项设置中加入此部分内容，需要注意的是，产业链或技术链各环节的技术范围确定并非一成不变，一般产业或行业内很少有统一标准，因此在梳理时需要在查阅大量信息搭建完整框架的前提下，结合课题组的实际研究情况确定最终的产业链或技术链。下面将针对产业链或技术链梳理与标引项设置进行举例解读，数据深加工方法可参考3.2.2。

【示例】海洋用钛材料

通过大量信息查阅，完整的钛产业链可大致划分为三个部分。

(1) 上游资源产业，包括钛铁矿、金红石等钛矿资源，以及由钛铁矿加工而成的人造金红石、钛渣和四氯化钛。

(2) 中游包括海绵钛的还原或熔盐制取，进而熔铸钛锭和钛加工材（锻件、坯棒板管线丝材等），以及一个截然不同的行业钛白粉（化工）的制取。

(3) 下游包括各应用领域，其中钛零部件下游有航空航天、石油化工、海洋能源、核电、汽车、体育医药等行业，钛白粉的下游有涂料、造纸、塑料、日化等行业。

首先由于课题研究主题为“海洋用钛”，因此应将“航空航天”“汽车”“体育”“医药”“造纸”等领域的下游分支删去，其次钛矿挖掘与矿石初步处理工序技术含量较低且与课题技术相隔较远，所以也选择删去，再次由于钛白粉产品更倾向于化工领域，与“海洋用钛”需求较远，将其内容也进行删减。最终获得既符合行业规则又贴合课题研究内容的产业链，如图4.1所示。

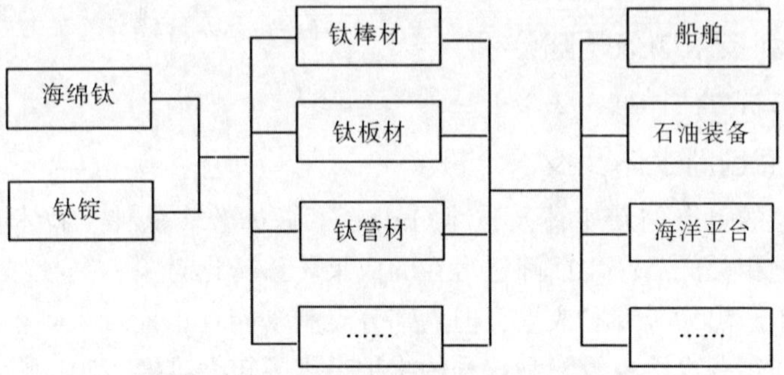

图4.1 海洋用钛材料产业链示意图

根据以上产业链示意图即可进行相应的标引项设置（表4.1）。

表4.1 海洋用钛材料标引项设置示例表

一级分支	二级分支
上游	海绵钛
	钛锭
中游	钛棒材
	钛板材
	钛管材
	⋮
下游	船舶
	石油装备
	海洋平台
	⋮

4.1.3 专利分析

下面将针对立项阶段与研究开发阶段略有不同的重点创新主体分析进行解读，其他维度的分析可详见第3章中的实操与分析方法，不再一一赘述。

4.1.3.1 专利技术发展趋势分析

具体实操及分析方法详见3.1.3.1。

4.1.3.2 专利技术分支分析

具体实操及分析方法详见3.2.3.1。

4.1.3.3 专利技术分支发展趋势分析

具体实操及分析方法详见3.2.3.2。

4.1.3.4 专利技术路线分析

具体实操及分析方法详见3.2.3.3。

4.1.3.5 专利技术功效矩阵分析

具体实操及分析方法详见3.2.3.4。

4.1.3.6 重点创新主体及技术分析

研究开发阶段的重点创新主体及技术分析除了筛选合作伙伴、技术借鉴对象的目的外，还可以在课题相关产品产出前筛选潜在的成果转移转化对象。高校作为前沿技术的研发主力单位，每年产出大量专利成果，但大部分专利未能真正地投入到生产应用中，且每年逐渐增多的专利年费也给高校专利权利的维护带来了较大难度。2016年4月，国务院办公厅印发《促进科技成果转移转化行动方案》，明确指出“支持高校和科研院所开展科技成果转移转化”，各级地方政府也陆续出台配套鼓励政策。因此，利用重点创新主体及技术分析在研究开发阶段尽早筛选潜在的成果转移转化对象可在一定程度上提升高校科研成果的转移转化率，对高校发展具有重大意义。

【示例】海洋用钛材料

根据3.1.2示例中的标引项开展数据标引工作后，根据3.2.3.5的方式识别重点创新主体，并进行申请人合并工作后，分别针对上中下游的重点创新主体专利量及创新活跃度进行统计并绘制表格（表4.2至表4.4）。

表4.2 产业链/技术链上游重点创新主体示例列表

排名	创新主体	上游/件	海绵钛		钛锭	
			数量/件	创新活跃度/%	数量/件	创新活跃度/%
1	创新主体A	107	42	39.25	65	60.75
2	创新主体B	92	88	95.65	4	4.35
3	创新主体C	83	52	62.65	31	37.35
4	创新主体D	80	80	100.00	0	0.00

续表 4.2

排名	创新主体	上游/件	海绵钛		钛锭	
			数量/件	创新活跃度/%	数量/件	创新活跃度/%
5	创新主体 E	73	4	5.48	69	94.52
6	创新主体 F	69	40	57.97	29	42.03
7	创新主体 G	60	17	28.33	43	71.67
8	创新主体 H	48	48	100.00	0	0.00
9	创新主体 I	42	39	92.86	3	7.14
10	创新主体 J	34	34	100.00	0	0.00

表 4.3　产业链/技术链中游重点创新主体列表

排名	创新主体	中游/件	钛板		钛棒	
			数量/件	创新活跃度/%	数量/件	创新活跃度/%
1	创新主体 B	611	235	38.46	257	42.06
2	创新主体 A	254	51	20.08	121	47.64
3	创新主体 C	107	26	24.30	28	26.17
4	创新主体 D	81	24	29.63	32	39.51
5	创新主体 E	71	14	19.72	43	60.56
6	创新主体 F	69	16	23.19	48	69.57
7	创新主体 G	69	5	7.25	52	75.36
8	创新主体 H	55	1	1.82	14	25.45
9	创新主体 I	49	9	18.37	30	61.22
10	创新主体 J	38	8	21.05	20	52.63

表 4.4　产业链/技术链下游重点创新主体列表

排名	创新主体	下游/件	船舶		石油装备	
			数量/件	创新活跃度/%	数量/件	创新活跃度/%
1	创新主体 B	51	16	31.37	24	47.06
2	创新主体 A	38	23	60.53	5	13.16
3	创新主体 C	25	16	64.00	6	24.00
4	创新主体 D	22	5	22.73	9	40.91

续表 4.4

排名	创新主体	下游/件	船舶		石油装备	
			数量/件	创新活跃度/%	数量/件	创新活跃度/%
5	创新主体 E	20	0	0.00	20	100.00
6	创新主体 F	14	0	0.00	11	78.57
7	创新主体 G	12	2	16.67	6	50.00
8	创新主体 H	11	4	36.36	4	36.36
9	创新主体 I	10	0	0.00	10	100.00
10	创新主体 J	6	0	0.00	6	100.00

从以上表格可以看出，在产业链各环节以及各环节产品上各公司存在差异，如创新主体 A 的研究重点放置于产业上游，主售产品为海绵钛和钛锭，而创新主体 B 则较为重视产业中游和下游，主售产品有钛板、钛棒以及船舶及石油装备用配件等。

一般来说，各环节产品具有上游供中游、中游供下游的特点，因此课题组可在拟产出产品所属环节的下一环节寻找成果转移转化对象，值得注意的是，对于高校来说，这类对象多为企业，且在选择时应注意锁定专利储备量一般且创新活跃度较高的对象，成果转移转化成功的概率相对较高。如课题拟产出产品为用于制备钛棒的海绵钛和用于制备船舶蒙皮的钛板，则该课题成果转移转化的潜在对象为创新主体 A、创新主体 B 和创新主体 D 等。

4.1.3.7 重点专利分析

具体实操及分析方法详见 3.2.3.7。需要注意的是，研究开发阶段的重点专利多为可对研发过程中遇到的问题或阻碍提供方案或思路的专利，与立项阶段的筛选原则略有不同。

4.2 知识产权侵权风险规避

知识产权侵权风险规避是产品上市前最重要的知识产权工作之一，决定了产品销售等经营活动是否能够有效开展，企业使用的场景相对较多，对于高校来说，可使用场景相对较少。

知识产权侵权风险规避分析工作包含四个阶段。

(1) 专利防侵权检索/FTO 检索，即从防止侵权角度出发，分解产品关键部件，确定可能侵权发生的关键技术点，以其为基础开展专利检索工作，寻找与产品相关联的所有潜在侵权风险专利，具体拆解及检索式制作方式详见 2.4.4，在此不再赘述。

(2) 专利壁垒分析，即针对 (1) 中检索到的潜在侵权风险专利的法律状态信息进行分析，识别该领域的专利壁垒及潜在专利壁垒，从宏观层面了解该技术领域的侵权风险程度。

（3）侵权风险排查，即将待比对潜在风险专利独立权利要求进行一一技术特征的拆解，与待比对产品进行一一比对，确定侵权风险，给出侵权结论。

（4）侵权风险规避，即针对前述判断确定侵权的专利采取有效措施，降低侵权风险发生的可能性，从而降低产品所有者损失。

4.2.1　专利防侵权检索/FTO 检索

具体拆解及检索式制作方式请详见 2.4.4。

4.2.2　专利壁垒分析

专利作为知识产权的一种主要形式，因为具有独特的技术、经济和法律价值，并且内容新颖、格式标准、叙述完整，已经成为衡量国家、企业、高校及科研院所竞争实力的重要指标。但专利作为知识的一种载体，从申请到终止的整个生命周期里，其描述属性在不断发生变化，并且变化的过程均被一一记录在法律状态中，受到法律的严格保护。透过法律状态及其变化信息，不但能看到专利的申请量、授权量，还能看到专利的维持时间、失效原因、转移、许可等要素，因此专利法律状态分析可以很好地表现专利壁垒和专利风险情况。通过对法律状态的分析研究，能够帮助课题组从法律层面更清晰地了解该技术领域专利现状和竞争状况。如图 4.2 所示。

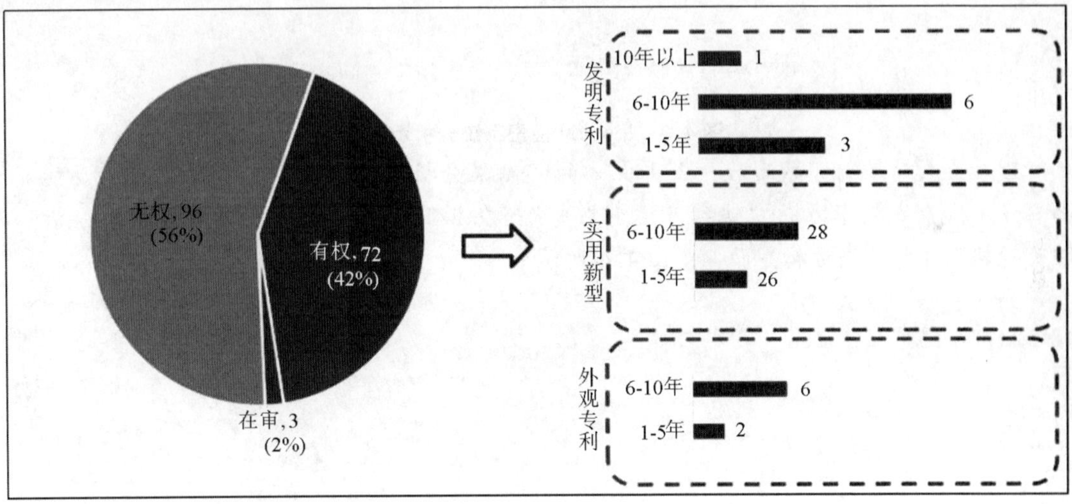

图 4.2　专利壁垒示意图

专利壁垒指在实施国享有专利保护的专利技术，即有权（授权、部分无效、权利恢复等）专利，潜在专利壁垒指一些未决的专利申请或者尚未获得授权的专利申请，即在审（公开、实审等）专利。其中发明专利与存活期较长的专利稳定性相对更高，因此当有权专利中发明专利或存活期较长专利占比较大时，该技术领域的壁垒相对偏高。如上图所示，有权专利及在审专利占比 44%，无权专利占比 56%，有权专利中发明专利仅有 10 件，占比较小，存活期较长专利共计 41 件，占比约 57%，整体来看，该技术领域已形成了一定的专利壁垒，若产品进入相关市场具有一定的侵权风险，但由于潜在专利壁垒较少，未来几年该技术领域的专利壁垒将逐渐降低，侵权风险发生的可能性也会逐渐减小。

【示例】无人机图像识别技术

由于目前免费检索平台功能不能支撑专利壁垒（法律状态）分析工作开展，现以 Innojoy 检索系统为例进行实操方法展示。首先访问 www. innojoy. com，在简单检索界面输入“无人机图像识别技术”检索式，点击右侧“检索”按钮进行检索，需要注意的是由于目前各检索平台对国外的法律状态信息不能完整且精确地收录，所以在数据库选择时只选择“中国数据库”，如图 4. 3 所示。

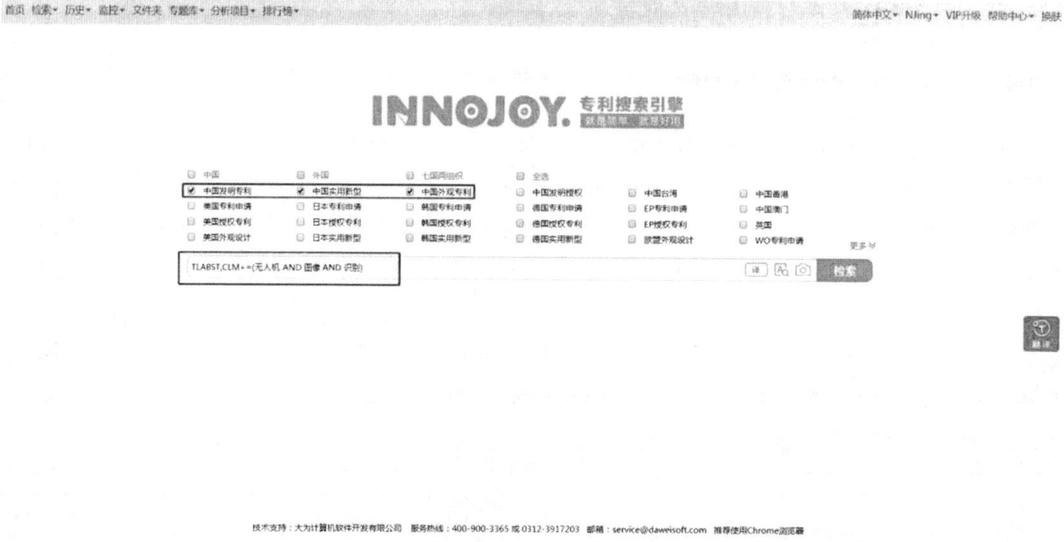

图 4. 3　Innojoy 检索系统分析示例

进入检索结果浏览界面后，点击上方的“结果分析”按钮，即可跳转至分析功能界面。点击检索式栏下方的“法律及运营分析”，在其下位菜单中点击“法律状态分析”，即可跳转至法律状态分析界面，如图 4. 4 所示。

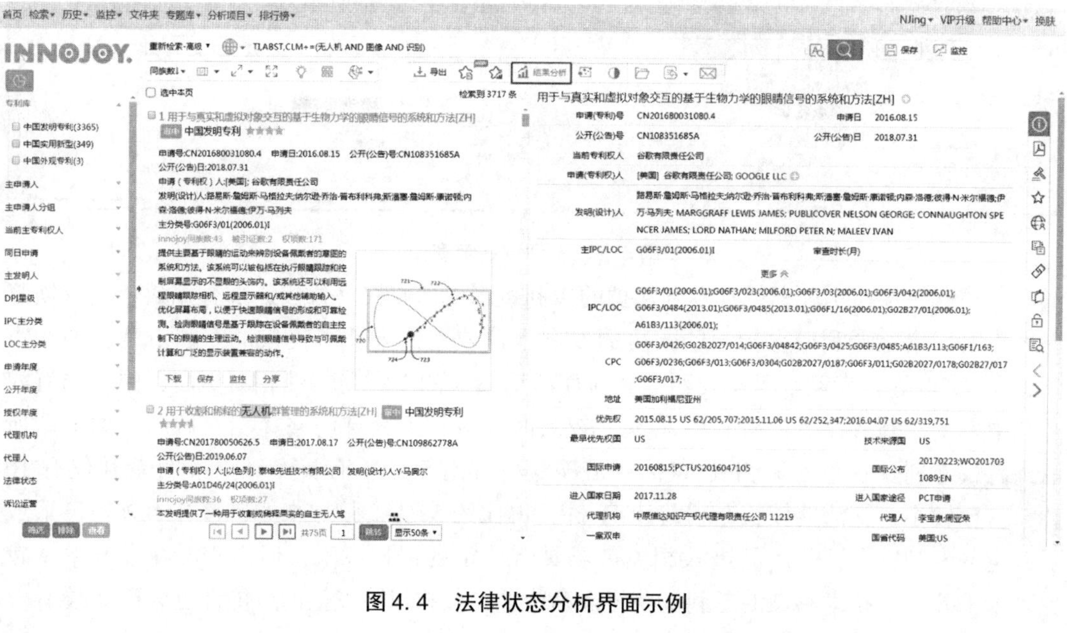

图 4. 4　法律状态分析界面示例

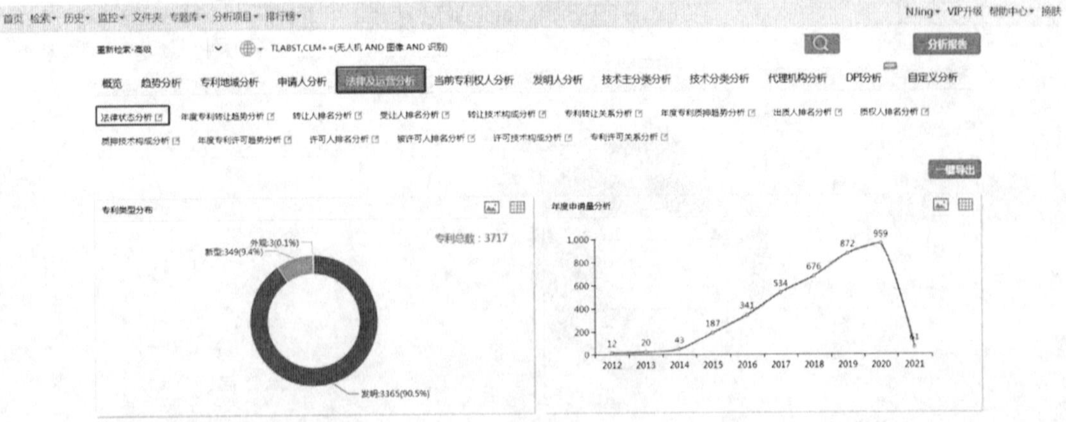

续图 4.4

在法律状态分析界面中，可以点击左上方“法律状态分析”按钮后的编辑图标选择需要在图表中显示的法律状态，该操作还可通过勾选图片右侧的法律状态选项实现。Innojoy 的法律状态分析图为内外圈嵌套环状图，其中内圈表示“有权”“审中”和“无权”状态，通过将鼠标放置在各颜色环块上，即可获得内圈信息数据标签；外圈为“有权”“审中”和“无权”状态分支下的细化法律状态，其中“有权”包括“授权”“部分无效”“权利恢复”等，“审中”包括“实审”和“公开”等，“无权”包括“未缴年费”“驳回”“视为撤回”“避重放弃”“视为放弃”“届满”“全部无效”等，该图除数据量外，还会在图中显示各法律状态的占比情况，如图 4.5 所示。

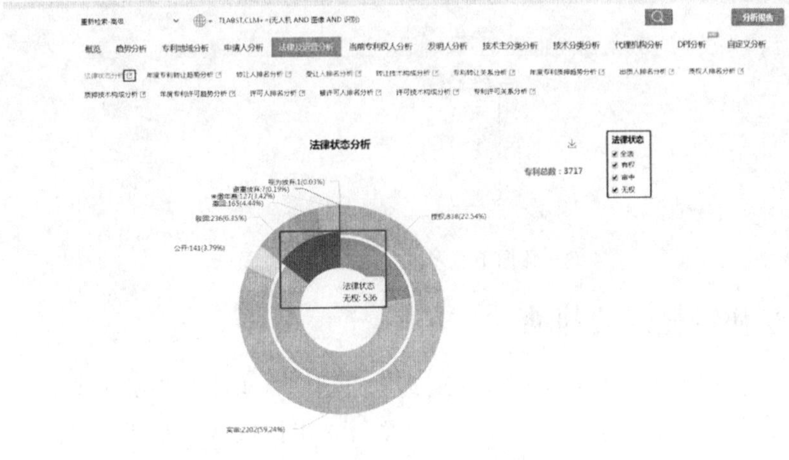

图 4.5　法律状态分析环状图示例

可通过点击图片右上角的“下载图标”一键下载图片，也可将该界面下拉，点击图片左下方的“数据下载图标”一键下载各法律状态数据表，在 Excel 文档中制作自身所需图片。另外，通过点击各法律状态后的蓝色数字，可跳转至检索界面查看与该法律状态信息匹配的专利情况，如图 4.6 所示。

图 4.6　数据下载及其扩展功能示意图

4.2.3　专利侵权风险排查

专利侵权风险排查是指按照专利侵权风险判定原则，将 4.2.1 获得的风险专利技术特征与课题拟产出产品技术特征进行一一比对，从而筛选出侵权确定专利的过程。在进行风险排查前需要进行多次的风险专利筛选工作，初次筛查需要对 4.2.1 检索得到的专利逐件进行粗略浏览，去除明显与课题项目/产品不相同也不等同的专利，二次筛查则需要针对初次筛查获得的专利进行较为细化的阅读，在去掉一部分专利的同时，对疑似风险专利标记“风险高”“风险中”和“风险低”的标签，三次筛查需要由课题组成员对二次筛查的专利进行讨论，并对各专利的风险程度标记进行调整，最终获得风险专利列表，并针对该列表内专利开展侵权风险排查工作。

具体地，针对每一项风险专利，专利侵权风险判定的基本依据和原则如下：

（1）全面覆盖原则：也称全部技术特征覆盖或字面侵权原则，是指被控侵权产品或者方法的技术特征与专利的权利要求所记载的全部技术特征一一对应并且相同，或被控侵权物的技术特征在包含专利的权利要求所记载的全部技术特征的基础上，还增加了一些其他技术特征，则可认定存在侵权性质的行为。

（2）等同原则：指被控侵权物的技术特征虽与专利的权利要求所记载的全部必要技术特征有所不同，但若该不同是非实质性的，前者只不过是以与后者基本相同的手段，实现基本相同的功能，达到基本相同的效果，并且本领域的普通技术人员无需经过创造性劳动就能够联想到的特征，即等同特征，则可认定存在侵权性质的行为。

（3）捐献原则：如果专利权人在专利说明书中公开了某个实施方案（embodiment），但在专利申请的审批过程中没有将其纳入或试图将其纳入权利要求的保护范围，则该实施方案被视为捐献给了公众，当专利申请被授权后，专利权人在主张专利权时不得试图通过等同原则等将其重新纳入权利要求的保护范围。

（4）禁止反悔原则：是指专利法上的审批过程禁反言（prosecution history estoppel）。是专利侵权诉讼中的一种法律规则，其含义是，专利权人如果在专利审批（包括专利申请的审查过程或者专利授权后的无效、异议、再审程序）过程中，为了满足法定授权要求而对权利要求的范围进行了限缩（如限制性的修改或解释），则在主张专利权时，不得将通过该限缩而放弃的内容纳入专利权的保护范围。

在侵权风险排查过程中，需要根据下表对相关风险专利技术特征进行逐一比对，并输出侵权比对表（表 4.3）。

表 4.3　侵权比对示例表

	风险专利 CNXXXXXXXX	课题项目/产品 拟实施方案	对比结果
权 1	特征 1 相关描述	特征 1 相关描述	√或 × 或？ （当“ ×”/“？”时需要简要说明不同点/原因）
	……	……	√或 × 或？
权 2	特征 1 相关描述	特征 1 相关描述	√或 × 或？
	……	……	√或 × 或？
权…	特征 1 相关描述	特征 1 相关描述	√或 × 或？
	……	……	√或 × 或？
初步结论：根据上述对比结果，课题项目/产品拟实施方案落入/未落入专利 CNXXXXXXXX 权 X 的保护范围中，因此存在/不存在侵权风险。			
备注： 1. √表示课题项目/产品拟实施方案具有该技术特征 2. × 表示课题项目/产品拟实施方案不具有该技术特征 3. ？表示不确定课题项目/产品拟实施方案是否具有该技术特征（需与研发人员再次确认） 4. 如果一篇专利文件包含多条独立权利要求，均须进行对比分析。 5. 当被引用的主权项已经判断不侵权时，引用权利要求可以简洁描述不侵权。如权 2 至权 5 均引用权 1，且权 1 不侵权，故权 2 至权 5 均不侵权。			

【示例】专利侵权判定

由于风险专利筛选操作较为简单，在此不再举例说明，本示例将主要针对风险专利侵权判定方法进行说明，具体判定过程见表4.4。

表4.4　侵权判定示例表

权利要求	技术特征	风险专利 CNXXXXXXXX	课题项目/产品拟实施方案	对比结果
独权1	1	用于电力装置的冷却系统，尤其是功率变流器，特别是电力牵引技术的驱动功率变流器	电力动车组的牵引变流器的冷却单元	√
	2	冷却回路，其中连接有冷却剂泵和再冷却装置，冷却剂泵驱动冷却剂在冷却回路中循环流动，再冷却装置从冷却剂中提取吸收的热	冷却回路中连接有水散热器、水泵和冷却风机，水泵驱动水在冷却回路中循环流动，风机对循环水中吸收的热进行冷却散热	√
	3	连接到冷却回路的平衡容器	连接到循环回路的膨胀水箱	√
	4	连接到冷却回路被冷却的多个器件	连接到冷却回路的变流器功率模块	√
	5	平衡容器配置在冷却系统的最低点，当冷却系统工作时，平衡容器的容量是变化的，其能够盛下冷却系统中位于平衡容器上方的冷却剂，平衡容器用于去除循环回路中冷却剂的气体，包括可打开冷却器的封闭装置，用于排空冷却回路中的冷却剂到平衡容器中	膨胀水箱用于补偿温度变化引起的液体体积变化，设置有阀门，膨胀水箱不位于冷却单元的最低点	×
初步结论：根据上述对比结果，课题项目/产品拟实施方案中的技术特征5与专利CNXXXXXXXX相比有明显区别特征，不相同也不等同，课题项目/产品拟实施方案未落入CNXXXXXXXX的权1保护范围中，因此不存在侵权风险。				

4.2.4　专利侵权风险规避

针对前述侵权风险排查及判定工作，当判定结果为存在侵权时，应采取适当措施以降低侵权风险发生的可能性，主要规避手段有技术规避设计、第三方公众意见、专利无效准备、获得专利许可、购买专利等，由于高校的重点在于研发而非产品销售，获得专利许可、购买专利几乎不会用到，因此本节将只针对技术规避设计、第三方公众意见和专利无效准备进行介绍。

(1) 技术规避设计。

技术规避设计指通过调整研发方案或推出更具差异性的技术来规避侵权风险的方式。规避设计是从侵权判断的角度进行分析，根据权利要求书分析专利的必要技术特征，对其进行删减和替代，以减少侵权的可能性，其遵循的原则主要有以下几种（表 4.5）。

表 4.5　规避设计原则示意图

规避设计原则	规避设计方法	表现形式	规避设计要求
简化原则	特征减少	$A+B+C+D \rightarrow A+B+C$	全面覆盖原则
	特征合并	$A+B+C+D \rightarrow A+B+E$	$E \neq C+D$ 全面覆盖原则、等同原则
替代原则	特征替换	$A+B+C_1+D_1 \rightarrow A+B+C_2+D_2$	$C_2 \neq C_1$；$D_2 \neq D_1$ 全面覆盖原则、等同原则
	特征分解	$A+B+C+D_1 \rightarrow A+B+C+D_2+D_3$	$D_2+D_3 \neq D_1$ 全面覆盖原则、等同原则
	方案彻底改型	$A+B+C+D \rightarrow H+I+J+...$	全面覆盖原则、等同原则

其中简化原则主要源自专利侵权判定中的"全面覆盖原则"，通过对在先专利的技术方案构成要件进行简化，使得规避设计获得的技术方案缺少其中一个或多个组成特征，从而不满足组成特征的全面覆盖原则，就避免了专利侵权；替代原则主要源自专利侵权判定中的"等同原则"，通过改变在先方案中的一个或多个特征，使得规避设计获得的技术方案不同于在先专利的技术方案，两者的特征不相同也不等同，从而避免专利侵权。

【示例】规避设计实例

围绕上述规避设计原则，分别结合各领域技术解读规避设计的具体实施方式表 4.6 所示。

表 4.6　规避设计示例表

在先专利技术方案	规避方案	规避设计类型
一种胶囊一体化生产设备，包括模块 A、模块 B、模块 C 和模块 D	一种胶囊一体化生产设备，包括模块 A、模块 B 和模块 C	简化原则 – 特征减少
一种无人机模糊图像复原方法，利用算法 A 复原模糊类型 A 图像，利用算法 B 复原模糊类型 B 图像，利用算法 C 复原模糊类型 C 图像	一种无人机模糊图像复原方法，利用算法 A 复原模糊类型 A 图像，利用算法 B 复原模糊类型 B 和 C 图像	简化原则 – 特征合并
一种提高免疫力的药物，包括人参、鹿茸、山楂和黄芪	一种提高免疫力的药物，包括人参、鹿茸、冬虫夏草和红枣	替代原则 – 特征替换
一种数据保密传输装置，包括内网数据处理及传输模块 A、非网络隔离通道 B、外网数据接收及处理模块 C	一种数据保密传输装置，包括内网数据处理及传输模块 A、内网总线与隔离卡 B1、外网总线与隔离卡 B2、外网数据接收及处理模块 C	替代原则 – 特征分解

续表 4.6

在先专利技术方案	规避方案	规避设计类型
一种无人机模糊图像复原方法，利用算法 A 将模糊图像类型分类，利用算法 A1 复原模糊类型 A1 图像，利用算法 A2 复原模糊类型 A2 图像，利用算法 A3 复原模糊类型 A3 图像	一种无人机模糊图像复原方法，利用算法 B 复原模糊类型 A 图像，利用算法 C 复原模糊类型 B 图像，利用算法 D 复原模糊类型 C 图像	替代原则 – 方案彻底改型

（2）第三方公众意见。

根据我国《专利法实施细则》第四十八条规定，自发明专利申请公布之日起至公告授予专利权之日止，任何人均可以对不符合专利法规定的专利申请向国务院专利行政部门提出意见（即第三方公众意见），并说明理由。因此，针对确定侵权专利中的审查未决专利，可通过第三方公众意见来干扰专利授权的可能性或促使其缩小保护范围，从而防范风险的发生可能性。

【示例】第三方意见陈述书样例

尊敬的审查员：

你好，现对申请号为×××的发明专利，提出公众意见，具体意见如下：

对比文件 1：××，公开日：2016 年 08 月 24 日；

对比文件 2：××，公开日：2015 年 04 月 22 日。

1. 权利要求 1 不符合专利法第 22 条第 3 款规定的创造性。

权利要求 1 请求保护一种基于机器人的自动锁螺丝系统，对比文件 1 公开一种高效智能锁螺丝设备，具体公开以下技术特征（参见对比文件 1 说明书第 32—40 段，说明书附图 1–8）：高效智能锁螺丝设备包括运动机构 2（相当于机器人）；供料机构 3（相当于用于提供螺丝的供料机构）；取锁机构 5 包括，内部设置有导向腔的吸嘴 542 的批杆组件 54，批杆组件上方的主体支架 51 上活动安装电批组件 62，电批组件 62 带动批杆组件 54 下压，电批启动，拧紧螺丝（相当于用于拧紧和旋松螺丝电批装置；与电批装置相连接，用于将螺丝吸附到电批装置上的吸附装置）；可编程逻辑控制器根据导入的产品外形、特征图元及螺丝孔点位的信息，并结合视觉系统的产品定位结果，可编程逻辑控制器确定螺丝孔的绝对位置，并发动动作指令给运动机构 2，运动机构 2 承载取锁结构 5 依次对各个进行螺丝孔锁固（相当于用于当检测到电批装置运动到待锁螺丝处时，输出控制信号到电批装置，控制电批装置完成螺丝锁附操作的控制柜；控制柜按照预设的操作流程控制所述吸附装置从供料装置处获取螺丝，控制电批装置运动到待锁螺丝处，执行螺丝锁附到螺丝孔内的操作）。

权利要求 1 与对比文件 1 相比，区别特征是：①电批装置设置与机器人末端执行器的接口相连接，吸附装置设置在机器人末端执行器的接口与电批装置之间；②控制柜设置在机器人上。权利要求 1 实际要解决的技术问题是：电批装置和吸附装置具体设置在什么位置，控制柜设置在什么位置。

对于区别特征①，如对比文件说明书附图 1 中所示，取锁机构 5 设置在运动机构 2 的末端，电批组件62和设置有吸嘴542的批杆组件54都安装在取锁机构5的支架51上，对本领域的技术人员来说，根据设计需要，在机器人末端执行器设置连接用的接口，通过接口连接电批装置，以及将吸附装置设置在机器人末端执行器的接口与电批装置之间是容易想到的。对于区别特征②，对本领域的技术人员来说，控制柜用于控制各个部件执行操作，将控制柜设置在机器人上或者设置在其他位置均能实现该功能，是容易想到的。

由此可知，对本领域的技术人员来说，在对比文件 1 的基础上结合上述本领域的惯用技术手段以获得权利要求 1 所要求保护的技术方案是显而易见的。因此，权利要求 1 不具备突出的实质性特点和显著的进步，不具备专利法第 22 条第 3 款规定的创造性。

由此可知，对本领域的技术人员来说，在对比文件 1 的基础上结合上述本领域的惯用技术手段以获得权利要求 10 所要求保护的技术方案是显而易见的。因此，权利要求 10 不具备突出的实质性特点和显著的进步，不具备专利法第 22 条第 3 款规定的创造性。

综上所述，权利要求 1—10 全部都不具备专利法第 22 条第 3 款规定的创造性。希望上述意见能够给审查员提供参考，在审查过程中对该申请进行全面细致的审查。

（3）专利无效准备。

依据专利法，自国务院专利行政部门公告授予专利权之日起，任何单位或者个人认为该专利权的授予不符合本法有关规定的，可以请求国务院专利行政部门宣告该专利权无效。

专利无效的一般思路是从目标专利的本身出发，寻找该专利本身的缺陷，合理质疑其专利权的合法性，以此来宣告目标专利全部无效或部分无效，从而避开侵权风险。具体的理由包括：该专利在申请日前已被公开，不具备新颖性；该专利所保护的技术方案对本领域普通技术人员是显而易见的，不具备创造性；该专利说明书公开的内容不足以支撑权利要求所保护的范围；权利要求缺少必要技术特征等。

当确定侵权专利为有权专利且通过规避设计不能实现规避时，可以考虑采用专利无效的手段来应对，具体表现为通过对该确定侵权专利开展无效检索工作，识别可影响其新创性的对比文件，编写无效请求书，为可能发生的风险提前准备应对措施，为待实施产品保驾护航。

【示例】无效请求书模板

尊敬的复审委员会：

本请求人依据《专利法》45 条和《专利法实施细则》第 65 条对专利号为________、专利权人为____、名称为____的实用新型/发明专利提出无效宣告请求。该专利的申请号为______，申请日为____，优先权日为______，授权公告号为______，授权公告日为______。

上述实用新型/发明专利______（概述相关无效理由，如：权利要求 1 不具备《专利法》第 22 条第 2 款规定的新颖性；权利要求 2 不具备《专利法》第 22 条第 3 款规定的创造性），请求专利复审委员会宣告该实用新型专利全部/部分（具体权利要求＊＊＊）无效。

一、关于证据的使用

请求人以下述文件作为宣告该专利专利权无效的证据：

1. 证据1，专利______（专利号），公开日/授权公告日__________________，申请日__________________；（分析其属于现有技术或是抵触申请，有优先权要核实优先权）

2. 证据2，专利______（专利号），公开日/授权公告日__________________，申请日__________________；（分析其属于现有技术或是抵触申请，有优先权要核实优先权）

（随后论述各个证据对评价新颖性和创造性的可行性，这部分也可在具体分析时提出。但是被无效专利存在有优先权的文件时，最好在此处阐述优先权的真实性以及各证据在评价新颖性和创造性可行性。）

二、结合证据逐条具体阐述无效理由

现结合所列证据1和证据2，具体阐述请求人的无效宣告理由。

（一）权利要求1不具备《专利法》第22条第2款规定的新颖性。

权利要求1公开了一种____，证据1公开时间是__（是抵触申请的应将申请日，公开日列出），该证据1具体公开了一种______（具体描述公开内容）__________（在证据1中的具体位置，如：参见说明书第2页第4行至第3页第7行、附图3－5）。

由此可知，证据1公开了权利要求1的全部技术特征，两者保护的技术方案相同，且两者属于相同的技术领域，解决相同的技术问题，并达到了相同的技术效果。因此，权利要求1相对于证据1不具备新颖性，不具备《专利法》第22条第2款规定的新颖性。

（其他权利要求如不具备新颖性，论述同上）

（二）权利要求2不具备《专利法》第22条第3款规定的创造性。

权利要求2是权利要求1的从属权利要求，其对权利要求1进一步了限定，权利要求2相对于证据1的区别在于________。由上述区别技术特征可知，权利要求2相对于证据1所要解决的技术问题是__________________。

证据2具体公开了一种______（具体描述公开内容）____________（在证据2中的具体位置，如：参见说明书第2页第4行至第3页第7行、附图3－5）。由此可见，证据2公开了上述区别技术特征，且上述区别技术特征在证据2中所起的作用与其在该专利中所起的作用相同，都是__________________。

证据1和证据2属于相同的技术领域，对于本领域技术人员而言，为了解决____________________的技术问题，在证据1的基础上，很容易想到将证据2中的________用于证据2，从而解决上述技术问题。因此，证据1存在与证据2结合的技术启示，证据1和证据2结合所得到权利要求2的技术方案对于本领域技术人员来说是显而易见的。因此，权利要求2不具备突出的实质性特点和显著的进步，不具备专利第22条第3款规定的创造性。

（如其他权利要求不具备创造性，论述同上）

综上所述，本实用新型/发明专利（总结无效的理由，如：权利要1不具备新颖性，不符合《专利法》第22条第2款的规定，权利要2不具备创造性，不符合《专利法》第22条第3款的规定。因此，请求人请求专利复审委员会宣告该实用新型/发明专利全部/部分（具体权利要求）无效。

请求人：______

____年__月__日

4.3　高价值专利培育

4.3.1　专利挖掘

围绕课题技术的专利挖掘，可以主要从以下两个方面入手：

其一为基于自有技术创新点开展专利挖掘，即运用科学的专利挖掘方法进行全方位的专利挖掘，对自有技术的所有创新点构成强有力的保护，防止他人使用；其二为围绕侵权风险进行专利挖掘：对于经过检索落入他人专利保护范围的技术点，可以围绕他人专利进行包围式布局，日后一旦发生侵权诉讼，这些专利可以作为抗击他人的有力筹码。

具体可实施的专利挖掘方法如下。

(1) 基于自有技术创新点开展专利挖掘。

步骤一：开展技术功能分析。逐一列出项目/产品以及各个技术创新点实现的常规功能和新功能。

步骤二：对实现功能的技术要素开展分析。对于每一功能，分别从实现上述功能的结构和方法两方面进行考虑，对于结构需要从结构本身、外形、材料和方法等方面开展技术要素分析，对于方法需要从具体流程步骤等方面开展技术要素分析；

步骤三：对技术要素对应的创新点进行分析。由课题组人员初步判断步骤二中技术要素的创新点，放弃明显不具备创新点的技术要素，对于有可能具备创新点的技术要素，根据实际需要开展初步的专利查新检索分析，以判断技术创新点专利申请授权前景，并基于查新检索的对比文献公开情况完成技术方案的二次挖掘，有效进行专利保护提升授权率。

步骤四：制定专利申请策略。对于可专利性的技术方案制定专利申请布局策略，并完成专利申请工作，确保专利保护范围对于新技术的覆盖程度。

(2) 包绕竞争对手核心专利的专利挖掘。

步骤一：侵权风险专利识别。根据 4.2 中的实操方法，通过充分的专利检索与分析可以识别侵权风险专利。

步骤二：针对侵权风险专利进行包绕式专利布局。包绕式专利布局根据不同场景采用不同的模式类型，包括从产业链上游方向包绕、从产业链下游方向包绕、从功能实现方向包绕、从核心零部件方向包绕、从技术方案改进方向包绕以及从专利类型包绕等，每种模式类型需要根据课题项目实际情况而定。

【示例】某电力设备保护器项目专利挖掘

根据上述方法开展专利挖掘工作，形成专利挖掘清单列表（表 4.7）。

表 4.7　专利挖掘清单示例表

课题名称	一级技术分类	二级技术分类	现有技术存在主要问题	主要发明创新点	解决的技术问题	取得的有益效果	其他拓展方案	是否用在产品上	竞争对手情况
某电力设备保护器项目	信号检测模块	电压检测							
		电流检测		采样电路采用真有效值算法					

4.3.2 专利布局策略

专利布局从根本上说是一种有目的的专利组合过程。专利组合方式通常包括技术组合、时间组合、空间组合、申请类型组合和技术领域组合等。专利布局就是根据单位主体的技术、市场、竞争等需要而进行的有策略、有目的性的专利组合。

从广义上说专利布局是单位主体对其涉及的全部技术领域、覆盖的所有地域、过去以及未来的所有年限等进行的各种专利类型的总体布局行为，也就是说，广义的专利布局就是何时何地就何种领域申请多少何种类型的专利。从狭义上来说，专利布局就是单位主体就一个特定的技术主题的上述专利布局行为。

合理有效的专利布局可以实现单位主体整体专利价值倍增，提高主体的竞争力。具体来说，合理有效的专利布局能够正确引导研发方向，促进理性研发，提高研发成效；有利于理性专利申请，进行合理有效的成果保护，节省申请成本；有利于高效、合理的专利管理，组建专利保护网，形成高价值专利组合，更利于成果的转移与转化等。

从宏观的专利布局战略上来说，根据不同的目的和对象，可以从以下几个方面实施不同的专利布局战略，包括：基于技术功效分析布局、基于专利技术发展路线布局、基于自身的核心技术布局、基于他人布局、基于规避设计的专利布局以及专利布局的区域和时机选择、海外专利布局战略等方面。从微观的专利布局策略上来说，伴随着研究阶段的不同，其专利布局策略通常也是变化和发展的，一般来说，专利布局的模式大致存在以下几种：阻障式、雷区式、围墙式、包围式和组合式。

（1）阻障式布局。

阻障式布局根据阻障效果可以分为高压阻障式和一般阻障式，一般阻障式通常是指将实现某一技术效果的一种或几种特定的解决方案申请专利，形成的一种专利布局模式，高压阻障式通常是指将实现某一技术效果的必需的或近必需的一种或几种特定的解决方案申请专利，形成一种阻碍性高、几乎无法规避的专利布局模式。

（2）地雷区式布局。

高压阻障式专利布局的成本投入少，而且阻碍性高，预期效果好，但是，在一个技术领域中这种高压阻障式专利很难设置，如果没有很好的高压阻障式专利，通常也可以采用地雷区式的专利布局，该布局模式是尽可能地将某一特定技术主题中可能涉及的多个技术目的的所有可能解决方案都撰写申请，形成地雷区式的网状布局。

（3）围墙式布局。

围墙式布局是为了弥补一般阻障式专利布局所存在的缺陷而使用的布局策略，其是将特定技术主题下，涉及某个技术效果的所有可能的解决方案都进行申请，包括领域内其他创新主体可能会想到的所有规避技术方案，从而形成系列式专利申请，犹如一道围墙，让他人无处突破，无法绕开，从而达到阻碍其技术发展的目的。

（4）包围式布局。

包围式布局根据包围的核心专利的归属不同，又可以分为两种，一种是进攻型包围，一种是防御性包围。

进攻型包围是指某一技术主题的某一技术方向的核心专利被他人所掌握，将包围该核心专利的尽可能全部的改进型解决方案（尽量包括所有适合商业化使用的改进型解决方案）进行专利申请，形成进攻型包围式专利布局。虽然上述在核心基础上的改进型专利或小专利本身的价值或许不高，但是其组合联手却可以阻碍他人重要核心专利的有效商业应用，很可能使得这些重要核心专利的价值大打折扣甚至毫无用处，当使用他人的重要专利时，这些包围式专利也可以成为相互许可谈判的重要筹码。

防御型包围是指某一技术主题的某一技术方向的核心专利被自己所掌握，将包围该核心专利的尽可能全部的改进型解决方案（尽量包括所有适合商业化使用的改进型解决方案）进行专利申请，形成防御型包围式专利布局。这也是防止他人使用进攻型包围布局的一种有效手段，而且，通过这种布局方式，将领域内其他创新主体几乎所有的改进方案都进行了围堵，让他人毫无入手之处，阻碍其外围技术开发，使得自己的研发成果，能够更好地发挥预期效果。

（5）组合式布局。

组合式布局是根据自身情况，将两种或几种专利布局模式综合使用，并形成专利布局网的方式。

在进行专利布局时，专利布局模式的选择需要考虑专利布局的深度和广度，就深度而言，特定技术领域核心专利及其相关的配套、应用以及衍生专利共同形成坚实的专利保护网架，则可建立技术垄断的地位，这通常需要长时间的积累才能达到；就广度而言，核心专利的相关外围专利构成了专利保护网的经脉，从而使得专利保护范围更加完整，但是可能涉及的技术范围更广，从而专利投资成本就更大。

根据各课题项目的实际情况，应灵活采用上述专利布局策略，并形成专利布局规划表（表 4.8）。

表 4.8　XX 题项目专利布局示例表

XX 课题项目专利布局表				
技术方案描述	专利布局方向	专利布局目的	是否核心专利	是否应用
……	1）外观：外观设计 2）结构：工具、设备等结构 3）方法：控制方法、测试方法、监测方法、管控方法、分析方法、检测方法、评估方法、模拟方法、预警方法、工艺方法 4）系统：嵌入式系统类 5）软件：软件算法、应用程序 6）材料：材料本身、材料的制备方法、材料的净化方法 7）电路：电子电路 ……	1）基于技术功效分析布局 2）基于专利技术发展路线布局 3）基于自身的核心技术布局 4）围绕竞争对手布局 5）基于规避设计的专利布局 6）海外专利布局战略 ……		

同时，为了保障上述专利布局策略的落地实施，课题组成员还应根据完成后的表 4.7 所示内容填写专利申请策略表（表 4.9），以便专利代理机构能够知悉各专利提案的布局目的和撰写要求，确保拟要布局专利的质量。

表 4.9　专利申请策略示例表

专利申请策略表	
课题项目名称	
专利技术主题	
背景技术	
本发明技术内容	
解决的技术问题和达到的技术效果	
经过检索的现有技术情况	
与现有技术的主要区别点	
建议申请类型	
技术交底书应当重点阐述的区别内容	
本专利主要保护的核心点及必要技术特征	
专利布局/专利申请目的	
专利申请方向	
权利要求撰写需要注意的地方	
权利要求布局层次要求说明	
其他重要情况说明	

4.3.3　技术交底书撰写

在专利申请阶段，专利申请文件的撰写基础是发明人提供的技术交底书，技术交底书的内容和质量对专利代理人撰写申请文件有直接影响，而专利申请文件的质量，直接影响到专利法对发明创造的保护，因此写好技术交底书格外重要。

下面详细介绍技术交底书构成及撰写要求。

（1）发明/实用新型名称（字数：一般在 25 以内）。

名称应清楚、简明，采用本技术领域通用的技术名词，以清楚地反映和体现发明的主题以及发明的类型。不要使用杜撰的非技术名词，不得使用人名、地名、商标、型号或者商品名称，也不得使用商业性宣传用语。该名称一经确定，各项文件及以后的文件均要一致。

（2）所属技术领域（字数：100 以内）。

指该发明创造直接所属或直接应用的技术领域。为便于分类、检查，要简要说明所属技术领域，如“本发明涉及一种阀装置，特别是涉及一种×××式水龙头。”

（3）背景技术（字数：500 以上）。

又称现有技术，其应该是与发明人所做发明创造最接近的技术。从技术实施的角度对现有技术作简要说明。如，针对某一主题，具体说明现有技术是如何实现的，包括哪些结构、步骤等等，可以配合附图进行说明。这里原则上只需简单说明即可，而与本发明相关的概念、内容可稍作详细介绍。

针对发明人所申请发明创造的领域，对申请日前的现有技术进行描述和评价，说明其优点并实事求是地指出其存在的主要问题及不足之处，并且这些不足在本发明中能够得以解决。例如：发明人觉得凳子坐上去不舒服，就发明了靠背椅，这时凳子就是背景技术（现有技术），要注意现有技术有其客观标准，叙述时要有针对性，必要时可借助附图。

需要提起注意的是，在指出现有技术中的问题（即不足之处）时，对不足之处既不要缩小，也不要扩大。具体内容可包括：如果是产品应包括形状及各部分之间的关系，如果是方法应包括各步工艺过程条件及各步之间的关系等。一般要以文献检索为依据，切忌主观臆断，最好提供介绍该现有技术的文献复印件（参考文献）。

（4）现有技术的缺陷（字数：200以上）。

这部分内容一定是针对前述现有技术方案的实现过程而言的，不是断言现有技术如何不好，更不是猜测现有技术或许会有什么样的缺陷，而是根据现有技术的实现过程，有针对性地说明由于哪些技术步骤，或结构特征的存在，不可避免地会导致哪些问题。如，现存在一种方案X，其通过A、B、C、D四个步骤来实现。而正是由于该方案X采用了B、C这种实现方式，导致存在什么样的问题。

另外，还有一种可能的情况是，现有技术中根本不能实现某方案，而本发明提供了一种之前根本不存在的实现方案，以解决人们的需求。这种情况下申请人只需对大的技术背景做简单介绍即可，如蒸汽机、灯泡等开创性的发明，但这种情况较少。

（5）发明目的或要解决的技术问题（字数：200以上）。

指本发明创造的技术方案要解决现有技术中存在的哪些问题。结合现有技术方案的缺陷，阐述本发明的目的，只要简单列举即可，可以尽可能多地列出，以供专利代理人参考。在分析现有技术不足之处的基础上，指出本发明的目的，或者说正是为了克服以上不足，才提出本发明创造的构思。

具体要求如下。

①应采用正面语句直接、清楚、客观地写明目的，明确说明要解决的问题。

②应具体体现出要解决的技术问题，避免直接采用“节省能源”“提高质量”等笼统的提法。

③不得采用广告性宣传用语。

（6）技术方案（字数：800以上）。

详细、具体地描述本发明的实现方式，要结合一个或多个具体实现过程描述，并清楚说明在所有实现过程中，哪些结构或步骤是必不可少的，哪些结构或步骤是可选的。也就是说，可以给出最优选的实现方式，还可以给出非优选的多种可能的实现方式。发明人应尽可能将所想到的各种实现情况全部写明，当然，如果多个具体实现过程的大部分内容是相同的，只有很少的区别，只需说明区别即可，相同的部分可以略写。

比如，一种方案X，通过步骤A、b1、b2、c1、D、E实现；在此基础上，在步骤D、E之间还可以包括步骤F；上述的步骤c1和D可以不存在；上述步骤b1、b2可以用步骤b3、b4来代替等等。

总之，发明人可以使用自己喜好的任何方式进行描述，无论哪种表述方式，只要能够将本发明技术方案的具体实现过程说明清楚，不产生歧义即可。

通常，对一个方案的具体实现过程而言，既会有现有技术部分，也会有本发明改进的部分。比如上面的例子中，步骤 A、D 就是与现有实现方案完全相同的步骤，而步骤 b1、b2、c1、E 以及有可能增加的步骤 F，就是本发明所改进和增加的部分。对于现有技术部分可以略写，如只简单写出步骤的名称，但略写并不等于完全不写，其原则是一定要保证本发明实现过程的清楚与完整；对于发明改进部分（步骤 b1、b2、c1、E 以及有可能增加的步骤 F）一定要详细说明。

此外，有些发明人倾向于将自有技术作为技术秘密进行保护，将其认为比较关键的地方全部隐含不说或省略简写（仅大概的提一下思路，没有任何的具体实现过程）。虽然保留技术秘密是被允许的，但保留的前提是本发明的技术方案在隐含或省略简写后，仍是完整且可实现的。如果在隐含或省略简写关键技术内容后，本发明所描述的技术内容不再具有可实施性，那么很可能最终无法获得专利权，因此在撰写此部分内容时，应根据具体情况对关键技术进行适度地隐藏。

在大部分发明人都无法确定可作为技术秘密保留的部分的情况下，建议发明人与专利代理人直接交流，由于专利代理人对其所获知的技术保密是该职业最基本的执业道德之一，发明人在描述自身技术时应尽量不对代理人隐瞒，这样撰写出的专利会更好地保障发明人的权益。

在方案比较复杂，发明点较多时，还应将发明点按重要顺序单独排序列出。

（7）有益效果（字数：200 以上）。

结合本发明实现内容的改进点，说明其带来的有益效果。有益效果应与发明目的及发明的内容相呼应，叙述本发明所能达到的效果，最好有具体数据支撑，切忌过度夸大有益效果或加入本发明未能达到的效果。有益效果可以是多方面的，在保证如实描述的基础上，建议写入更多的有益效果。

（8）附图说明。

附图是为了更直观地表述发明创造的内容，可采取多种绘图方式，如示意图、方块图、各向视图、局部剖视图、流程图等，以充分体现发明点。在各附图中需要将本发明创造的结构特征描述清楚，并将主要部件用阿拉伯数字 1、2、3……进行统一编号，必要时需要提供有关现有技术的附图。一般附图中不要出现文字、尺寸等信息，有多幅附图时需要在每幅附图下方标明图 1、图 2 等图例。

附图说明指用文字标明各图名称及各标记名称，需要注意的是不要包含说明书中没有提到的附图或者标记。

（9）具体实施方式（字数：800 以上）。

结合附图对本发明或实用新型的具体实施方式做进一步详细的说明。不可理解为说明书内容的简单重复。其目的是使权利要求的每个技术特征具体化，从而使发明创造的实施具体化，使发明创造的可实施性得到充分的支持。

一般来说，这一部分至少应具体描述一个最佳实施方式，这种描述的具体化程度应当达到使本专业普通技术人员按照所描述的内容能够重现该发明创造。在描述具体实施方式时，并不要求对已知技术特征作详细展开说明，但区别于现有技术的必要技术特征、各附加技术特征以及各技术特征之间的关系及其功能和作用必须详细说明。

（10）本发明创造拟保护的创新点（字数：300 以上）。

写明本技术方案中应予以保护的技术点，这部分是撰写专利申请文件的权利要求书的关键，也就是确定本发明创造的保护范围。

（11）本发明创造的摘要（字数：300 以内）。

简单介绍发明的目的、构成及效果。

（12）申请人和发明人/设计人。

对发明创造的实质性特点作出贡献的人是发明人，发明人应当是个人，不应当是单位或者集体。对于职务发明，申请专利的权利属于该单位，该单位即为申请人；对于非职务发明，申请专利的权利属于发明人，该发明人为申请人。申请被批准后，申请人变为专利权人。

【示例】专利技术交底书填写模板及案例

课题组成员应该确定拟布局专利后，按照如下的《专利技术交底书（模板）》进行填写，以提升发明人撰写效率与质量，具体模板及填写案例见表 4. 10。

表 4. 10　专利技术交底书模板示例表

发明创造名称	发明创造名称：应清楚、简明，采用本技术领域通用的技术名词。 例：一种空调蒸发器
背景技术	背景技术： 1. 与本发明最像的技术方案有哪些？有相关专利文献（或科技文献）的，请给出专利号（或文献编号） 2. 原来的这些技术方案存在什么不足？ 例： 专利号为 200510015684. 3 的专利公开了一种可变容量型多缸多级压缩机，但是这种压缩机是依靠多管路和阀门来实现多级压缩，导致工艺复杂，且成本较高。
解决的技术问题及有益效果	解决的技术问题： 需正面直接、清楚、客观地写明本发明的目的，明确指出要解决的问题； 例： 本发明解决如下技术问题 1. 蒸发器流动阻力大 2. 蒸发器传热效果不佳 有益效果： 本发明创造达到的技术效果，最好通过理论分析进行论证或列出实验数据予以说明。 由于什么技术特征，产生了什么技术效果，要有推导的过程。 例： 由于采用了本发明的流线型的内管凸起结构，减少了流动阻力，本发明相对于传统蒸发器阻力降低 30%，换热效果提升 50%。
发明点	发明点：写明本发明创造中做出改进的技术点，这部分是决定发明创造是否可以获得授权的关键。如果本发明创造要保护的技术点较多，根据重要程度一一列举。 关键词或者自创词汇解释： 例如： 本发明创造的发明点在于：通过齿轮齿条驱动小凸轮实现空调面板的打开与闭合 关键词：齿轮齿条、齿杆 自创词汇：小凸轮（见附图中的 2，起到传动、顶开面板的作用）

续表 4.10

附图	附图： 为方便理解及说明解释本申请的技术方案，附图的提供非常重要。 (1) 请提供背景技术的附图，如相关专利的附图、改进前后的对比附图等。 (2) 应该对附图中的各零部件进行标号，该标号可以为汉字标注或者数字标注。如改进点在于参数，请标出改善参数前后的对比。 (3) 对于产品类专利而言，提供的附图最好为04版CAD格式三维线条图、爆炸图、剖视图、仿真图。 (4) 对于控制系统、方法类专利而言，要有工作的流程图（可编辑格式即可）。 附图说明： 对附图进行简单地描述，对各个标号进行注解。 例： 图1：本发明空调器的爆炸图 其中，1为导风板、2为扫风叶片、3为导风板电机。 图2：本发明空调器的蒸发器主视图 图3：本发明空调器的系统图
最优实施方式（500字以上）	具体实施方式：应围绕本发明创造的发明点，尽可能详细地描述技术方案，并且是结合附图将技术手段、解决的技术问题等描述清楚，越详细越好； 所有附图都应该有详细的文字描述，以别人不看附图即可明白技术方案为准，同时附图中的关键词或方框图中的注释都尽量用中文；方法专利应具体阐述每个步骤。 填写要求： 1. 专利必须是完整的技术方案，应该阐述发明目的，即通过什么技术方案来实现的（同时应当尽量多地提供拓展或者衍生方案）； 2. 机械和电学的必须结合机械结构图、机械原理图、电路图、时序图等附图进行说明； 3. 采用从上到下逐层说明的方法。首先说明整个装置的功能，再说明该装置由哪些部分组成，要求这些组成部分能够完整的组成该装置，要给出部件名称，并交代清楚各个组成部分之间的连接关系；进一步的，对每个组成部分，说明其功能，再说明其组成零件；同样要求这些零件能够完整地构成该组成部分，并且介绍清楚各个组成部分相互之间的关系； 4. 方法专利中写明具体每一步的步骤，使用的仪器，原材料等，交代每一步的作用是什么。
替代实施例	1. 列出上述最优实施例中可以替代的技术特征。 2. 替代相关特征后，说明对效果产生的影响。 3. 可以列出最差（最基本）的实施方案。

4.3.4 专利技术方案查新检索

所谓的查新检索，就是指从发明创造的技术创新点出发，找出有可能破坏发明创造新颖性和/或创造性的对比文件，就新创性缺陷提出二次挖掘建议，以提升专利申请质量，提高授权率。

查新检索相对于其他类型的检索最大的区别在于，需要竭尽全力在全球范围内找到与技术创新点最接近的现有技术，各国专利文献的语言以及同一事物不同表达等为查新检索的阻碍。另外，对于查新结果，需要人工深入阅读，以逐一判断是否为最接近的现有技术。

上述操作流程可参考 4.2 进行实操，新创性判断则可参考 2.4.3 进行实操。针对每一个专利查新检索，在条件允许下，应输出专利查新检索报告，具体格式见表 4.11。

表 4.11　专利查新报告示例表

课题名称：XX 项目	检索用途：专利查新

检索内容：

本项目的主要核心发明点，解决的技术问题和取得的技术效果详细描述。

检索思路表：

基本检索要素						
关键词						
分类号	IPC					
	其他					

序号	数据库	检索式	数量	专利号

一、检索结果：

根据提供的检索内容，进行了相关技术的检索，在检索过程中，查到以下的相关专利：

序号	专利申请号	专利名称	公开/告日	申请/专利权人	法律状态	附件
1	××××××	××××××	××××	××××××	××××	
2	××××××	××××××	××××	××××××	××××	

二、检索结论

1. 检索结果论述

拟申请的技术方案为……，解决的技术问题为……，达到技术效果为……。经过检索，查询到专利名称为……的对比文件 1：

其具体公开的技术方案为……一种 ×× 装置…技术特征 A（相当于拟申请方案中的技术特征 A1），技术特征 B（相当于拟申请方案中的技术特征 B1）。（具体见专利文件第几页第几行、附件）。

对比文件如有附图的，需要附上最能表现技术方案的附图，并进行附图标记。

2. 专利性判定

经过对比，认为拟申请专利的技术方案与对比文件 1 相比，其区别技术特征在于：

续表 4.11

课题名称：XX 项目	检索用途：专利查新

1）……B1 技术特征，……

n）……Bn 技术特征。

基于区别技术特征 1，拟申请方案实际解决的技术问题为…问题 1；

……

基于区别技术特征 n，拟申请方案实际解决的技术问题为…问题 n。

上述区别技术特征可能出现以下几种情况，现针对每一种可能出现的情况分别进行阐述：

（1）上述区别技术特征属于公知技术（常识）

因为……（说明该区别技术特征是公知常识的说理过程），所以对本领域技术人员来说为了解决…（问题 1）…的技术问题，采取区别技术特征 1 是很容易想到的技术手段，不需要付出创造性的劳动。

（2）上述区别技术特征在其他对比文件（或对比文件 1 其他部分）中公开

区别技术特征 1 在对比文件 2 中已经公开，具体见对比文件 2 专利文件第 X 至 X 页，且上述区别技术特征在对比文件 2 中所起的作用与该区别特征在拟申请专利技术方案中所起到的作用相同，都是……作用。因此，对比文件 2 给出了将该技术特征用于对比文件 1 的技术方案以解决其技术问题的启示。

在对比文件 1 的基础上结合对比文件 2 和本领域公知常识以获得该拟申请技术方案，对于本领域的技术人员来说是显而易见的，因此拟申请专利技术方案不具有实质性特点和进步，不具备专利法第二十二条第三款规定的创造性，不建议申请专利。

三、风险专利说明

拟申请方案运用在产品上是否有侵权风险，相关需要待确认是否侵权的风险专利信息如下表：

序号	专利申请号	专利名称	申请人	申请日期	附件

四、专利申请建议

此处将主要给出申请专利的相关建议，即对此技术方案怎样改进或进一步添加什么技术特征才能满足专利法第 22 条规定的新颖性、创造性及专利法中的其他条款。

4.3.5 专利申请文件质量审核

专利申请文件质量审核是专利质量最为关键的一个环节，在此环节中，将从形式内容和实质内容两个层面出发，对专利申请文件的摘要、权利要求、说明书、附图等各个部分进行质量审核，审核标准将严格按照专利申请文件质量审核示例表（表 4.12）进行，以保证专利申请的文本质量，待申请提交后，还应跟踪后续专利审查过程，保证合理的授权保护范围。

表4.12　专利申请文件质量审核示例表

审核内容	对象	评分具体内容（扣分项）	扣分
形式内容	摘要	超过300字	2
		标号未括在括号中	2
		非说明书附图中的一幅图	2
	权利要求书	技术特征的标号未出现在附图标记中或者位置括号中	4
		同一组成部分术语不统一、标号不统一	4
		未使用阿拉伯数字连续编号	4
		含有“等”“基本上”技术概念模糊的不确定用语	4
		从属权利要求的主题名称与被引用的权利要求的主题名称不一致	4
		未以句号（或多个句号）结尾	4
	说明书	未择一、多引多、技术特征无引用基础	3
		发明名称超25个汉字	2
		同一组成部分术语不统一或者标号不统一	3
		含有说明书附图中所没有的附图标记	2
	附图	含有“如权利要求……所述的……”用语	2
		未使用阿拉伯数字连续编号、多幅附图而只编写了一个图号	3
		含有文字注释（流程图及表格除外）	3
		含有说明书中未提及的附图标记	3
实质内容	权利要求书	技术方案理解存在错误、遗漏了发明点	4
		独立权利要求的范围不合适、布局不合理	3
		独立权利要求缺乏必要技术特征	3
		从属权利要求保护范围不具有梯度性	3
		权利要求的保护类型遗漏	3
		权利要求的保护范围不清楚	3
		权利要求的主题与技术方案不对应	3
		说明书内容不能支持权利要求保护的范围	3
		权利要求表述不清，造成方案已经存在歧义或者不清楚	3
	说明书	“技术领域”的部分不是所属或直接应用的具体技术领域	3
		“背景技术”部分没有清楚地记载现有技术中存在的问题和缺陷	3
		发明内容部分没有对应地记载技术问题，技术方案和技术效果	3
		结构、组成产品各部分、各流程之间的相互关系没有描述清楚	3
		未对附图进行充分描述	3
		附图编号缺乏逻辑性	3
	附图	缺少必要的附图（如侧面图、剖面图、局部图等）	3

4.3.6　专利申请流程简介

4.3.6.1　非国防专利申请

依据我国专利法相关规定，一个专利从申请到授权需要经过的程序分为两种。其一为发明专利授权程序，具体包括申请、受理（申请号、申请日）、初步审查、公布、实质审查和授权发证（公告，专利有效期20年）六个阶段；其二为实用新型和外观设计专利授权程序，具体包括申请、受理（申请号、申请日）、初步审查和授权发证（公告，专利有效期10年）四个阶段。与发明专利相比，实用新型或外观设计专利申请程序中没有公布与实质审查两个程序，而是经过初审合格后可直接授权，具体流程与步骤如图4.7所示。

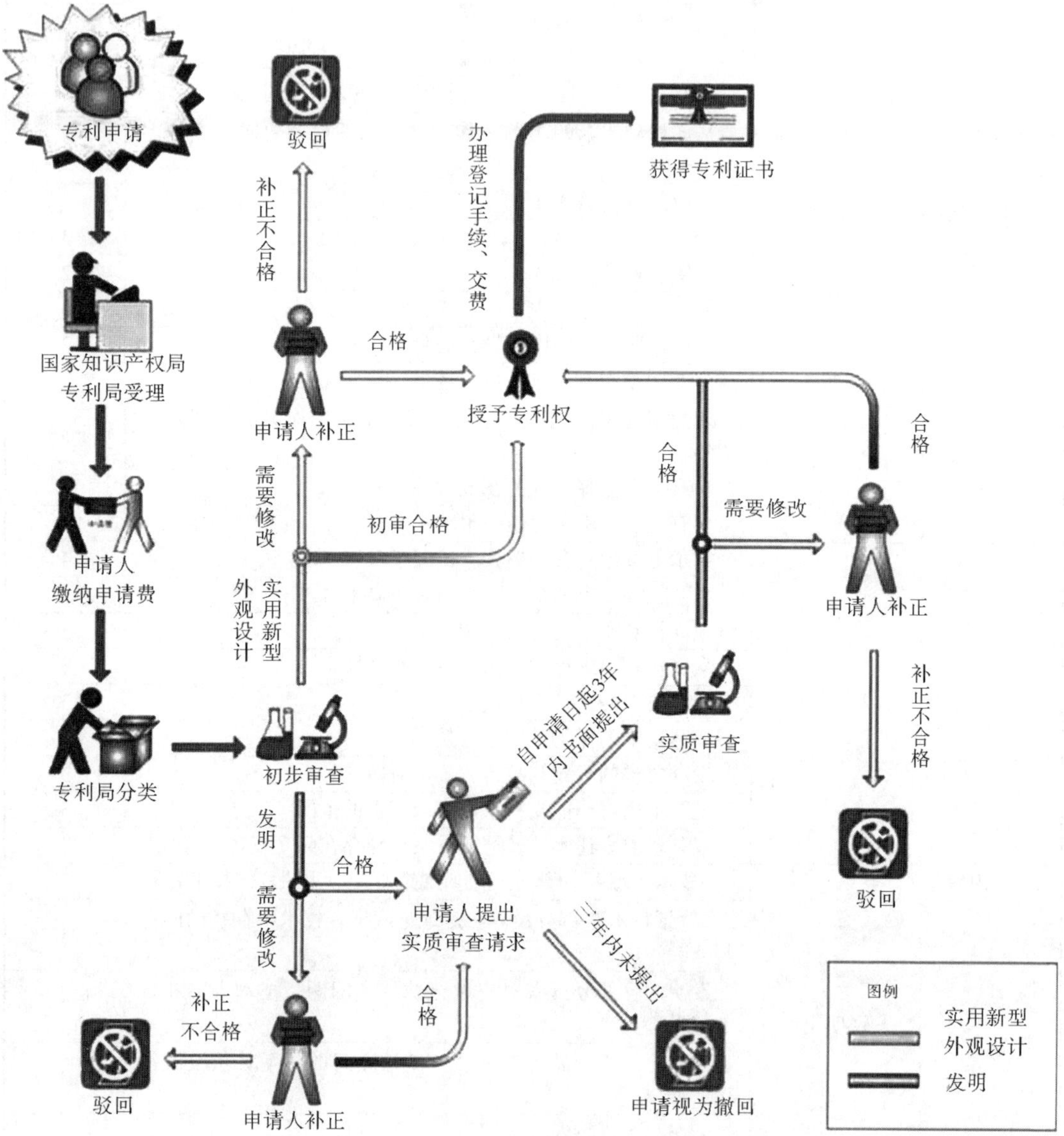

图4.7　一般专利申请流程示意图

各阶段具体情况为：

(1) 申请。

在此阶段，发明和实用新型专利申请应当提交的文件有请求书、权利要求书、说明书、说明书附图、说明书摘要以及其他文件。外观设计专利申请应当提交的文件有请求书、图片或照片、简要说明等相关文件。

（2）受理。

国家知识产权局专利局收到专利申请文件后，发出受理通知书，确定专利申请日，给予专利申请号。对于缺少必要申请文件或者其他违反法律要求的情形的，不予受理。

（3）初步审查。

专利局收到申请文件后，首先对申请文件、费用缴纳等情况作形式审查。初审不合格的，申请人要根据通知进行补正或陈述意见，如仍然不符合要求的，予以驳回。实用新型或外观设计专利申请经初审合格，发现没有驳回理由的，直接进入授权程序予以授权。

（4）公布（发明专利申请特有）。

发明专利申请经初审合格的，进入此阶段。专利局经初步审查认为符合专利法要求的，自申请日起满十八个月，即行公布在《发明专利公报》上。专利局也可以根据申请人的请求早日公布其申请。

（5）实质审查（发明专利申请特有）。

自申请日起三年内，专利局可以根据申请人随时提出的请求，对其申请进行实质审查。如果申请人在此期间没有提出请求，该申请即被视为撤回。但由于不可抗力或其他正当理由没有及时提出请求的，可以出具证明，再提出请求。专利局认为必要的时候，也可以自行对发明专利申请进行实质审查。

（6）授权。

发明专利申请经过实审后，实用新型和外观设计专利在经过初审后，没有发现驳回理由的，将授予专利权，颁发专利证书。对授权及颁发专利证书的专利，在《发明专利公报》上予以公告和登记，专利权自公告之日起生效。

各流程具体工作、时段如下。

（1）实用新型专利和发明专利申请。

实用新型专利和发明专利都需要撰写好请求书、权利要求书、说明书等专利申请文件一同向专利局提交，其中发明专利申请过程最复杂。专利法规定发明专利是在申请的说明书公开后才进行实质审查，提交提前公开声明是为了尽快进入实质审查，以缩短专利申请的周期。所以如需缩短申请周期，发明专利申请时最好同时提交《请求提前公开声明》和《实质审查请求书》两份文件。

实用新型专利申请授权时间一般需 1 年左右。提交申请后，一个星期左右可以拿到《专利受理通知书》；六至八个月左右专利局发出《授予实用新型专利权通知书》及《办理登记手续通知书》；缴纳专利登记费及年费后，两个月左右颁发证书。实用新型专利申请如果在提出申请之日 1 个月后办理“加快审查申请”，顺利的话一般再过约 6 个月可获得授权。

发明专利申请授权时间一般需 3—5 年，法律上没有明确的审批期限限制。提交申请后，一个星期左右可以拿到《专利受理申请书》；进入初步审查阶段，审查合格后，如果按照提前公开声明公开所申请专利的说明书，即进入实质审查阶段；实审合格即发出《授予发明专利通知书》及《办理登记手续通知书》；及时缴纳费用后，两个月左右即颁发证书，这样发明专利申请流程一般需要三年左右。

（2）外观设计专利申请。

外观设计专利申请，需准备好产品六个面的外观视图，并填写《外观设计专利申请书》，连同外观设计简要说明，向国家知识产权局提交申请文件。提交申请后，一个星期左右可以拿到《专利受理通知书》；六个月左右知识产权局发出《授予外观设计专利权通知书》及《办理登记手续通知书》；缴纳专利登记费及年费后，两个月左右颁发证书。

以上三种专利如为个人申请（仅限于中国大陆的个人），可以同时提交一份《费用减缓申请书》，请求减缓申请费用及前三次年费。

4.3.6.2　国防专利申请

国防专利申请流程如图 4.8 所示。

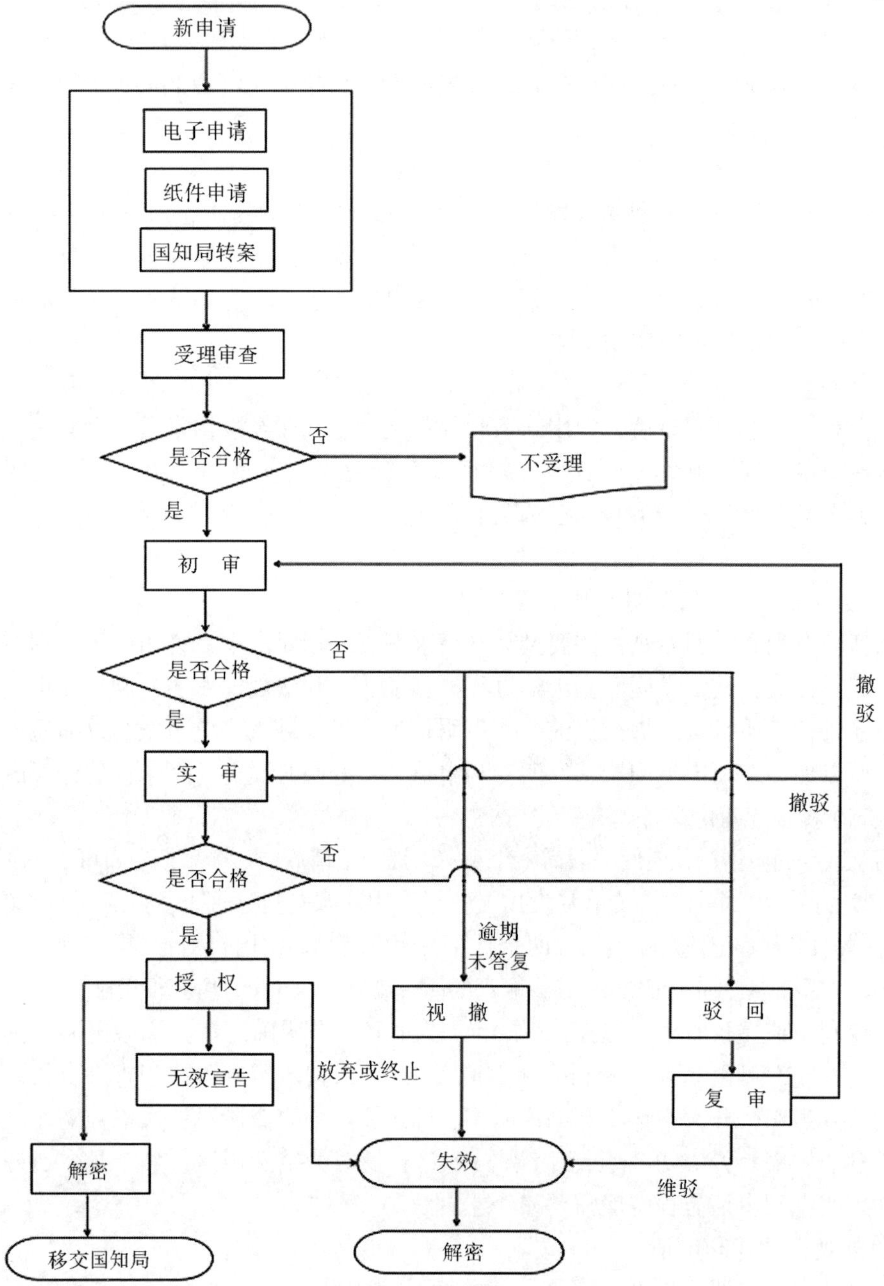

图 4.8　国防专利申请流程示意图

国防专利与一般专利在申请文件、提交形式以及通报形式上存在一些不同：

（1）申请文件。

国防专利申请文件应当包括国防专利请求书、说明书摘要、摘要附图（必要时）、权利要求书、说明书、说明书附图（必要时）和国防专利申请密级证明。

国防专利申请密级证明由申请人负责办理，办理时应提交有定密权限的有关机关或单位出具的密级证明，明确国防专利申请的密级、保密期限、保密原因和要点等内容。

国防专利申请人对国防专利机构驳回申请决定不服的，可以自收到通知之日起 3 个月内向国防专利复审委员会请求复审。任何单位或个人认为国防专利权的授予不符合本条例规定的，可以向国防专利复审委员会提出宣告该国防专利权无效的请求。

申请文件应当使用统一制定的表格，表格可以从国防知识产权信息平台和国家知识产权局网站下载。

（2）提交形式。

申请人应当以纸质文件形式或电子文件形式提交文件。申请人以纸质文件形式提交的，可以将文件面交或通过机要通信及其他保密方式寄交到国防专利审查中心受理处；申请人以电子文件形式提交的，应当事先办理电子申请用户注册手续，并通过国防专利电子申请系统（DPA）以光盘形式提交电子文件。

（3）通报形式。

《国防专利内部通报》是国防知识产权局依据《国防专利条例》发布的国家秘密文件。在保密范围内对国防专利的权利要求书、说明书摘要、摘要附图等技术内容进行通报，明确权利范围。同时通报国防专利权授予、终止、国防专利权（申请权）转让、解密、申请人名称和地址变更等事务信息。

《国防专利内部通报》分为纸质版、单机版和网络版三种形式。纸质版和单机版每月通过机要渠道发往军地订阅单位；网络版配发至军队有关大单位、中国科学院、各军工集团、中国工程物理研究院装备（知识产权）管理部门，可部署在服务器内部网络化应用。

另外，国防专利代理是国防知识产权服务体系的重要组成部分，是保障国防专利制度有效运转的重要支撑。国防专利工作开展以来，国防专利代理行业稳步发展，国防专利代理机构已初步形成一支素质较高的专业化代理队伍，国防专利代理服务能力不断提升，对国防科技和武器装备创新发展发挥了积极作用。

4.3.6.3　海外专利申请

随着经济全球化以及“一带一路”倡议深入实施，中国与世界各国之间的贸易往来更加密切，国际贸易合作迎来新的发展机遇，面临的知识产权风险也与日俱增。由于知识产权保护具有地域性特点，产品或技术进入不同国家和地区时，都需要在所进入的国家和地区进行专利申请、商标注册等，以便在该国家和地区获得知识产权保护，防范知识产权侵权风险。下面将针对海外专利申请的要点及流程步骤进行逐一介绍。

（1）前期准备。

①必须首先/同时在中国申请专利。

②委托有涉外代理权的代理机构代理。

(2) 海外专利申请途径。

①通过巴黎公约申请国外专利。

中国是巴黎公约组织成员国，对于中国申请人，在中国申请专利后，可以利用巴黎公约规定的可享受在先申请日的“优先权原则”，对于发明和实用新型申请在12个月内，对于外观设计在6个月内，直接向国外申请专利。在超过优先权期限之后，如果原申请尚未公开，仍可申请外国专利，但此时不再享有优先权。

选择此途径申请的优点在于审查程序简单、节约费用且可在相对短的时间内得知审查结果。缺点在于必须在国内首次申请日的12个月内完成申请准备工作并向各个国家提出申请，在材料及资金准备上较为紧张，同时，在进入各个国家时，都需要将专利翻译为该国官方使用语言，较为麻烦。如图4.9所示。

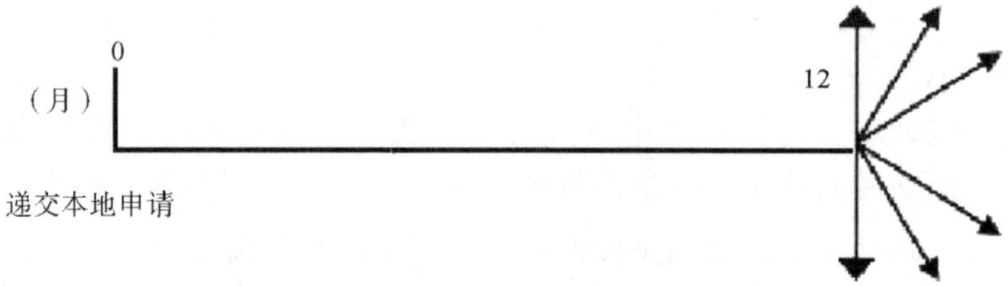

图4.9　巴黎公约途径申请时序示意图

②通过PCT途径申请国外专利。

PCT (Patent Cooperation Treaty) 专利合作条约是专利领域的一项国际合作条约，根据该条约的规定，PCT申请只需在一国递交申请，就能在100多个PCT成员国获得申请日，可以实现“一国申请，多国有效”。PCT申请主要分为国际阶段和国家阶段。如图4.10所示。

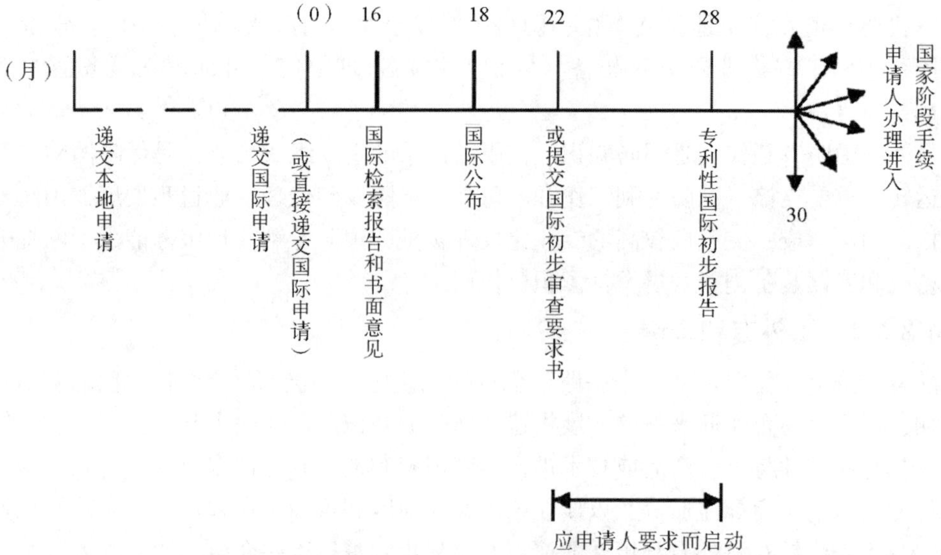

图4.10　PCT途径申请时序示意图

在国际申请阶段中，中国申请人以中文/英文提交申请（中国专利局可受理 PCT 申请），则所有被指定的 PCT 成员国承认该申请日。随后进入受理、检索、公布和初审程序，若想最终在某国获得专利权，则需进入该国进行审查，即进入国家阶段。国家阶段是指在国际申请日（或优先权日）起 30 个月内，办理进入国家阶段手续，由具体的国家局对专利申请进行审查和授权的阶段。需要注意的是，通过 PCT 途径申请的海外专利只能是发明或实用新型，外观设计不适用。

选择本途径申请的优点有四点，其一为申请人以一种语言（中文或英文）向中国专利局 PCT 受理处提交申请，即可获得在各指定国均有效的国际申请日，简化了提出申请的程序；其二为申请人可在相对较长的时间内（自国际申请日/优先权日起 30 个月）思考进入哪些具体国家，为申请人提供了较长的决策时间；其三为申请人可以在国际阶段通过已得到的国际检索报告或初步审查报告判断该申请在各国专利局被授权的前景，从而决定是否有必要进入国家阶段，从而减少了申请的盲目性，避免了经费的大量浪费；其四为在 PCT 申请程序中，国际阶段的足够时长使申请人有多次修改申请文件的机会，可最大程度地完善申请文件。而本途径申请的缺点在于申请程序较为复杂，包括国际阶段和国家阶段，延长了专利授权的时间。同时，由于国家阶段与上述巴黎公约途径的直接申请相似，PCT 途径申请相当于巴黎公约途径增加了一个国际阶段的过程，因此相对的增加了申请费用。

（3）申请材料。

①巴黎公约途径。

申请文件：说明书、权利要求书、说明书附图、摘要、摘要附图等；

专利申请指令函：写明申请类型、申请人中英文名称/姓名、发明人中英文姓名、地址及邮编、申请国家、联系人等；

符合有关国家法律规定的委托书，在不少国家，委托书需要经公证或认证；

如果要求优先权，还需提供在先申请的优先权证明文件，该文件由受理该专利申请的国家专利局作出；

涉及新生物材料的发明申请，还需提供有关保藏单位出具的生物材料保藏证明和存活证明。② PCT 途径国际阶段。

申请文件：说明书、权利要求书、说明书附图、摘要、摘要附图；

专利申请指令函：写明申请类型、申请人中英文名称/姓名、发明人中英文姓名、地址及邮编、申请国家、联系人等；

委托书：由全体申请人签字或盖章（申请人是自然人的，需本人签字；申请人是企业或法人单位的，需加盖公章）；

如果要求优先权，需提供在先申请专利信息，包括申请号、申请日、申请人等。

③PCT 途径国家阶段。

提交的原始申请文件及 PCT 申请书或已公布的 PCT 申请小册子；

国际检索报告及国际初审报告复印件（如有）；

按专利合作条约第 19 条提出的修改过的权利要求（如有）；

国际初审报告，按专利合作条约第 34 条修改的申请文件（如有）；

申请人委托书。

（4）专利审查高速公路（PPH）。

PPH 是专利审查机构之间开展的审查结果共享的业务合作，旨在帮助申请人的海外申请早日获得专利权。具体是指当申请人在首次申请受理局（OFF）提交的专利申请中所包含的至少一项或多项权利要求被确定为可授权时，便可以此为基础向后续申请受理局（OSF）提出加快审查请求。当申请人在海外的专利申请希望得到加快审查时，便可考虑使用 PPH。

PPH 具有加快审批、节省费用和授权率高的三大优势，截至目前，中国已与日本、美国、德国、韩国、俄罗斯、英国及欧洲专利局、欧亚专利局、非洲地区知识产权组织等共计 28 个国家或地区的专利审查机构签署了 PPH 试点合作协议。自 2011 年 11 月 1 日国家知识产权局首个试点项目启动以来，PPH 已成为助力中国申请人海外发明专利申请快速获权的重要途径。

4.4 商标保护

4.4.1 国内注册

4.4.1.1 商标注册流程

商标注册是一种商标法律程序。由商标注册申请人提出申请，经商标局审查后予以初步审定公告，无人提出异议或提出异议经裁定不成立的，该商标即注册生效，受法律保护，商标注册人享有该商标的专用权。一个商标从申请到核准注册，大约需 1 ~ 1.5 年时间。商标注册申请的核准或驳回没有法定期限，商标局审定公告该商标，再下发商标注册证，该商标至此获得核准。商标审查的时间段随时会根据商标局内部审查速度的快慢而有所变化。注册商标的有效期限为十年，自核准注册之日起计算，注册商标有效期满，需要继续使用的，可以申请商标续展注册。如图 4.11 所示。

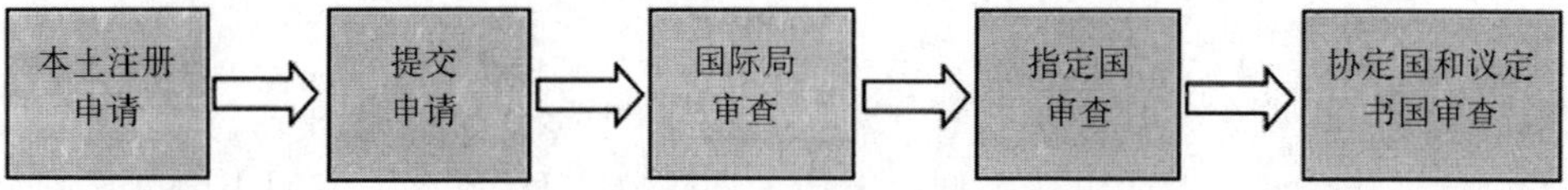

图 4.11　商标注册申请流程图

1. 查询

商标查询是指商标注册申请人或其代理人在提出注册申请前，对其申请的商标是否与在先权利商标有相同或近似的查询工作。查询不是商标申请注册的必经程序，查询的范围以查询之日起已进入商标局数据库的注册商标和申请中商标为限，并且不含处于评审状态的在先权力信息，结果不具法律效力，仅仅作为参考，并不是商标局核准或驳回该申请的依据。以下几种情况在此说明。

（1）本身缺乏显著性或属于商标法律禁注禁用的词语不能通过查询来判断其申请注册是否能被核准。

（2）如有在先申请的相同或近似商标在查询时还未进入商标局数据库，因两者时间相近会使查询结果无法反映。

（3）如查询报告提供了几个可能构成近似的商标，代理人只是通过一般审查标准和经验来做出分析，其意见仅供参考，并不能代表商标局的审查意见。

（4）对于组合商标，如仅查询了商标的一部分（如中文或英文），而实际申请商标中的其它部分（如图形）与他人的注册商标相同或近似也会导致商标整体被驳回。

（5）委托人在查询时仅提供了商标的名称，但实际申请时所提供的商标设计稿中由于字体、色彩、结构或排列的差异，也会导致查询结果不能完全反映相同或近似的程度。

2. 审查

商标审查分形式审查和实质审查。

（1）形式审查，在商标的形式审查阶段，确立申请日十分重要，由于我国商标注册采用申请在先原则，申请日的先后是确定商标权的重要法律依据，商标注册的申请日以商标局收到申请文件的日期为准。商标局收到商标申请书后，对符合形式要求的申请书发放受理通知书。

（2）实质审查，商标的实质审查是商标注册主管机关对商标注册申请是否合乎商标法的规定所进行的检查、资料检索、分析对比、调查研究、初步审定或驳回申请等一系列活动。在此期间，在该商标未获准注册以前，不允许标注注册标记（如：“注册商标”、“®”等），可以标记“TM”。另外，在未核准注册以前，带有该商标的商品及包装物，或商标标识不宜一次制作过多，以防因注册受阻而造成不必要的损失。

3. 公告

商标的审定是指商标注册申请经审查后，对符合《商标法》有关规定的，允许其注册的决定，并在商标公告中予以公告。初步审定的商标自刊登初步审定公告之日起三个月没有人提出异议的，该商标予以注册。

4. 特别程序

在商标注册过程中发生矛盾、冲突或其他原因时采用的补救程序，并不是必经的程序，主要包括：商标驳回复审、商标异议复审、商标争议等三个程序。

4.4.1.2　商标注册资料

（1）以公司名义申请的需提供营业执照副本复印件，以个人名义申请的需提供个体户工商营业执照复印件与身份证复印件。

（2）商标图样 6 张。指定颜色的彩色商标，应交着色图样 5 张，黑白墨稿 1 张。提供的商标图样必须清晰，便于粘贴，用光洁耐用纸张或用照片代替，长和宽不大于 10 厘米，不小于 5 厘米（约为名片大小相仿）。商标图样方向不清的，应用箭头标明上下方。申请卷烟、雪茄烟商标，图样可以与实际使用的同样大。

（3）商标注册申请书。

（4）代理委托书（委托代理机构进行注册的话）。

（5）确定商品或服务类别及具体的商品或服务项目。

4.4.1.3 商标注册时间

商标查询（2天内）→申请文件准备（3天内）→提交申请（2天内）→缴纳商标注册费用→商标形式审查（1个月）→下发商标受理通知书→商标实质审查（12个月）→商标公告（3个月）→颁发商标证书

4.4.1.4 商标注册证明

1. 简要说明

商标注册证明是为了方便商标注册人使用而出具的书面证明，与《商标注册证》具有同等的法律效力。提供商标注册证明申请的申请人必须是注册商标的所有人。

2. 办理途径

申请商标注册证明有两个途径。

（1）委托国家认可的商标代理机构办理。

（2）申请人直接到商标局的商标注册大厅来办理。

3. 办理步骤

（1）委托商标代理机构办理的，申请人可以自愿选择任何一家国家认可的商标代理机构办理。所有在商标局备案的商标代理机构都公布在“代理机构”一栏中。

（2）申请人直接到商标局的商标注册大厅来办理的，申请人可以按照以下步骤办理：准备申请书件→在商标注册大厅受理窗口提交申请书件→在打码窗口打收文条形码→在交费窗口缴纳申请规费

4. 申请书件的准备

办理提供商标注册证明申请的，应提交以下书件。

（1）每申请提供1件注册商标的注册证明，提交提供商标注册证明申请书1份。

（2）直接到商标注册大厅办理的，提交申请人营业执照复印件并加盖单位公章，商标注册证复印件、经办人的身份证复印件；委托商标代理机构办理的，提交商标代理委托书。

注意事项：国际注册证明申请应在国际注册号码前加“G”并标明申请出具的类别。

5. 规费的缴纳

每件提供商标注册证明申请的规费为1000元。

委托商标代理机构办理的，申请人应向商标代理机构缴纳商标注册证明规费和代理费，商标局收取的商标注册证明规费从该商标代理机构的预付款中扣除。

6. 商标注册证明的领取

提供商标注册证明申请书件齐备、符合规定的，商标局一般在三个月内核发商标注册证明，并邮寄给申请人。

如果是委托商标代理机构办理的，商标局则将商标注册证明邮寄给该商标代理机构。

4.4.2 国外注册

涉外商标注册的必要性和好处：

（1）商标权利是有地域性限制的，即：在一个国家/地区获准的商标权，仅在该国/该

地区有效。

（2）避免长期使用的商标被他人在境外抢先注册（包括竞争对手、海外经销商或其他利害关系人所抢注），不得不以高昂代价与之合作或被迫重新打造新品牌。

（3）避免在境外无意或被动侵犯他人商标权利，导致支付巨额赔偿费。

（4）大部分国家/地区商标注册的周期较长，提前进行涉外商标注册有利于出口保护和市场战略的实施，以避免产生产品急需出口，但却无国际注册商标可用的尴尬局面。

（5）树立品牌形象，提升企业品牌价值，塑造国际品牌。

另外国际商标注册费用分为两部分，一是国外/地区官费及律师代理费，二是我方代理费。国外每个国家/地区的官费都是一定的，律师代理费因各个事务所的大小、诚信度和专业度等不同而有所不同。按照各国法律规定，在国外/地区注册商标必须委托当地律师办理。

4.4.2.1　逐一国家商标注册

1. 国际逐一国家商标注册简介

逐一国家注册是指申请人，一般通过委托代理人，直接到国外一个国家一个国家或一个地区一个地区地办理商标注册申请。逐一国家注册需要按照各国的具体法律程序办理，并按照不同国家的收费标准缴纳相应费用。

2. 国际逐一国家商标注册的好处

（1）逐一国家注册形式最为快捷便利，注册周期视各国法律和惯例而定。

（2）如在申请过程中出现一些问题，可以随时地与国外合作方律师事务所联系，对申请国注册的进展情况可以及时了解。

（3）申请人不需要在原属国提出基础申请，可以直接向所需要注册的国家提出申请，直接向各国提出申请是最普遍的申请方法。

3. 申请基础

无基础注册要求。国内任何希望在国家或组织得到商标保护的自然人或法人。

4. 申请人提供文件

（1）委托书：申请人签名盖章。

（2）申请人身份证明复印件 2 份。

（3）申请人名义和地址中英文。

（4）需要保护的类别和商品/服务名称。

（5）商标图样。

4.4.2.2　马德里商标注册

通常所说的商标国际注册，指的就是马德里商标国际注册。马德里商标国际注册，是指根据 1891 年 4 月 14 日于西班牙首都马德里签定的《商标国际注册马德里协定》（以下简称“马德里协定”）或根据 1989 年 6 月 27 日在马德里通过的《商标国际注册马德里协定有关议定书》（以下简称“议定书”）及其共同实施细则建立的马德里联盟成员国间的商标注册体系。

截至 2020 年 12 月 31 日，马德里联盟共有 75 个成员国（或称缔约方）。

1. 马德里商标国际注册的特点

马德里商标国际注册的特点就是省力、省时、省钱，商标注册提交一次申请，使用一种语言交一次费用，一年之内完成。

（1）省力：联盟成员国的商标主管机关直接向世界知识产权组织的国际局办理商标国际注册事宜，不需要委托国外的代理组织代为申请。

（2）省时：各成员国约定商标审查必须在一年/一年半内（协定国家一年内/议定书国家一年半内）完成；否则，则申请商标在该国自动获得保护。

（3）省钱：缴纳以瑞士法郎计算的统一的规费，不需要到成员国内每个指定保护的国家分别缴纳费用。国际注册费用低于分别到每个国家注册的费用。

2. 马德里商标国际注册申请人资格

中国申请人提交商标国际注册必须符合以下条件之一。

（1）在中国设有真实、有效的工商营业所。

（2）在中国设有住所或总部。

（3）具有中国国籍，包括台湾同胞及中国在各地的侨民。

3. 马德里商标国际注册申请条件

中国申请人提交商标国际注册必须符合以下条件之一。

（1）根据《马德里协定》提交注册申请（指定国家为协定国家）：申请国际注册的商标必须是经中国国家工商行政管理总局商标局（以下简称商标局）核准注册的商标。

（2）根据《马德里议定书》提交注册申请（指定国家含纯议定书国家）：申请国际注册的商标必须是经商标局受理注册申请，或者核准注册的商标。

（3）申请国际注册的商标内容必须与申请人在国内注册的商标内容完全一致，所指定使用的商品应与国内注册的商品相同或不超过原注册的商品范围。

4. 马德里商标国际注册申请手续

申请手续由中国商标局向国际局统一办理。商标国际注册的申请手续，须经申请人向中国商标局提出，由中国商标局向设在瑞士日内瓦的世界知识产权组织国际局统一办理注册。国际局不受理单个企业的自行申请。

5. 马德里商标国际注册程序

商标国际注册的日期，以国家商标局收到申请书件的日期为准。商标局在申请手续齐备的情况下，编写申请号，将申请书件寄达国际局。如果商标国际注册申请手续完备，大约需要3—4个月的时间，国际局可发商标注册文件。申请中指定的各保护国家根据各自的国家法律受理审查申请。若申请保护的商标（即延伸保护的商标）在提出申请之日起一年/一年半内（协定国家一年内/议定书国家一年半内）被指定保护的国家驳回，申请人可根据该驳回的国家法律，委托代理组织进行申诉。若在上述一年/一年半期限内申请未被驳回（即未收到驳回通知），则商标视为自动获得保护。

6. 注册有效期及续展

国际注册商标的有效期限为10年，可续展，每次续展保护期为10年。

7. 注册流程/时间

商标国际申请必须使用马德里体系的正式工作语言，以正式的申请书向申请人的原属局提出。如图 4.12 所示。

图 4.12　马德里商标注册流程

（1）本土注册申请。

要通过马德里进行商标的国际注册，申请人的商标必须是已经在其原属国（即本国）获得注册的商标或则已获得受理通知的商标。

（2）提交申请。

商标国际注册的申请日期，以商标局收到申请书件的日期为准。申请手续齐备并按照规定填写申请书件的，编定申请号，商标局在三十天内将申请书件（英文或法文）寄国际局；

（3）国际局审查。

世界知识产权组织（WIPO）国际局收到了国际注册申请后，认为手续齐备，商品和服务类别及名称填写正确的，即予以注册；认为手续不齐备的，将暂缓注册，并通知商标局。

商标局在收到国际局通知之日起 15 天内通知申请人或代理人齐备手续；经审查符合国际局的要求，并在已经或者即将把该申请提交给各指定国进行审查之后会颁发商标国际注册证明，时间一般 6 个月左右。

该国际商标注册证明，不是商标被核准注册的证明；其意义在于，该国际注册号和国际注册日是其后申请人进行商标的后期指定、变更、转让、续展等一系列活动的基础。

（4）指定国审查。

商标能否在各指定国获准注册，要以各指定国的审查为准。

（5）协定国和议定书国审查。

商标国际注册申请时指定的各保护国家，将根据各自的国家法律决定是否予以保护，并需向国际局声明该驳回。

协定书规定，声明驳回的时限最多为一年，也就是说，如果指定保护申请在一年时限内未遭到驳回，则该申请自动得到保护（按议定书的规定，成员国可根据需要，将有权驳回时限延长至 18 个月）。

从国际注册日起算，如果 12 个月内没有收到协定国或者 18 个月内没有收到议定书国发来的拒绝给予商标保护的驳回通知书，即表示该商标已在该协定国或议定国自动得到了保护。

凭借其程序机制的优势，马德里体系可使商标权利人直接向其本国或地区商标局递交一份国际注册申请书便能够使其商标在马德里联盟多个国家获得保护。由此注册的国际商标相当于该申请人在每个指定国或组织直接进行的商标注册申请或注册。其中，协定国是指加入 1891 年签订的《商标国际注册马德里协定》的缔约国；议定书国是指加入 1989 年签署的《商标国际注册马德里协定有关议定书》（简称《马德里议定书》）的国家。

（6）马德里商标注册办理资料。

①本国受理通知书或注册证书复印件。

②商标图样。

③商标代理委托书。

④国际注册申请书。

4.4.2.3 欧盟商标申请

欧盟成员国名单：法国、德国、意大利、荷兰、比利时、卢森堡、丹麦、爱尔兰、希腊、葡萄牙、西班牙、奥地利、瑞典、芬兰、马耳他、塞浦路斯、波兰、匈牙利、捷克、斯洛伐克、斯洛文尼亚、爱沙尼亚、拉脱维亚、立陶宛、罗马尼亚，保加利亚、克罗地亚。

1. 欧盟商标的特点

（1）费用低。只须提交一份申请注册一次，即可在整个欧盟的 27 个成员国使用该商标。较之于在各个成员国分别提出申请，费用大幅度减少。

（2）保护程序集中化。一件商标注册可获得欧盟 27 个成员国的保护，有关商标案件的裁决将在欧盟所有的国家得到执行。

（3）欧盟商标是一个单一的财产。它只能作为整个欧盟（而不是单独成员国）的财产被转让。但是，一些有地域限制或其它限制的商标许可，甚至只限定于某一特定成员国的许可是可以的。

（4）已注册之商标可仅在一个欧盟国家使用。商标在欧盟任何一个国家的使用就足以对抗以未使用商标为由提出的撤销申请。

（5）享有巴黎公约优先权。同一商标用于一种或多种指定商品或服务名称，在巴黎公约成员国申请后六个月申请共同体商标时，可享有优先权。

（6）已经在一个欧盟成员国公布的注册商标，在申请欧盟商标时，可请求优先权。

（7）一件商标申请最多可涵盖三个类别商品或服务，超过三个类别的，每增加一类费用须另外收取。

2. 欧盟商标的基本注册程序

（1）申请人向欧盟商标局或欧盟成员国商标局提出申请。

（2）欧盟商标局将申请内容通知各成员国的商标主管机关，以便在同一时间进行各国的商标审查。

（3）审查通过后，进入三个月的公告。在这三个月里任何第三者可以对公告的商标提出异议。

（4）如果没有第三者提出异议，申请的商标可以在一年内获准注册。

（5）申请注册周期约 12—15 个月。

4.4.2.4 非洲知识产权组织商标注册

非洲知识产权组织（简称 OAPI 或非知）是由前法国殖民地、官方语言为法语的国家组成的区域性知识产权保护联盟，商标核准注册后在 16 个成员国均受保护，有效期 10 年。该组织在喀麦隆设有知识产权办公室，统管各成员国的商标事务。各成员国在商标领域内受非洲知识产权组织的约束，没有各自独立的商标制度，所以在各个国家并不存在逐一国家注册的可能性，只能通过非洲知识产权组织统一注册保护。

非洲知识产权组织商标注册流程如下。

（1）查询。商标申请前，对商标进行查询的，报国外进行官方查询。

（2）申请。申请人向非洲知识产权组织提出注册申请。

（3）受理。官方形式审查通过予以受理。

（4）审查。申请受理后，官方进行实质审查。

（5）核准发证。申请若通过形式审查和实质审查，即被核准注册。

（6）公告。注册后的商标将在官方公报上予以公告。公告期为六个月，期间没有异议或者异议不成立，商标予以注册。

4.5　软著保护

4.5.1　软件著作权登记办理步骤

填写申请表（登录中国版权中心填写/代理机构填写/大厅办理）→提交申请文件→缴纳申请费→登记机构受理申请→补正申请文件（非必须程序）→取得登记证书。

4.5.2　相关资料准备

1. 申请表

每个软件填写 1 份，最好由负责开发技术人员或产品经理填写。注意：

软件名称必须以“软件、系统、平台”结尾；

软件硬件环境至少包含内存、CPU、硬盘；

编程语言指提交代码涉及到的编程语言。

2. 关于部分文档

（1）文档是指“用户手册、操作手册、设计说明书、使用说明书”等。

①软件为多操作界面软件，提供用户手册（提供较为完整的功能说明及实现该功能的操作截图）。

②软件为单操作界面软件，提供设计文档（需包括设计流程图及相应文字说明）。

（2）用户手册和申请表中出现的要申请的软件名称一定是申请的软件名称或简称。

（3）提交文档的前 30 页、最后 30 页（全部文档合计不足 60 页的，则全部提交）。格式要求：Word 格式，A4 纸。

（4）“完成时间”要在“发表日期”之前，用户手册时间不能晚于开发时间。

（5）文档需要有软件运行界面的截图，截图中出现的软件名称必须和软件名完全一样，截图中不能出现组织单位名称，不能有涂改，覆盖。如图 4.13 所示。

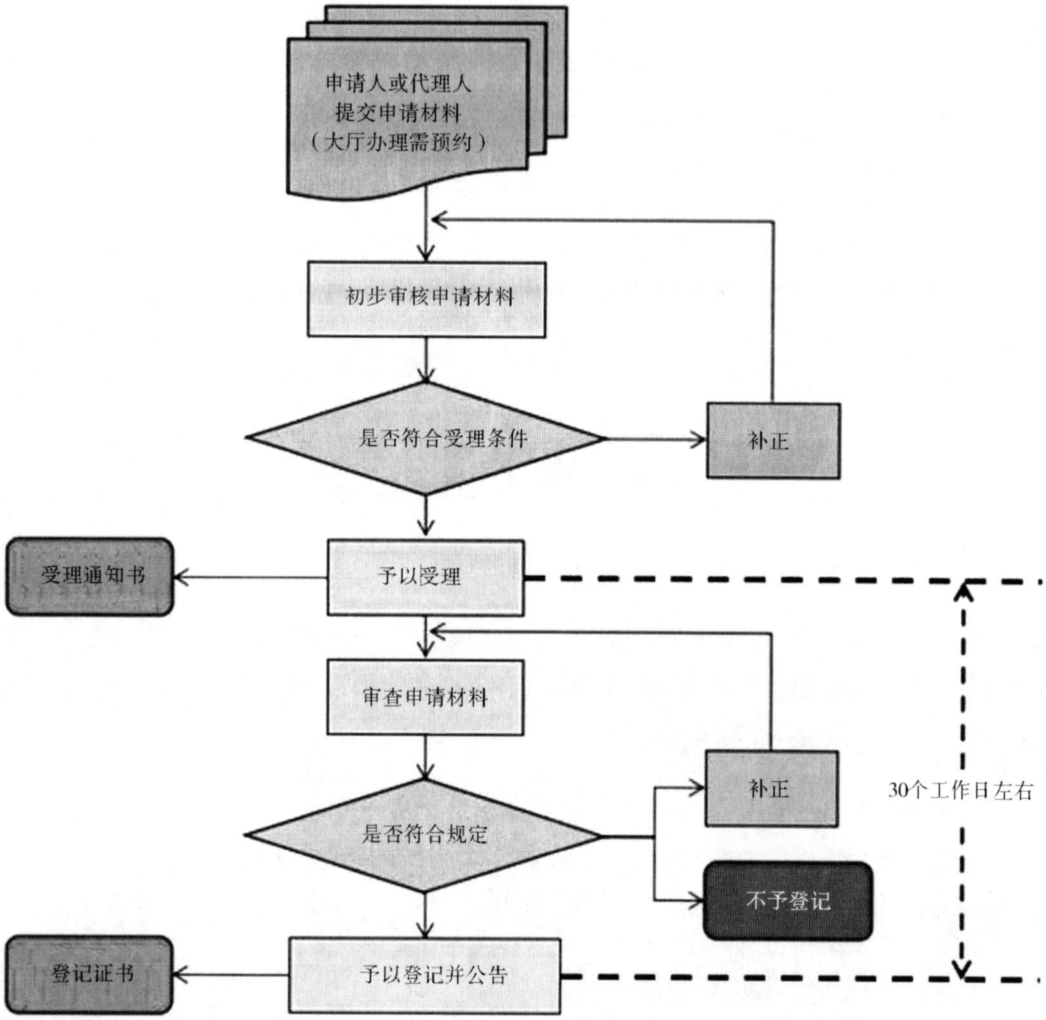

图 4.13　软著登记办理步骤

3. 关于软件代码

即提供源程序前 30 页和最后 30 页（全部源程序合计不足 60 页的，则全部提交）。格式要求：Word 格式，A4 纸，每页不少于 50 行，结束页可少于 50 行（由于行间距问题，提供 80 页左右为好）。

标注中不能出现个人名字，以及不能出现与现年月日不符合的开发日期。

第一段开头需体现代码的开始，第 60 页为文档结束页，结束页必须体现软件源代码的结束代码。

4. 身份证明材料（身份证、营业执照、护照等）

（1）自然人申请软著需要提供非职务开发证明。

（2）著作权人为单位应提交有效的企业法人营业执照或事业单位法人证书副本复印件，并需加盖单位公章。

5. 其他证明文件

若申请软件著作权涉及合作开发的，需提交合作开发合同书或合作开发协议书1份；涉及委托开发的，需提交委托开发协议书1份；涉及下达任务开发的，需提交任务书1份。

4.6 技术秘密保护

由于专利知识的宣传教育工作尚待完善，很多高校科研人员对专利的战略意义不甚了解，把专利跟技术保护画上了等号。实际上，专利只是技术保护的其中一种重要手段，但不是唯一手段。尤其对于质量过硬的技术来说，申请专利甚至不能被视为技术保护的首选手段，反而作为技术秘密保存才是。技术秘密又称为专有技术、技术诀窍或者非专利技术，是一种处于保密状态的、能够解决特定实际问题的、可以传播和转移的技术。作为一种能够解决某一实际问题的诀窍或方法，技术秘密具有技术价值和经济价值。

首先，从人才培养角度来看，如果高校支持对其每项科技成果均采取专利手段进行技术保护，那其属下的科研人员和学生自然会逐渐培养起“有成果要即刻申请专利”的意识和习惯。事实上，专利的实质是公开换取保护。要满足授权的条件，专利文本首先就必须对技术方案充分公开，达到本领域技术人员根据公开方案可以重复的程度。如果一项技术本身具备很高的技术破解难度，那应首先考虑通过保密手段，把它作为技术秘密保护起来，而不是立即着手申请专利，如光刻机。只有在技术容易被破解模仿、保密手段难以执行的情况下，才应该采用申请专利的方式，通过主动公开换取法律保护。长期鲁莽地把自主研发的技术都申请专利的话，久而久之，科研人员和学生就觉得专利是技术保护的唯一路径，而未能培养一种很重要的技术管理能力——准确判断技术保密方式。在日益加剧的技术市场竞争形势下，这种技术管理能力是不可或缺的，甚至可能作为从高校走出来的科研人员和学生，是成为具有核心竞争力的创新创业人才，还是成为普通技术人员的技能分流点。

其次，从技术披露的角度，高校对其每项科技成果均采取专利手段进行技术保护也不适合。高校科研团队很多承担着国家级、省部级等重大科研课题，其研发技术为科学前沿或顶尖技术，即使未涉及国防、军工等负有严格保密责任的技术内容，但也是有关国家、地方的科技发展战略计划，具有重要的科技情报属性，不宜无差别地、过早地披露公开。另外，高校并非直接参与生产制造或服务的机构，高校的专利即使具备良好的市场应用前景，还得经过成果推广、技术洽谈、专利价值评估、合作签约再到投产等流程，在瞬息万变的技术市场中，这些流程耗费的时间可能就会让合作企业错失快速占领市场的时机。所以，将过多的基础学科、新兴学科相关技术都以高校名义申请专利，并不见得有利于加快推进技术应用与发展。再者，即使高校掌握着有价值的专利，但由于没有强大的法务团队，高校在专利纠纷当中很容易陷于不利地位，最终也只落得“有专利没收益”的境地。对于高校而言，专利应该作为一种具有重大宣传意义的技术标识，以专利为依据，以技术为支撑，借助专利交易转化实现技术输出，谋求校企深度合作发展。

因此，高校在专利申请前，应当设置技术保护手段评估环节，即判定某项技术应该作为技术秘密保护，还是通过申请专利获取保护。该评估环节作为专利申请前评估工作的起始端，决定着整条工作链条是否继续开展下去，这个环节也是现阶段高校普遍缺失的。技术保护手段评估工作，应先由科研人员借助思维导图、结构分解图等工具，自行划分成套技术的关键技术点，进行自我评估后，再交付于校内技术顾问进行评估，再把评估意见和建议反馈给科研人员，由科研人员最终自主选定各技术点的技术保护手段。

4.7 注意事项

（1）如果课题的研发周期不是很长（1 年以内或各研发环节间的时间间隔不超过 1 年），建议在立项或研发初期就针对研发全技术链涵盖的所有技术进行检索与分析，这样可以避免频繁地进行数据工作，节省时间，提高研发效率；若研发周期较长（超过 2 年或各研发环节间的时间间隔超过 1 年），则建议在每个环节针对该环节研发的技术进行针对性检索与分析，否则可能会存在研发中后期借鉴的相关技术信息偏旧的情况。

（2）产业链及技术链需要结合产业标准与课题研究需求综合确定。

（3）若产业链及技术链各环节的技术边界较为明确且便于检索，可以通过检索的方式对专利进行划分，不一定要通过数据标引的手段完成。

（4）侵权风险永远是针对产品来说的，只有产品的某个技术特征会侵犯某项或某几项专利的权利，专利与专利之间不存在侵权一说，不能用自有专利技术和他人专利技术进行比对来判断自身产品是否具有侵权风险。

（5）目前国内各大官方及非官方检索平台均未能完整且准确地收录全球专利的法律状态，因此在进行专利壁垒分析时应注意只针对中国专利的法律状态开展分析（高校产品一般均在国内出售，所以只分析中国专利情况对高校产品销售的影响不大）。

（6）当风险专利的技术特征为 A + B，课题产品的技术特征为 A + B + C 时，课题产品申请的技术特征为 A + B + C 的专利具有新创性可以授权，但课题产品若实施或销售则会侵犯风险专利的权利。

（7）对于优先审查的专利申请，申请人应当尽快做出答复或者补正。申请人答复发明专利审查意见通知书的期限为通知书发文日起两个月，申请人答复实用新型和外观设计专利审查意见通知书的期限为通知书发文日起十五日。

（8）针对决定以专利形式保护的技术点，切忌以任何形式提前公开。高校人员在获得科研成果后，往往忙于优先发表论文，这种模式会使待保护技术点因自身原因提前公开，导致新颖性缺失而无法授权，从而变成公知技术被公众免费使用，无法实现其应有价值。

4.8 常用技巧

4.8.1 如何避免专利挖掘过程中的常见误区

在专利挖掘过程中，常见的误区有以下几个方面。

（1）技术水平必须很高才能申请专利。

在实际工作中，很多研发人员认为自己的产品只是在某些方面做了小的改进，自己感觉技术含量不高，因此不能申报专利。其实这是对专利申请与审批工作的误解。我国《专利法》是专利审查的标准，是能否取得专利的依据。专利申请文件的审批是由国家知识产权局的审查员进行，跟自身或者业内专业人士的主观判断无关。

（2）复杂的结构才能申请专利。

有些技术人员认为简单的结构不具备申请专利的可能，这是一种错误的认知。对于研发人员而言，越是结构简单的研发成果越应当通过申请专利保护，因为简单的结构难以保密，有必要通过专利来防止竞争对手抄袭。

（3）必须要做出样品才能申报专利。

发明、实用新型专利中，保护的都是“技术方案”，而外观设计专利中，保护的是“新设计”，因此，申报专利时不一定要有样品。

（4）一个产品只能申报一件专利。

一个产品可能存在多方面的技术问题，针对不同的技术问题所做出的改进和创新，可以申请多个专利。

（5）先发表论文再申请专利。

一些高校科研人员在完成科研项目，取得科研成果后，会忙于先发表论文然后再申请专利，这样做往往会因为延误了申请时机而造成专利无法授权。

在专利新颖性审查要求中，专利申请日前的一切公开技术均视为现有技术，公开发表在论文上的技术当然也会被作为现有技术，专利审查员一旦检索到该技术已经在论文上发表，该专利授权的可能性就为零。所以，论文在期刊上的发表日期务必要在该专利申请日之后，由于论文从投稿到发表的日期并不太确定，所以专利申请最好赶在论文投稿之前。

（6）专利名称过于具体。

一些高校科研人员喜欢在专利名称中限定所基于的技术，这种命名方式可能导致专利的保护范围变小。《审查指南》中明确要求“发明名称应当简短、准确地表明发明专利申请要求保护的主题和类型”。即用最简短、准确的语言表明所要保护的主题和类型即可，并不需要在名称中体现过多的限定或者直接体现发明点。

（7）专利名称不能相同。

有许多发明人认为专利的名称不能相同。事实上，除非是特定的需要，从专利的角度，专利名称相同并不存在什么问题。况且由于《审查指南》中对专利名称有简短、准确的要求，因此在实际操作中会存在大量名称相同的专利，但由于申请号并不相同，所以却是不同的专利。

4.8.2　如何通过优先审查提高专利申请效率

专利申请优先审查，是指国家知识产权局对符合规定的发明、实用新型、外观设计专利申请提供快速审查通道。发明专利普通申请的审查周期约为 18—26 个月，而发明专利优先审查的周期可缩短至 7—12 个月，合理利用优先审查通道可大幅提高授权效率。

（1）申请条件。

①实质审查阶段的发明专利申请。

②实用新型和外观设计专利申请。

③发明、实用新型和外观设计专利申请的复审。

④发明、实用新型和外观设计专利的无效宣告。

（2）有下列情形之一的专利申请或者专利复审案件，可以请求优先审查。

①涉及节能环保、新一代信息技术、生物、高端装备制造、新能源、新材料、新能源汽车、智能制造等国家重点发展产业。

②涉及各省级和设区的市级人民政府重点鼓励的产业。

③涉及互联网、大数据、云计算等领域且技术或者产品更新速度快。

④专利申请人或者复审请求人已经做好实施准备或者已经开始实施，或者有证据证明他人正在实施其发明创造。

⑤就相同主题首次在中国提出专利申请又向其他国家或者地区提出申请的。

⑥其他对国家利益或者公共利益具有重大意义需要优先审查。

（3）有下列情形之一的无效宣告案件，可以请求优先审查。

针对无效宣告案件涉及的专利发生侵权纠纷，当事人已请求地方知识产权局处理、向人民法院起诉或者请求仲裁调解组织仲裁调解；

无效宣告案件涉及的专利对国家利益或者公共利益具有重大意义。

（4）申请材料。

① 专利申请。申请人提出发明、实用新型、外观设计专利申请优先审查请求的，应当提交优先审查请求书、现有技术或者现有设计信息材料和相关证明文件，优先审查请求书应当由国务院相关部门或者省级知识产权局签署推荐意见。

②专利复审、无效宣告。当事人提出专利复审、无效宣告案件优先审查请求的，应当提交优先审查请求书和相关证明文件；除在实质审查或者初步审查程序中已经进行优先审查的专利复审案件外，优先审查请求书应当由国务院相关部门或者省级知识产权局签署推荐意见。地方知识产权局、人民法院、仲裁调解组织提出无效宣告案件优先审查请求的，应当提交优先审查请求书并说明理由。

（5）办理流程（图 4. 14）。

①申请人提出专利申请优先审查请求，并递交（面交或寄交）申请文件。

②受理优先审查请求并接受申请文件。

③审核是否符合专利优先审查的条件。

④向省知识产权局报审并出具审核意见。

⑤采录、校对并向国家知识产权局专利局传送请求信息。

⑥对申请文件进行电子化扫描并上传至国家知识产权局专利局。

⑦国家知识产权局专利局审查部门下达优先审查通知书。

⑧申请人签收通知书。

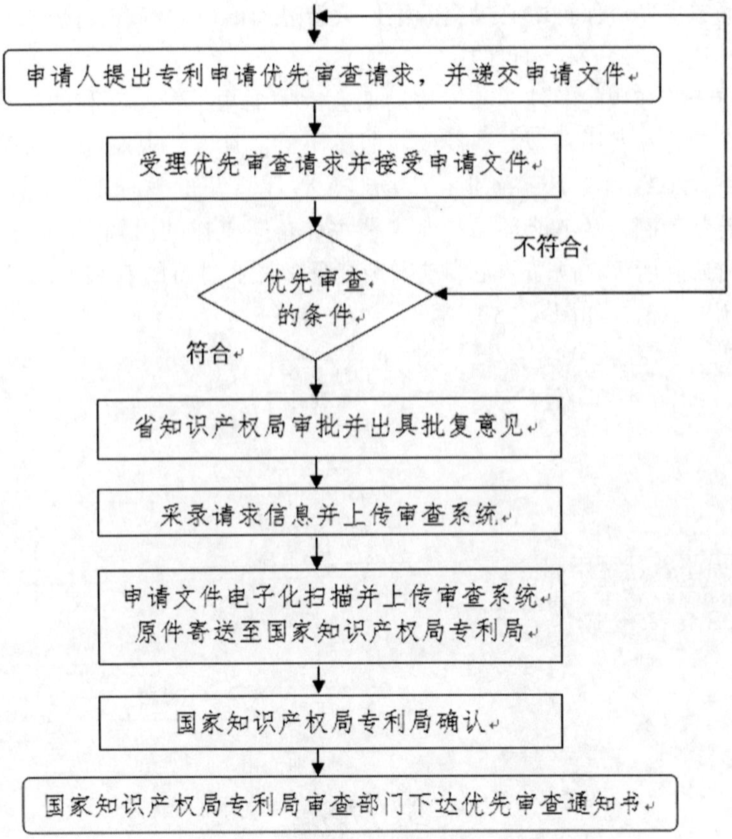

图 4.14　优先审查办理流程示意图

（6）国家知识产权局同意进行优先审查的，应当自同意之日起，在以下期限内结案。

①发明专利申请在四十五日内发出第一次审查意见通知书，并在一年内结案。

②实用新型和外观设计专利申请在两个月内结案。

③专利复审案件在七个月内结案。

④发明和实用新型专利无效宣告案件在五个月内结案，外观设计专利无效宣告案件在四个月内结案。

4.8.3　如何通过快速预审加快专利授权

随着社会经济的发展与科学技术的进步，专利在各单位发展过程中所扮演的角色日益重要。2020 年，中共中央办公厅、国务院办公厅印发了《关于强化知识产权保护的意见》，重点提及优化协作衔接机制，突破知识产权快保护关键环节。明确提出要加强知识产权快保护机构建设，提出在优势产业集聚区布局建设一批知识产权保护中心，建立案件快速受理和科学分流机制，提供快速审查、快速确权、快速维权“一站式”纠纷解决方案。加快重点技术领域专利、商标、植物新品种审查授权、确权和维权程序。截至 2021 年 1 月 8 号，在全国范围内已经设立了 41 个保护中心，各地的知识产权保护中心面向相关优势产业提供发明、实用新型、外观设计的快速预审服务，辖区内相应产业的企事业单位及高校研究所可自愿进行备案，其专利申请经保护中心预审合格后，提交至专利局即可进入快速审查通道，通过保护中心提交的案例会经过预审员的审查，高质量专利将有效地缩短审查周期，达到快速确权的目的。

通过预先审查并加快的案件，其授权周期会大大缩短，发明专利的授权周期从22个月最快缩短到3个月，实用新型专利授权周期最快1个月，外观设计专利授权周期最快1周。以河北为例，2020年7月，河北省市场监督管理局发布《河北省市场监督管理局关于开展我省高端装置制造及节能环保产业申请主体备案工作的通知》，其中提到河北省内企业、高校及科研院所等在高端装备制造及节能环保产业进行的专利申请可按照下图所示流程提交快速预审申请。如图4.15所示。

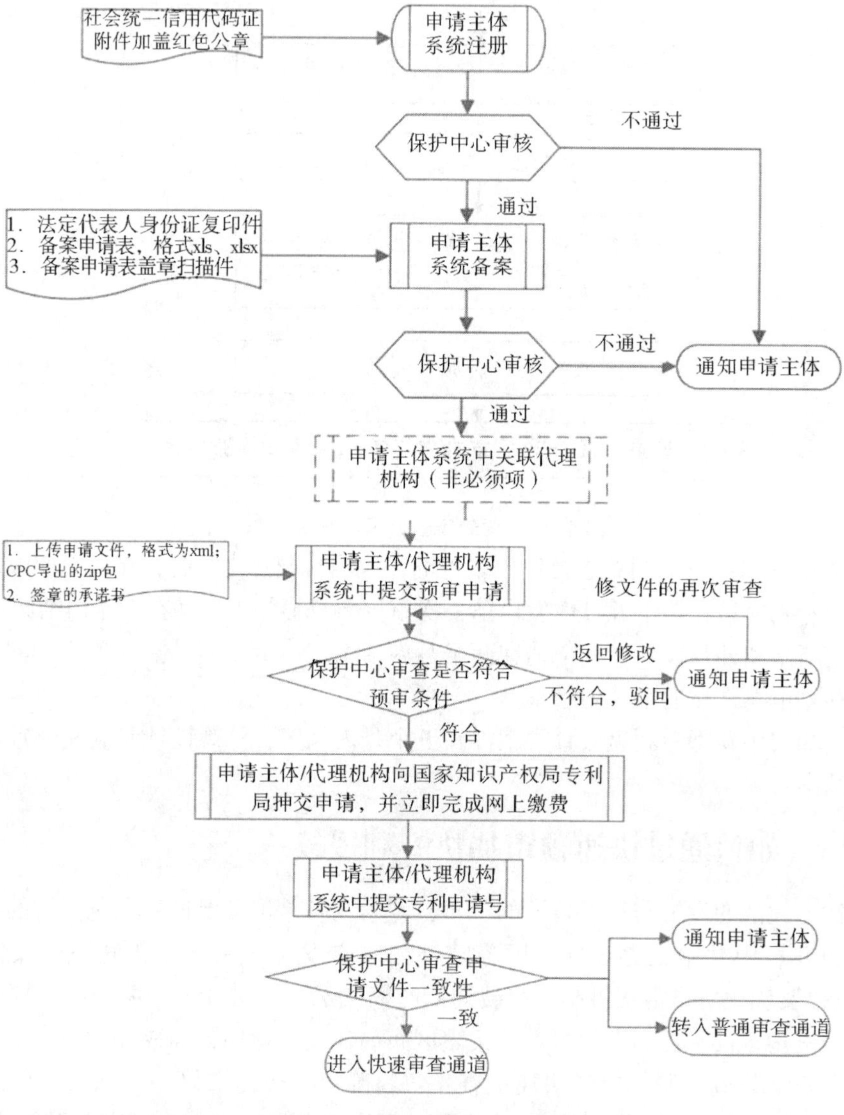

图4.15　快速预审流程示意图

【示例】快速预审申请流程

各单位若需要通过保护中心提交专利快速申请案例，需要在网站完成注册、备案以及预审案件的提交，以下将对申请流程做进一步地介绍：

进入“预审管理平台预审案件提交系统”如图 4.16 所示，该系统面向申请主体（包括企业、高校和科研院所等）和专利代理机构提供各项服务，主要实现申请主体和代理机构在线注册、备案信息管理、专利快速预审、复审及无效预审、专利权评价报告预审、主体信息管理等流程和功能。

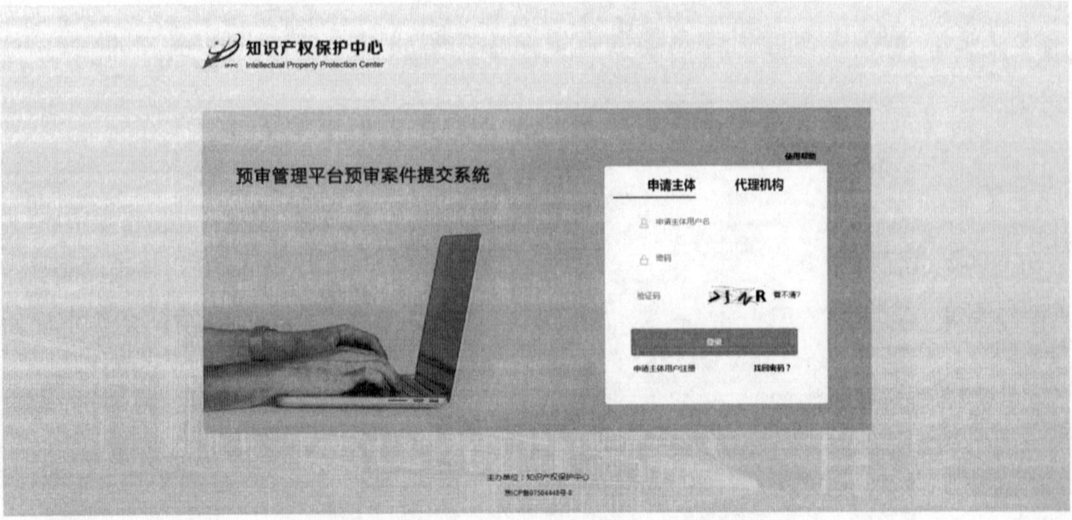

图 4.16　预审管理平台预审案件提交系统

在系统登录页面，申请主体可选择“申请主体”页签，点击“申请主体用户注册”进行注册操作，如图 4.17 所示。

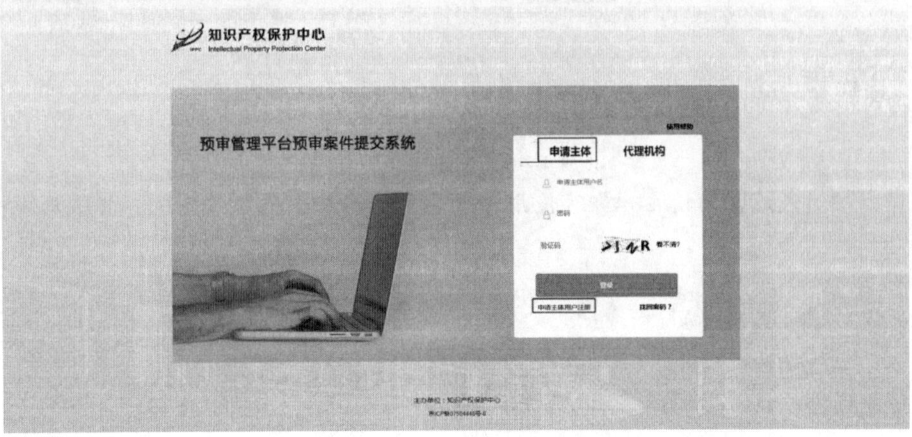

图 4.17　申请主体用户注册

申请主体点击首页的注册按钮后，进入注册申请页面，如下图所示。申请主体在页面中填写用户名、密码、申请主体名称、联系人姓名、联系人手机号、邮箱、社会统一信用代码、联系人手机号、验证码等完成注册信息，带 * 号的为必填项，用户名不允许重复，社会统一信用代码在同一保护中心内不允许重复且只允许上传 TIFF 格式文件。填写完成后点击提交按钮，保护中心会对其进行审核，审核结果会以邮件和短信通知申请主体。如图 4.18 所示。

图 4.18　注册申请页面

注册审核通过后，申请主体即可使用注册的用户名和密码登录系统，登录后页面如图 4.19 所示。

图 4.19　登录页面

申请主体登录系统后，需进行备案申请，首先通过下载中心下载 EXCEL 格式的备案申请表，并自行填写。如图 4.20 所示。

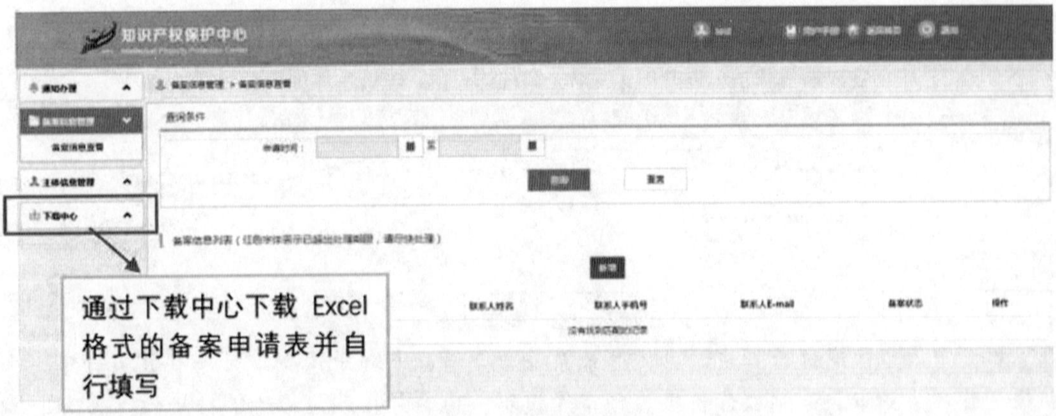

图 4.20　备案申请表

完成备案申请表填写后，进入系统的备案申请模块，在备案申请首页面点击“新增”按钮进行备案申请，在弹出的新增备案申请页面填写法定代表人姓名，上传法定代表人复印件、备案申请表、申请表盖章扫描件及其他附件，完成后点击“提交”按钮，如图 4.21 所示。

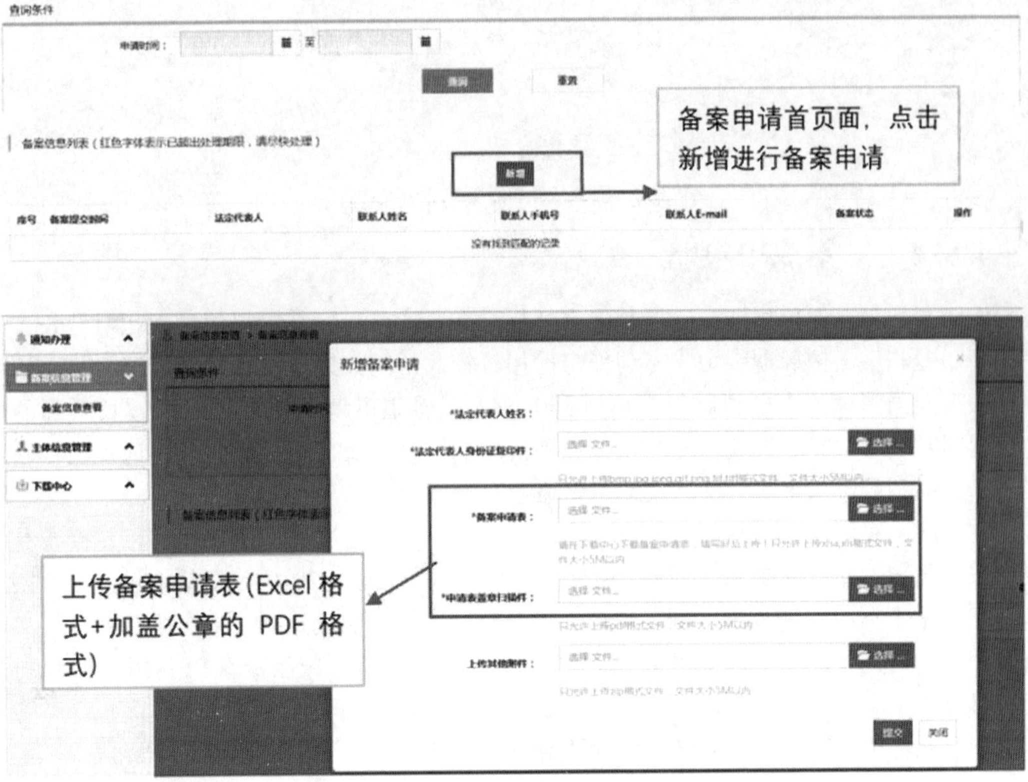

图 4.21　备案申请模块

备案申请提交后，在备案信息列表显示所提交的备案申请信息和提交后的备案状态，如图 4. 22 所示。审核结果会以邮件和短信通知申请主体。

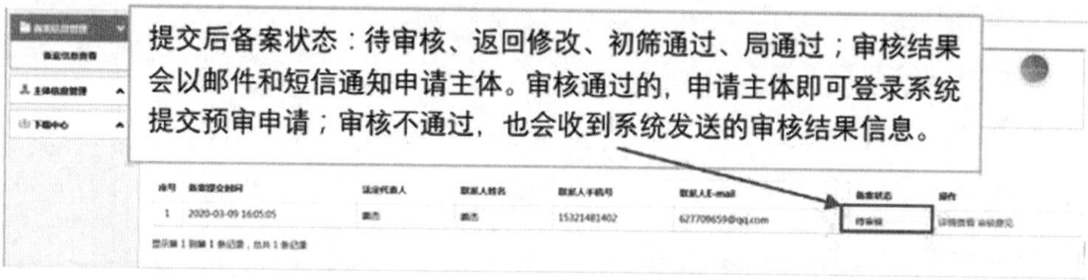

图 4. 22　备案状态

备案申请审核通过后，申请主体登录系统后会增加专利申请预审、专利复审预审、专利权无效宣告预审、专利权评价报告预审等模块，用户可在相应模块进行操作，如图 4. 23 所示。各功能使用详情可下载系统用户手册进行查看。

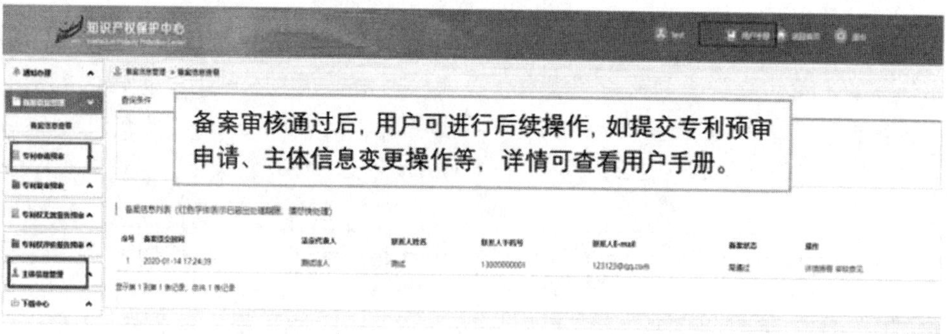

图 4. 23　备案申请

4. 8. 4　一案双申策略

发明专利具有保护周期长、专利稳定性相对高等特点，但其授权的过程相对较长，而实用新型专利虽保护周期较短、专利稳定性相对较低，但其授权过程相对较短，且授权可能性很高。当围绕核心专利进行申请时，申请人既希望申请发明专利以获较长时间的保护，但同时又希望能尽快获得专利权，这种情况下可以采取在同一天同时申请发明专利和实用新型专利的申请策略，即一案双申策略。

在我国，实用新型专利不需要进行实质审查，申请后通过初步审查即公布并授予专利权。虽然我国不允许发明和实用新型的重复授权，但是根据 2010 年新修改的《专利法》和《专利审查指南》的规定，同一申请人同日对同样的发明创造既申请实用新型专利又申请发明专利，先获得的实用新型专利权尚未终止，且申请人声明放弃该实用新型专利权的，可以授予发明专利权。

通过此种申请策略，可以最大程度地对自身的核心技术又快又好地进行保护。

4.8.5　避免申请被认定为非正常专利申请

关于非正常专利申请的概念，在 2017 年 4 月 1 日实施的修订后的国家知识产权局《关于规范专利申请行为的若干规定》中有明确规定。该规定中所称非正常申请专利的行为有以下几种。

（1）同一单位或者个人提交多件内容明显相同的专利申请。

（2）同一单位或者个人提交多件明显抄袭现有技术或者现有设计的专利申请。

（3）同一单位或者个人提交多件不同材料、组分、配比、部件等简单替换或者拼凑的专利申请。

（4）同一单位或者个人提交多件实验数据或者技术效果明显编造的专利申请。

（5）同一单位或者个人提交多件利用计算机技术等随机生成产品形状、图案或者色彩的专利申请。

（6）帮助他人提交或者专利代理机构代理提交本条第一项至第五项所述类型的专利申请。

为避免自己撰写的申请被认定为非正常专利申请，知识产权工作人员应当注意避免出现上述六条规定中出现的情形。常见做法举例如下。

（1）严格控制申报程序，避免由于递交程序失误，导致案件重复递交；一旦发现重复递交的情况，应及时主动撤回在先申请，从而避免被判断为非正常申请。

（2）尽量避免同一个申请人同天递交同一领域的大批量案件的情况。

（3）避免递交明显不符合企业经营范围的新申请。

（4）撰写过程中，应该核实实施例中的实验数据等，避免相互矛盾的情况。

（5）同一发明人在相同领域的申请避免由同一代理人撰写。

（6）避免大量分案，尤其是从保护作用方面而言没有必要的分案。

第5章 结项后知识产权运营管理

在科研项目中，产生的知识产权类型大部分是专利，有些项目也会有其他类型的知识产权产出，如计算机软件著作权、商业秘密等，由于项目产出的其他类型的知识产权较少，且其他类型的知识产权运营和管理较为简单，故本章节所述的知识产权运营管理主要阐述专利的运营管理方法和流程。

5.1 知识产权分类管理

5.1.1 知识产权分类管理的目的和意义

一是高校的知识产权管理存在管理机构不完善、管理人员缺乏、机制不健全、管理成本高等问题。当前，高校的知识产权管理部门对这些环节上的管理也多是以事务性的行政审批为主，尤其对专利的维护、转化及保护尚缺乏主动性或行之有效的手段，管理过程中也不能对专利的质量、专利被转化的可能性、专利风险等作出预判，所有专利由学校统而管之，每项专利几乎享受着同样的待遇，占用相同的管理资源，维护成本巨大。在专利管理过程中引入评估筛选机制，对拥有的专利进行分类划分、分级标定，必定能有效完善专利管理机制，减少管理成本，提高管理成效。

二是专利申请量大但转化率低、大量专利未被转化的问题。为鼓励发明创造，各级政府和学校分别制定了激励专利申请的办法，对专利申请起到积极的推动作用，专利的申请量和授权量都很庞大。由于高校专利申请前并无发明创造报告制度及筛选机制，专利质量参差不齐，大量专利未被转化。如何提高专利质量，盘活创新资源，引导专利转化，是高校亟待解决和完善的问题。因此，知识产权工作的实践环节至关重要，运用信息化手段来促进知识产权的管理和信息利用，建立起合理的分类体系框架，推进专利管理和信息利用工作进程，具体目的和意义如下。

（1）使高校及科研院所的专利能够按照统一的技术分类规则进行归类管理，以确保专利资产分析管理工作能够得以有效开展，全面清晰快速地获取专利资产分布情况。

随着专利数量的增多和专利工作的深入，专利分类分级管理日趋重要，这项工作是专利申请、维护等基础管理工作的升级，也是主动开展运用和保护工作的支撑。在专利维度下，可以按照不同申请国家、不同专利类型进行分类管理。还可以按照专利的技术领域、产出院系等各种属性特征进行更精细的分类，采用不同的管理方式，如规定不同的责任主体、设定不同的工作目标、采用不同的工作流程等等。

（2）有利于开展专利分级评价工作，在专利评价工作的过程中，可以合理地将对应技术领域的专家分配到对应技术的专利上。

专利分类体系的建立是分级管理的基础。分级管理相对分类管理更为复杂和精细，是根据专利的价值对专利进行分级，进而决定资源投入等级、管理流程、运营模式等等。分类分级管理的目的在于提高专利管理的效率，降低专利管理的成本，优化学校的专利资产，核心在于专利价值的评价和分级标准的制定。基于可靠高效实用的专利分类体系，可以在专利评价工作的过程中，合理地将对应技术领域的专家分配到对应的专利分类，结合专利价值的评价和分级标准对专利资产实现有效的精细化分级管理。

（3）合理的分类方便知识产权管理人员洞悉全局知识产权布局概况或者与其他单位进行对标、对比分析，有助于提升竞争力。

精细化的分类管理可以进一步挖掘专利的自身特征，根据专利对应的产品、技术进行分类比较有代表性，对后续开展不同方式的管理意义也较为明显。这种方式需要先建立产品和技术的多层级分类体系，根据行业特点的不同，分类体系可以按照产品和技术分别建立，也可以合并建立。分类体系可以从产品和技术现状出发，也要从产业链、技术链的上下游关系、技术发展的前瞻性等角度进行一定的拓展。

（4）有利于制定专利布局规划，助推培育高价值专利，打造高价值的专利组合。

专利分类分级管理不是目的而是手段，在分类分级之后就是对不同类型、不同级别的专利进行差异化管理。这种差异化管理应当贯穿于专利的全生命周期中，即从提案/申请提交阶段、审查阶段、至授权后的维护，当然也包括无效诉讼、许可转让类运营活动等特殊节点。例如，由提案/申请提交至授权后的维护是一件专利的法定程序（有可能提前终止），可以对不同级别的专利在操作流程和实体要求两方面采取不同的管理方式。操作流程方面，不同级别的专利可以设定不同的工作流程，如高级别专利应包括专利检索环节，低级别专利可以减少质量审核次数或降低审核人员的级别。实体要求方面，不同级别的专利可以对具体工作设定不同的内容和标准，如高级别专利在选择代理机构时应考虑机构的整体水平、代理人的专业匹配性，需要由技术专家对撰写文本进行质量审核，低级别专利交底书的内容可以适当简化，权利要求的数量要求可以适当降低。

（5）满足科技研究人员检索分析，能够快速获取与自己相关技术领域的技术借鉴。

利用专利分类分级结果整合专利信息，形成专利信息库，并通过对专利信息的分析，监测各业务领域的市场发展态势，对相应领域内专利组合开展评估比较，为专利战略、研发战略、运营转化策略提供信息决策支撑。每一件专利的价值都会随着专利生命周期、专利运用情况、产品市场情况、运营战略等因素产生动态变化。周期性对专利的价值、用途、功能、技术、产品等进行区分，维持并强化布局高价值专利，及时剔除低价值专利，淘汰落后技术，降低高校维护经费开支，可以有效实现对专利的动态管理。

5.1.2 知识产权分类管理方法

知识产权分类管理是开展知识产权价值评价和知识产权分级管理的基础，由于专利是数量最多的，也是最需要进行知识产权分类管理的类型，而且相比于其他知识产权，专利的分类也是最复杂的。目前，世界上流行的专利分类结构有应用性分类结构、功能性分类结构和混合分类结构。

（1）应用性分类结构是以发明用途作为分类依据，而不考虑发明的功能或结构。其优点是适用于只对本行业的有关技术资料有兴趣，并希望尽快得到有关技术信息的用户查找。其缺点是不利于专利审查和各专业技术间的横向渗透。目前，国际上主要有英国德温特公司采用这种分类结构。

（2）功能性分类结构是指根据发明的功能进行分类，不考虑其表面的个别用途。其优点是能适应专利审查的要求，因为审查中主要是根据发明的实质，而不是根据其应用情况判断其专利性，它还可以促进各项技术间的横向渗透，集中不同专业的设计经验，使人从多方面得到启发，但它也容易使初次接触者感到不便。《美国专利分类法》是其代表。

（3）混合分类结构是应用性分类结构和功能性分类结构相结合，兼顾专利审查和公众查找。在类目设置上，既有按功能设置的类目，也有按照应用设置的类目，《国际专利分类法》即属此类。

在进行专利分类管理时，应坚持以下两个原则。

（1）分类的穷尽性原则：从逻辑学上说，分类就是把一个种概念划分为若干属概念。这个种概念叫做母项，而那些属概念叫做子项。分类须有穷尽性的意思就是，划分出来的子项的外延之和必须等于母项的外延。

（2）分类的排他性原则：分类的排他性就是把母项划分后，各子项的外延或范围应该互不相容。否则，各子项就会互相交叉，模糊了类别的界限，引起概念上和工作上的混乱。因此，为保证分类的排他性，在分类时需要逐层进行，并且在一次分类中，只能根据一个标准来进行。

在进行分类的过程中，关键点在于分类的目的，基于不同的分类目的，专利分类的方式千差万别。在高校中，对知识产权进行分类主要的目的是为知识产权价值评价和知识产权的分级管理打下基础，通过知识产权分类、评价、根基促进高校知识产权转化，提升高校的知识产权管理效率。在专利分类过程中，可以参考以下形式，对本校的专利进行梳理分类。

某高校专利分类示例见表5.1。

表5.1　某高校专利分类示例表

一级分类（领域）	二级分类（技术）	三级分类（技术分支）
工程机械	无人机	目标跟踪算法
		可靠性分析
		⋮
	武器装备	环境检测
		状态检测
		⋮
	反坦克导弹	
电力		

5.2 知识产权价值评价

知识产权价值评价中，专利价值评价选择定量指标和定性指标两个方向出发进行设计，定量指标将以计算机自动获取加人工标引获取为主，计算机自动计算获得最终在不同维度上的价值分，最终基于前期评价模型来综合获得单一专利的价值分值。定性指标将以审查员/专利代理人为主进行法律方面专利价值评价，以行业技术专家为主进行技术及市场方面专利价值评价，从不同角度对同一篇专利的价值进行全面评价。

定量指标和定性指标见表5.2和表5.3。

表5.2　定量指标一览表

维度	一级指标	权重	二级指标	二级指标含义	权重	分值	分值含义
专利基础	专利撰写质量	70%	文献页数	文献页数包含扉页、权利要求书页数、说明书页数和说明书附图页数	50%	100	31页以上
						80	21—30页
						60	11—20页
						40	6—10页
						20	5页以内
			布局层级	权利要求撰写时采用并列及引证体现的保护范围大小的层次数	50%	100	3级以上
						75	2级
						50	1级
	审查周期	15%	申请时长	申请日到授权的时间	100%	100	3年以上
						70	0—2年
	专利类型	15%	专利类型	发明/实用新型	100%	100	发明
						50	实用新型

续表 5.2

维度	一级指标	权重	二级指标	二级指标含义	权重	分值	分值含义
法律	技术保护范围	60%	权利要求数	权利要求数量，表征专利的技术覆盖范围，权利要求数越多，专利的技术覆盖范围越大	40%	100	11 项以上
						90	9—10 项
						80	7—8 项
						70	4—6 项
						60	2—3 项
						50	1 项
			技术特征数	技术特征是构成发明或者实用新型技术方案的组成要素，或者要素之间的相互关系。技术特征越少，措辞含义越宽泛，权利要求的保护范围越大	20%	100	20 个以内
						90	21—30
						80	31—50
						70	51—80
						60	81 以上
			独立权利要求数	独立权利要求是指从整体上反映发明或者实用新型的技术方案，记载解决技术问题必要技术特征的权利要求。独立权利要求的保护范围最宽	20%	100	2 个及以上
						80	1 个
			首项权利要求字数	首项权利要求字数与技术特征数是正相关的，一般首项权利要求字数越多，技术特征数越多，权利要求保护范围越小	20%	100	100 字以内
						95	101—200 字
						90	201—300 字
						80	301—400 字
						70	401—600 字
						60	601—1000 字
						50	1001 字以上
	地域保护范围	20%	多国专利	本专利是否存在在他国被授权的同族专利	100%	100	在他国有申请
						50	只在中国申请
	时间保护范围	20%	专利寿命	基于一项授权的专利从当前算起还有多长的保护期	100%	100	16 年以上
						80	12—15 年
						60	8—11 年
						40	4—7 年
						20	3 年以内

续表 5.2

维度	一级指标	权重	二级指标	二级指标含义	权重	分值	分值含义
技术	引证	10%	引用数	发明人或者审查员引用前人的专利解释或者限定现在发明的创新之处。本专利申请引用的他人专利的数量，即称为引用数	20%	100	有
						80	无
			被引用数	本专利申请被他人专利申请引用的数量，即称为被引用数。一项专利被后续专利频繁引用，则说明该项专利对后续的发明有很强的影响力	80%	100	有
						50	无
	科技奖	40%	科技奖等级	国家级科技奖：国家部委颁发的奖项。 省部级科技奖：省市全国性行业协会颁发的奖项 其他级科技奖 从这些获奖项目可以间接反映所涉及专利的技术先进性	100%	100	国家级科技奖
						80	省部级科技奖
						60	其他科技奖
						40	未获奖
	应用性	20%	IPC 分类数	IPC 分类号是根据发明创造的技术主题进行分类的，因此可以通过 IPC 分类号个数来评价专利技术的覆盖范围，IPC 分类号个数越多，该项技术可应用的范围越广	100%	100	3 个以上
						80	2 个
						50	1 个
	人才竞争力	30%	发明人数	发明人数一定程度上说明了该专利技术投入的人力资源，说明该技术领域活跃的发明人	50%	100	7 个以上
						85	4—6 个
						70	1—3 个
			单一申请	一项专利是否是由高校的发明创造，体现了高校研究人员的自主创新能力，可通过申请人数量进行确定	50%	100	1 个申请人
						50	多个申请人
市场	市场	100%	许可/转让/质押/复审/无效/诉讼	影响市场的指标为专利的许可、转让、质押。遭遇无效、诉讼以及提出复审请求的专利，也说明该专利价值较高	100%	100	有任一项
						0	无

计算机评价结果：专利价值 = 20% × 专利基础价值度 + 30% × 法律价值度 + 30% × 技术价值度 + 20% × 市场价值度

表 5.3 定性指标一览表

一级指标	二级指标	指标定义	权重	分值	分值含义
法律价值度（5+1）	不可规避性	是否容易被他人进行规避设计，从而在不侵犯该项专利权的情况下仍能够达到与本专利相类似的技术效果，即权利要求的保护范围是否合适	30%	9~10	很难规避
				5~8	较难规避
				1~4	可以规避
	专利侵权可判定性	是否容易发现和判定侵权行为的发生，是否容易取证，进而进行诉讼的权利	30%	10	非常易于判定
				7~9	比较易于判定
				4~6	比较难以判定
				2~3	难以判定
				1	非常难以判定
	稳定性	一项被授权的专利在行使权利的过程中被无效的可能性	100%	10	非常稳定
				8~9	比较稳定
				6~7	稳定
				4~5	不太稳定
				0~3	很不稳定
	依赖性	一项专利的实施是否依赖于现有有效授权专利的许可，以及本专利是否作为后续申请专利的基础	20%	10	未检索到有效授权的基础专利，检索到衍生专利
				8	未检索到有效授权的基础专利，未检索到衍生专利
				6	检索到有效授权的基础专利，该基础专利的专利权人和本专利完全相同
				4	检索到有效授权的基础专利，该基础专利的专利权人和本专利部分不同
				2	检索到有效授权的基础专利，该基础专利的专利权人和本专利完全不同
	专利寿命	基于一项授权的专利从当前算起还有多长时间的保护期	20%	10	≥16 年
				8	12—15 年
				6	8—11 年
				4	4—7 年
				2	≤3 年
加分指标	多国专利	本专利是否存在在他国被授权的同族专利			存在 1 件他国同族专利的加 0.5 分，存在 2 件或以上他国同族专利的加 1 分。（该分值加在括号内的总分里）

续表5.3

一级指标	二级指标	指标定义	权重	分值	分值含义
技术价值度（5）	成熟性	一项专利技术在分析时所处的发展阶段	10%	6—10	应用
				3—5	实验室
				1—2	理论
	实施难度	从实施本专利技术所依赖的生产设备、操作环境、加工精度和投入成本等因素考虑实施上技术难度	10%	8—10	基于通用工艺/手段，容易实施
				5—7	基于特定工艺/手段，比较容易实施
				2—4	基于特定工艺/手段，且不易实施
	先进性	指一项专利技术在当前进行分析的时间点上与本领域的其他技术相比是否处于领先地位	50%	9—10	非常先进
				7—8	先进
				4—6	一般
				1—3	落后
	可替代性	指一项专利技术在当前的时间点是否存在解决相同或类似问题的替代技术	20%	10	不可替代
				7—9	可替代，但本技术比替代技术有优势
				4—6	可替代，但本技术与替代技术相当
				1—3	可替代，且替代技术比本技术有优势
	适用范围	一项专利技术可以应用的范围是否广泛	10%	10	很多技术领域（>3）
				7	较多技术领域（2—3个）
				4	特定技术领域
市场价值度（3）	市场规模	同领域中，一项专利技术所对应产品或工艺的销售收入	40%	10	很大（100亿元以上）
				8	较大（10亿—100亿元）
				6	中等（1亿—10亿元）
				4	较小（1千万—1亿元）
				2	很小（1千万元以下）
	市场占有率	同领域中，一项专利技术经过充分的市场推广后可能在市场上占有的份额	30%	10	很大
				8	较大
				6	一般
				4	较小
				2	很小
	竞争情况	市场上是否存在同领域中与目标专利技术的持有人形成竞争关系的创新主体，以及该创新主体的规模	30%	10	几乎没有竞争对手
				8	竞争对手较弱
				6	竞争对手一般
				4	竞争对手较强
				2	竞争对手很强

续表 5.3

一级指标	二级指标	指标定义	权重	分值	分值含义
战略价值度（5）	外部实施情况	市场竞争主体是否实施专利技术，或可能实施专利技术，被市场竞争企业实施则具备较高的进攻价值	40%	10	竞争企业已实施
				7	竞争企业可能实施
				4	竞争企业不可能实施
	专利运营	专利技术的对外许可、入股、质押、诉讼、无效确权、标准化、交叉许可、专利池等	20%	10	已发生
				3	未发生
	行业影响力	专利技术获得科技、知识产权等相关奖项，则具备较强的行业影响力	20%	10	获得国家奖项
				8	获得省部级奖项
				6	其他奖项
				4	未获奖
	政策适应性	国家与地方政策对应用一项专利技术的相关规定，包括专利技术是否是正常所鼓励和扶持的技术，是否有各种优惠政策	20%	10	符合国家/省级政策要求
				5	无明确要求
				2	与国家/省级政策导向不一致
经济价值度（4）	专利对自身产品利润增值	目标专利对产品带来的利润增长	50%	10	利润增长 100 万以上
				5	利润增长 100 万—20 万
				2	利润增长 20 万以下
	专利交易收益	专利交易产生的收益	10%	10	产生收益
				3	没有收益
	专利诉讼侵权赔偿额	专利侵权诉讼的赔偿额	10%	10	发生侵权诉讼赔偿
				3	未发生侵权诉讼赔偿
	专利质押融资金额与作价入股份额	质押融资金额：以专利权作为质押客体获得的质押融资额；作价入股金额：以专利权作价进行的股权投资份额；	30%	10	金额累计 100 万以上
				5	金额累计 100 万—20 万
				2	金额累计 20 万以下

人工评价结果：专利价值 = 20% × 技术价值度 + 20% × 法律价值度 + 20% × 市场价值度 + 20% × 战略价值度 + 20% × 经济价值度

5.3　知识产权分级管理

知识产权分级管理是以知识产权价值评价结果为基础，进一步对知识产权进行细分，作为知识产权维护管理、知识产权运营的价格形成、知识产权布局的优化、知识产权奖申报等方面的参考和依据。

通过建立知识产权资产分级管理体系，实现已有知识产权的有效分级和管理可以实现以下目的。

（1）能够筛选出真正的核心知识产权和重要知识产权，并针对核心知识产权技术的再次挖掘与布局提供意见，为高价值知识产权的培育奠定基础。

（2）有助于知识产权资产价值的实现。核心知识产权资产价值将在专利运营工作中显现。

（3）有助于知识产权资产的有效管理。通过分级管理将有限的人力、物力集中到核心、重要的部分知识产权中，降低或杜绝对低价值知识产权技术的投入，从而提升知识产权资产的管理效率。

在项目知识产权产出中，专利是数量最多且最需要分级管理的类型，以下将详细阐述专利资产的分级管理。

（1）专利分级评估资料准备。

梳理内部有效专利信息：通过内部有效专利申请号从数据库中导出申请号、标题、申请人、专利权人、发明人、专利类型、IPC 分类号、申请日、公开日、授权日、专利文本页数、代理机构、权利要求数、技术特征数、同族国家数、引用数、被引用数、法律状态（许可、转让、质押、复审、无效、诉讼等）等 EXCEL 信息数据。

专利奖信息：通过统计专利奖信息，将获专利奖的专利进行信息统计，按照专利（申请号）、获奖等级进行一一对应。

（2）专利分级评分。

专利信息整理：将从数据库中获取的专利信息字段、专利对应项目获奖信息、专利奖获奖信息等按照所附模板进行数据整理。

专利评分：利用计算机以及模板程序进行自动计算分数，从计算机评分按分数从高到低排序，挑选一定比例的专利进行人工评分，并将待评专利申请号交付待评专家，专家根据人工评分指标对待评专利进行评分。

（3）对专利进行分级。

专利价值评价分级依据专利价值评价体系模型的打分结果总得分和单项得分共同完成分级，最终将待评价专利分为核心专利、重要专利、一般专利、低价值专利。其中：

①核心专利（0%—15%）：专利价值总得分 65 分以上；发生专利运营或者获得国家级奖项/行业级奖项，并且技术层面、法律层面、市场层面、战略层面得分尚可，同时结合专家意见进行判定。

②重要专利（20%—30%）：按百分制计算，技术层面得分70分以上，或市场层面得分60分以上，或战略层面得分65分以上，并且法律层面得分45分以上；获得省部级奖项，并且技术层面、法律层面、市场层面、战略层面得分尚可，同时结合专家意见进行判定。

③一般专利（40%—50%）：除核心专利、重要专利及低价值专利以外的剩余专利，即一般专利。

④低价值专利（10%—20%）：专利价值总得分50分以下；技术层面，或市场层面，或战略层面，或法律层面得分在已评价专利中排名后10%以内，同时结合专家意见进行判定。

【示例】"无人机＊＊控制方法"专利评级（图5.1）

专利"无人机＊＊控制方法"，该专利的计算机评分为76分，在各项维度上，技术维度得分较高，达到了73分，其他维度得分相对较低不超过30分，而且没有发生专利运营或得奖情况，若人工评价的得分与计算机评价得分相差不大，根据原则可以判断，该专利属于一般专利。

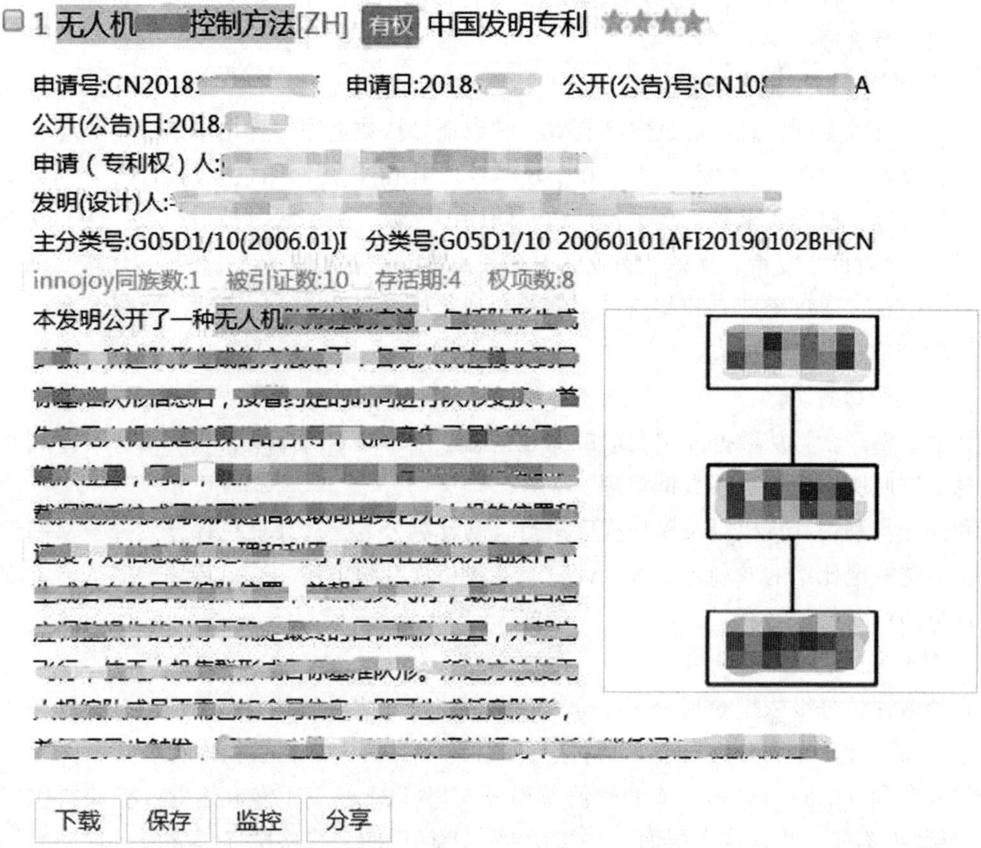

图5.1 无人机＊＊控制方法专利示意图

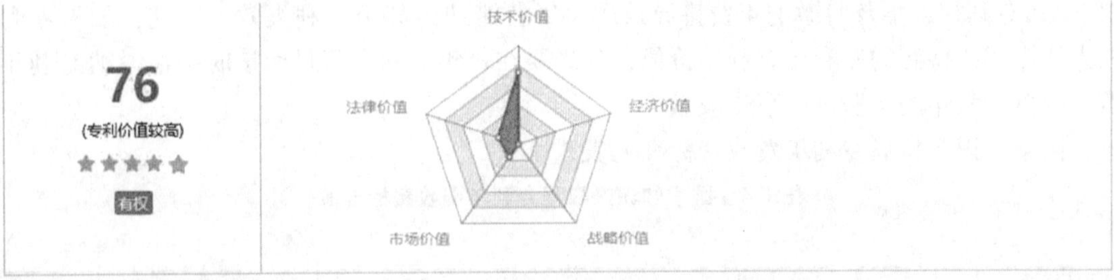

技术价值(DPIT) 73			
被引证数 10	被审查员引证数 10	引用专利国别数 2	引用非专利文献数 2
专利类型 发明	引证专利数 5	IPC部数 1	IPC小类数 1

法律价值(DPIL) 22			
独权数 1	主权项字数 237	复审后撤驳 否	权项数 8
说明书页数 27	innojoy布局国家数 1	PCT国际申请 否	存活期 3

市场价值(DPIM) 16			
innojoy同族数 1	三方专利(美日欧) 否	剩余有效期 17	

战略价值(DPIS) 0			
无效次数 0	标准必要专利 否	专利奖 否	

经济价值(DPIE) 0			
转让次数 0	许可次数 0	质押次数 0	

续图 5.1

5.3.1　知识产权维护

知识产权是依照各国法律赋予符合条件的著作者、发明者或成果拥有者在一定期限内享有的独占权利，一般认为它包括版权（著作权）和工业产权。版权（著作权）是指创作文学、艺术和科学作品的作者及其他著作权人依法对其作品所享有的人身权利和财产权利的总称；工业产权则是指包括发明专利、实用新型专利、外观设计专利、商标、服务标记、厂商名称、货源名称或原产地名称等在内的权利人享有的独占性权利。

专利权的维护需要每年缴纳专利年费，以专利价值评估和分级结果为基础，对低价值的专利进行有选择地放弃可以为申请人节约大量的维护费用，对于核心专利和重要专利应选择维护，对于一般专利可以有选择地进行维护或放弃，如上文所述专利，可以选择维持，因为该专利的技术维度得分较高，具备一定的市场前景。

5.3.1.1　专利年费及收费标准

专利年费是指专利授权后，每一个专利年度专利权人需要向专利局缴纳的专利维持费用。通过缴纳专利年费，专利局维持专利有效，为专利权人持续提供合法的“技术垄断权”。如专利权人不及时缴纳年费将导致产生年费滞纳金甚至专利失效。因此，如果专利权人认为其所持有的专利还有利用价值，务必要在每年专利申请日前按时足额缴纳专利年费。授权后六年的年费可以享受减缴。

国家知识产权局专利年费收费标准见表5.4。

表5.4　国家知识产权局专利年费收费标准表

单位：元/件

专利类型	年费	全额	减缓85%	减缓70%
发明	1—3年	900	135	270
	4—6年	1 200	180	360
	7—9年	2 000	300	600
	10—12年	4 000	600	1 200
	13—15年	6 000	900	1 800
	16—20年	8 000	1 200	2 400
实用新型及外观设计	1—3年	600	90	180
	4—5年	900	135	270
	6—8年	1 200	180	360
	9—10年	2 000	300	600
年费滞纳金	每超过规定的缴费时间1个月，加收当年全额年费的5%			

5.3.1.2　专利费用查询途径、方法以及缴费方式

（1）费用查询途径及方法。

①电话查询。国家申请：缴费人可以通过电话进行5个（含）以下专利缴费信息的查询，查询时应提供申请号或专利号。

②网络查询。缴费人可以登录国家知识产权局政府网站，点击“政务服务平台”，选择“专利检索与查询”进入到“中国及多国专利审查信息查询”查询应缴费用和已缴费用情况。

③现场查询。国家知识产权局专利局受理大厅设有费用查询服务台，可为缴费人在缴费的当天现场查询应缴费用种类、金额和缴费期限。

（2）缴费方式。

①网上缴费。电子申请注册用户，可以通过登录中国专利电子申请网使用网上缴费系统缴纳专利费用。其中个人用户可使用银行卡支付方式，专利代理机构和企事业单位用户可以使用对公账户支付方式。网上缴费的对公账户及个人账户，可以选择在代办处自取收据。网上缴费的缴费日以网上缴费系统收到的银联在线支付平台反馈的实际支付时间所对应的日期来确定。

②银行/邮局汇款转账。缴费人可以通过银行或邮局汇付专利费用。通过银行或邮局汇付专利费用时，应当在汇款单附言栏中写明正确的申请号（或专利号）及费用名称（或简称）。

缴费人汇款时，应当要求银行或邮局工作人员在汇款附言栏中录入上述缴费信息，通过邮局汇款的，还应当要求邮局工作人员录入完整通讯地址，包括邮政编码。费用不得寄到专利局受理处或者专利局其他部门或者审查员个人。收到银行或邮局汇款凭证应认真核对申请号或专利号以及缴费人的通讯地址、邮政编码，避免因银行或邮局工作人员录入错误造成的必要信息丢失。通过邮局汇款的，一个申请号（或专利号）应为一笔汇款。

缴费人通过银行或邮局汇付的，如果未在汇款时注明上述必要信息，可以在汇款当天最迟不超过汇款次日补充缴费信息，补充缴费信息的方式如下：登陆专利缴费信息网上补充及管理系统进行缴费信息的补充；通过传真或发送电子邮件的方式补充缴费信息。补充完整缴费信息的，以补充完整缴费信息日为缴费日。因逾期补充缴费信息或补充信息不符合规定，造成汇款被退回或入暂存的，视为未缴纳费用。

③专利局/代办处面缴。

缴费人可以直接向专利局或专利代办处收费窗口缴纳专利费用，以当天缴费的日期为缴费日。

对同一个专利申请号（或专利号）缴纳费用时，如果费用种类填写错误，缴费人可以在正确费用种类的缴纳期限内提出关于请求转换费用种类的意见陈述书并附具相应证明寄至受理处，经专利局确认后可以对费用种类进行转换。但不同申请号（或专利号）之间的费用不能转换。

因缴费人信息填写不完整或者不准确，造成费用不能退回或者退款无人接收的，费用暂时存入专利局账户（以下简称暂存）。费用入暂存的，视为未办理缴费手续。

5.3.1.3　软件著作权登记收费标准

自2017年4月1日起，中国版权中心已取消了软件著作权登记费（即官费）。但委托代理机构办理登记的，申请人应向代理机构缴纳代理费。

5.3.2　知识产权运营

本书所指的知识产权运营是以转让、许可、作价入股或与企业共有所有权等形式进行知识产权实施、应用并取得一定的社会效益和经济收益的活动。知识产权转移转化应遵循自愿、互利、公平、诚实信用的原则。

在专利运营过程中，参照专利分级结果，对核心专利和重要专利进行充分运营，实现专利价值。

5.3.2.1　知识产权实施

知识产权的实施方式有多种，包括只自行实施；既有自行实施，又有转让实施；既有自行实施，又有许可实施；自行实施、转让实施、许可实施均有；只转让实施；只许可实施等多种形式。对于学校来说，在知识产权实施方面，尤其是专利实施中，由于学校不是市场主体，不能自行实施，只能选择许可实施、转让实施的方式。

对于专利权来说，实施较为复杂，专利法规定，“发明和实用新型专利权被授予后，除本法另有规定的以外，任何单位或者个人未经专利权人许可，都不得实施其专利，即不得为生产经营目的制造、使用、许诺销售、销售、进口其专利产品，或者使用其专利方法以及使用、许诺销售、销售、进口依照该专利方法直接获得的产品”。对于学校来说，转让实施和许可实施时，常会与实施企业签订实施风险方面的协议，学校需要保证企业在实施过程中不承担侵权风险，所以如果实施的专利技术是在他人专利基础上作出的改进，且基础专利尚未失效就会导致侵犯专利权。故在专利实施时，应进行风险排查，确保不侵权他人的专利权。

5.3.2.2 知识产权许可

知识产权许可是指许可方将所涉知识产权授予被许可方按照约定使用的活动，给予许可知识产权的一方为“许可方”；接受许可的一方为“被许可方”；知识产权许可分为独占许可、排他许可和一般许可。许可后的知识产权权利人并未发生变化，即知识产权的权属没有改变。

（1）普通许可是指许可人允许被许可人在规定的地域范围内使用在合同中所约定的知识产权内容，同时保留在该地域范围内许可人自己使用该项知识产权以及再与第三方就该项知识产权签订许可证合同的权利。

（2）排他许可是指许可方允许被许可方在规定的地域内独家实施其知识产权，而不再许可第三方在该地域内实施其知识产权，但仍保留许可方自己实施其知识产权的权利。

（3）独占许可是指许可方允许被许可方在规定的地域范围内，拥有独占该项知识产权的使用权，任何第三方也包括许可方自己在内，均无权使用该项知识产权。

专利的许可流程主要包括以下步骤。

（1）评估专利价值。

在专利许可评估中，评估基准日的选取较为自由，只要不违反强制性规定即可。评估报告的有效期一般设定为自评估基准日起一年时间。专利价值可通过专业的知识产权资产评估事务所对专利价值进行客观评估，为专利许可提供价值参考。

（2）寻找专利许可的途径。

宣召专利许可，可以在专利网站上进行许可，也可以委托专利中介机构或自己寻找相关的被许可人等方式。

（3）办理专利许可手续。

签订专利许可合同，可以选择进行专利许可备案。专利许可不是必须向国家知识产权局备案。无论是否将专利实施许可合同进行备案，都不会影响合同本身的效力。也就是说，专利实施许可合同备案并不是法律的强制要求，备案只是国家对专利许可行为的一种管理方式。

5.3.2.3 知识产权转让

知识产权转让权利人将其获得的权利全部“转让”（出售）给他人的行为。在知识产权转让中，转让知识产权的一方为“转让方”；接受知识产权的一方为“受让方”。一旦发生知识产权的转让，转让方就不再对此知识产权拥有任何权利；受让方即成为此知识产权新的所有者，有权行使知识产权的所有权利。

专利的转让流程主要包括以下步骤。

（1）评估专利价值。

在专利转让评估中，评估基准日的选取较为自由，只要不违反强制性规定即可。评估报告的有效期一般设定为自评估基准日起一年时间。专利价值可通过专业的知识产权资产评估事务所对专利价值进行客观评估，为专利转让提供价值参考。

（2）寻找专利转让的途径。

宣召专利转让，可以在专利网站上进行转让，也可以委托专利中介机构或自己寻找相关的受让人。

（3）办理转让手续。

转让专利申请权或者专利权的，当事人应当订立书面合同，并向国务院专利行政部门登记，提交“转让合同”和“著录项目变更申报书”，同时缴纳费用；由国务院专利行政部门予以公告。专利申请权或者专利权的转让自登记之日起生效。

商标转让流程包括：申请→受理→审查→公告→核发转让证明。

商标转让时间：大约需要 6—10 个月左右。商标转让所需文件如下。

（1）转让申请/注册商标申请书。

（2）转让人和受让人的身份证明文件（复印件）。

（3）委托代理的提交受让人出具的代理委托书，直接在受理大厅办理的提交受让方经办人的身份证原件和复印件。

（4）申请移转的，还应当提交有关证明文件。

（5）申请文件为外文的，还应提供经翻译机构签章确认的中文译本。

转让过程中的注意事项如下。

①待转让的知识产权是否在权力期内，是否正常缴费，是否发生过许可或融资质押等情况。

②如果受让方为外国企业或组织，转让的专利要通过国家知识产权局的审核。

③应当在转让合同中明确专利的名称、性质、权属等条款，特别注意知识产权的保护年限和转让前的实施状况。

5.3.2.4　知识产权质押融资

知识产权质押融资是知识产权运用的一种业态，通过知识产权质押获得企业的发展资金，在此过程中知识产权的权属没有发生变化，只有当企业不能还款时，知识产权才会发生变化，用于质押的知识产权一般为企业正在实施并已实现产业化的专利。

（1）提出申请。

向银行提交知识产权质押贷款书面申请。申请知识产权质押贷款时，专利权人应持专利证书和银行所需的其他相关材料向银行提出贷款申请。金融机构针对不同客户初步分析其资产准入标准及范围。质押物的准入标准一般遵循发明专利和实用新型专利优先原则。

（2）价值评估。

知识产权质押物的价值可通过专业的知识产权资产评估事务所对质押物的时点价值进行客观评估，为质押类业务提供价值参考；出质物需要是出质人（专利权人）在质押期限范围内的无权属纠纷的知识产权。

（3）银行审核。

银行对提交的资料评估结果进行审核，金融机构根据专利的价值评估作为确定质押贷款的授信额度参考，质押率通常规定不超过质押物时点价值的50%，在实际操作中受行业、地区及风险控制等诸多因素影响与限制，一般为10%—60%之间，质押率在20%—60%之间。

（4）办理质押融资手续。

审核通过后，需要签订相关合同，并到国家知识产权局进行质押登记，质押登记合同应当包括如下内容：出质人、质权人姓名（名称）及地址，被担保的债权种类、数额，债务人履行债务的期限，出质物清单，担保范围，当事人约定的其他事项。取得知识产权质押登记证书后，金融机构按照双方签订的贷款合同给借贷方资金放款。

5.3.2.5 知识产权作价入股

知识产权作价入股是指知识产权所有者，通过将知识产权进行价值评估后，以资本的形式投资设立新企业或对已有企业进行增资的过程。作价入股是在市场经济环境中，引入市场机制加快成果转化的有效手段之一，是推进知识产权战略的有效形式；作价入股的知识产权权属由原有持有者变更为新设立的或增资的企业。专利是知识产权作价入股的主要类型。

知识产权作价入股流程如图5.2所示。

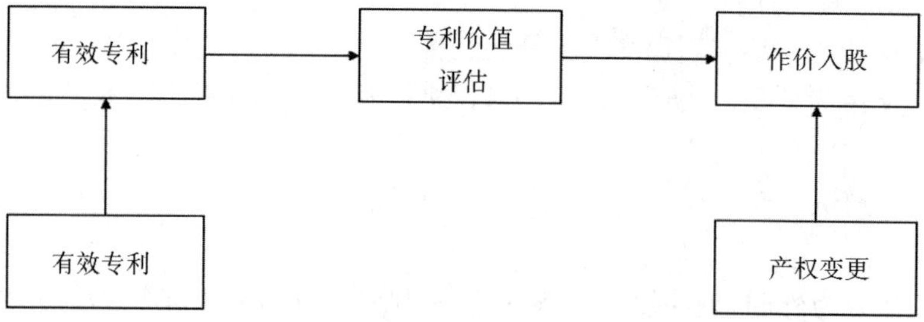

图5.2 知识产权作价入股流程示意图

（1）专利有效性及权利人审核。

作价入股的专利必须是有效专利，不能存在未授权、欠缴年费、已质押、正在办理转让、被无效或涉及法律诉讼等使权利处于不确定状态的情况；出资人须与专利登记簿的专利权人一致；权利存在许可和质押等情况的，需保证在许可协议中不存在对作价入股的限制性约定；专利作价入股不得违反国家保密法规等强制性规定。

（2）专利价值评估。

专利作价入股的评估基准日较为自由，一般选择会计报表日作为评估基准日，评估报告有效期一般设定为一年；评估结论与拟出资额要保持基本一致，不允许高值低入。

（3）专利作价入股。

专利技术资料交接完善，后续责任约定清晰；使用专利作价入股时，还需注意技术资料的交接和权利的移交、专利技术入股方的技术培训和指导、后续改进成果的权属，都要提前进行约定。以专利作价入股应当按期足额缴纳公司章程中规定的各自所认缴的出资额；以非货币财产出资的，应当依法办理其财产权的转移手续。

5.3.2.6　知识产权诉讼

在知识产权诉讼中，对于知识产权的侵权责任，其构成要件主要包括以下几个方面。

（1）侵犯的对象应当是在我国享有知识产权的有效专利。

（2）有违法行为存在，即行为人未经权利人许可，有以经营为目的实施知识产权的行为。

（3）行为人主观有过错。

以下以专利权为例，在发现他人有专利侵权行为时，可以参考以下步骤维护专利权或发起诉讼。

（1）确定自身专利有效性。

专利权人控告他人侵权时，被告往往会对专利提出无效，此时专利的有效性会再次被审查，故在起诉前应检索和调查现有技术，分析专利是否存在被宣告无效的可能性及可能性的大小。

（2）查明行为人及被告的选择。

提起侵权诉讼的作用是为了让侵权人停止侵权并承担相应的法律责任。故需要查明实际的侵权人，确定被告；在多人侵权时，选择具体被告应该考虑诉讼的风险、取证的难易、损失的计算等因素。

（3）估算损失。

专利侵权损失的赔偿额按照权利人因侵权行为受到的实际经济损失确定，实际损失难以确定的，可以按照侵权人因侵权所获得的利益确定。权利人的损失或者侵权人获得的利益难以确定的，参照该专利许可使用费的倍数合理确定。赔偿数额还应当包括权利人为制止侵权行为所支付的合理开支。权利人的损失、侵权人获得利益和专利许可使用费均难以确定的，人民法院可以根据专利权的类型、侵权行为的性质和情节等因素，确定给予1万元以上100万元以下的赔偿。

（4）收集证据。

证据主要包括：涉嫌侵权者的情况，侵权事实的证据，侵权损害的证明；为增强证据的证明力，可以请求公证人员在不暴露身份的情况下，对上述证据和取证过程进行公证，应当在律师和代理人的帮助下，围绕专利侵权构成要件的证明要求，力求收集各种客观、合法的证据，从而有力地支持诉讼主张。

（5）与涉嫌侵权者协商或谈判。

专利诉讼是手段不是目的，通过这一手段，想达到的目的是侵权者停止侵权、获得侵权赔偿等。如果能够通过协商谈判达到目的，则可以节约维权成本。

（6）进行诉讼。

若协商不成无法达到目的，则可以向具有管辖权的人民法院提起诉讼，通过律师的帮助在诉讼程序下达成停止侵权、侵权赔偿等目的。

5.3.2.7　其他知识产权运营

（1）专利联盟。

专利联盟通常是指相关企业之间基于共同的战略利益，以一组密切相连的专利技术为纽带而达成联盟。在该联盟内部，各成员可以就联盟中的专利相互进行交叉许可，或者优惠使用彼此的专利技术；而且统一对联盟外部发布联合许可声明，多以商业交换为条件，以统一许可条件向第三方开放进行横向和纵向许可，许可费率由联盟中的专利权人协商决定后通过一定的机构来实施。

（2）专利标准化。

专利标准化，即某些专利中的技术被标准所采纳，成为标准中的一部分。其实质是在各类技术被普遍专利化后，在对有关产品或技术制定标准时一种难以避免的现象，是技术标准化和技术专利化的结合产物。专利标准化流程包括：

前期筹备工作：从外界信息中发掘可能会成为被提议设立标准的技术领域和技术点；从自身研发成果中挖掘可能会被纳入标准的技术；对已预判可能设立标准的技术领域和技术点进行技术信息和专利分析，确定标准制定中的可能的合作伙伴和可能的竞争对手等工作。

围绕标准框架积极提案：需要围绕标准的技术框架，结合自身实力，确保技术优势领域与研发的重点投入领域相一致，准备适宜的技术点进行提案等。

根据草案讨论和编撰结构进行专利申请：标准草案的大致方向初步确定后，进入草案的编撰阶段，在此阶段，需要关注草案的走向和编撰结果，随时对其专利申请内容和申请方向做出调整。

跟踪标准化制定进程：一般会经过征求意见、送审、报批、标准发布阶段。在征求意见阶段及送审阶段，标准文本发生变化的可能性很大，需要对此期间的标准和专利的状态密切关注。

标准化成果的维护：标准发布以及专利授权后，需要根据标准发布的内容及授权的专利权利要求制作最终的专利标准对照分析表，并进行评估分析；除对已写入标准中的各方专利进行评估分析，保护自身专利标准化成果，以及减少他方专利标准化成果的影响外，还需要随时跟踪现有标准可能发生的修订和更新，以及随着技术的演进可能出现的新的标准制定领域，进行相应的研发和专利挖掘，确保其专利标准化成果的延续性。

5.3.3 知识产权再保护布局

根据知识产权分级评价结果，对核心的高价值知识产权进行再开发，可以变相延长核心技术的保护寿命，增强核心知识产权的保护力度；尤其是在专利技术方面，专利法对潜在的方法和技术通过授予专利权加以保护，即使该专利技术还不够成熟，不能实现批量生产或产业化应用。这类专利很多属于基础专利，可能包含重大的关键技术，如果能够深入研发，则有可能形成重大技术革新，对产业发展构成重大影响，因此，专利的二次开发是产学研合作和专利成果能够进行运营转化的重要环节。

主要方法和步骤如下。

①审视当前核心专利的技术分布、地域分布、时间分布是否合理。

②深入分析当前核心技术领域情况，把握技术、产业、市场的发展重点，规划技术研发战略，找准技术研发、市场运营等方面的重点。

③结合学校的基础专利对新兴技术、重点技术进行技术创新，完善专利二次布局，推

动专利成果的转化运营。

对核心专利、基础专利进行再挖掘和布局并不是盲目的毫无章法和规律的，而是一整套克敌制胜的组合拳，是一个具有强烈目标指向性的专利聚集过程。专利再布局是通过合理、有目的设计和规划，构建系统化的、有组织的、更强大、更具有竞争力的专利组合的过程。理论模式主要包括以下五种基本模式：集束型、降落伞型、星系型、链型和网状覆盖型。

（1）集束型专利布局（图 5.3）。

集束型专利布局是基于自身实施的技术方案所解决的问题，将实现该发明目的的其他多个可能的技术方案进行的专利布局，也可以采用特征替代的方式，将技术方案中的某些或某个技术特征、特征组合进行替换，或变换各个技术特征的组合关系形成的新技术方案的专利布局。

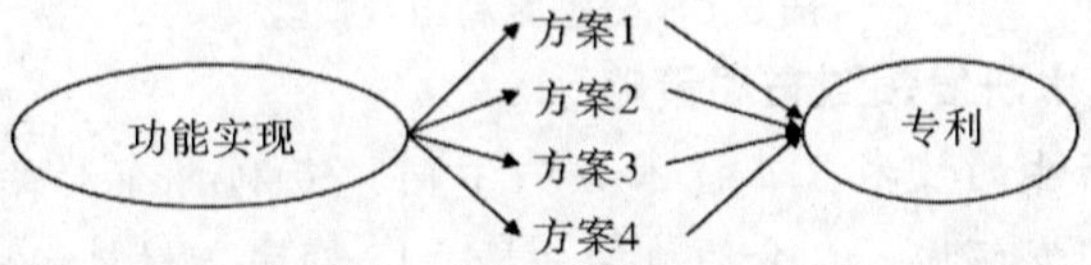

图 5.3　集束型专利组合模型

（2）降落伞型专利布局（图 5.4）。

降落伞型专利布局是以某一技术方案为基础，在其主要的改进、优化方向上进行专利布局，可以通过改进、减少某一技术特征，增加新的技术特征，或找到新的技术问题进行完善等方式实现。这种布局类型适用于对持续改进技术的跟随式保护，也可以为其他技术应用者制造技术障碍。

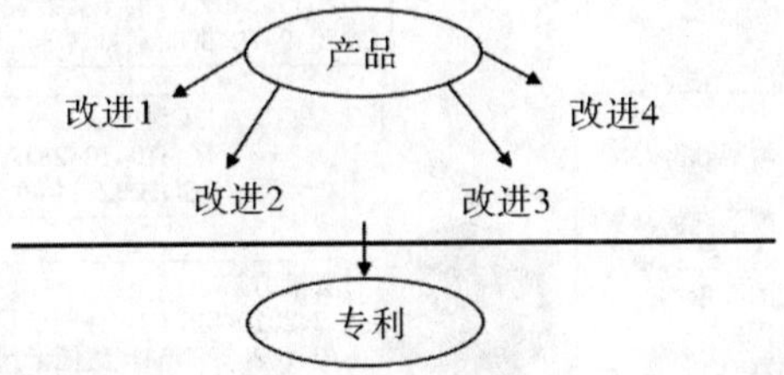

图 5.4　降落伞型专利组合模型

（3）星系型专利布局（图 5.5）。

星系型专利布局是以某一技术方案为基础，将发明创造中的某一技术手段通过迁移扩展应用到多个领域，对应用在其他领域中产生的延伸性专利进行布局形成的专利组合。这种类型的专利组合通常用于企业拓展其产品类型、在不同领域获得技术控制地位并提供专利保护，从而实现专利布局的横向扩展以及多面性和多样化。

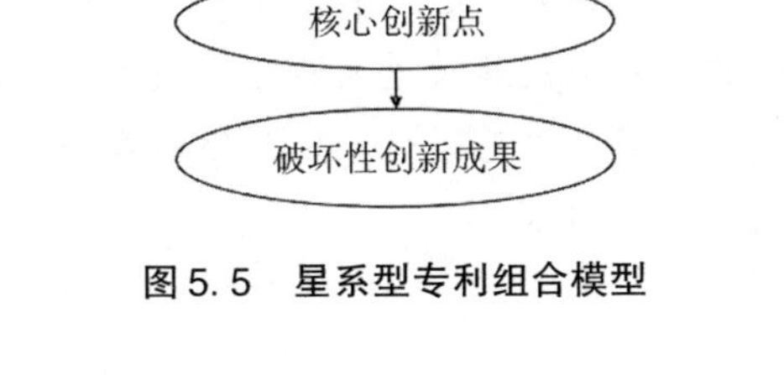

图 5.5　星系型专利组合模型

（4）链型专利组合（图5.6）。

链型专利组合是由某一技术方案一件或多件专利，和为该方案的产业化实现以及应用提供支持的上下游支撑性专利构成。这种类型的专利组合通常适用于围绕某一核心产品或技术进行整体的产业布局，为整合产业链资源提供专利保护。

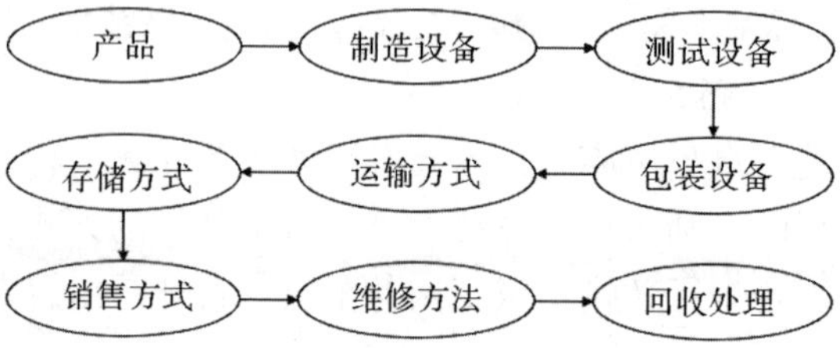

图5.6　链型专利组合模型

【示例】某大学技术研发领域布局策略

对于研发创新所产生的技术，其技术领域不同，专利再布局的方法和策略也有所不同，根据学校的技术研发领域，可分为机械领域、IT领域、材料领域。

（1）机械领域。

机械领域内的技术创新多涉及产品的组成、构造、形状、位置或连接关系，在保护产品结构的同时，也要重视产品的制造方法/工艺、操作方法、使用方法以及控制方法的保护，特别是对于不易保密、易看易学的工艺方法，应该及时申请发明专利保护。机械领域专利布局示例如图5.7所示。

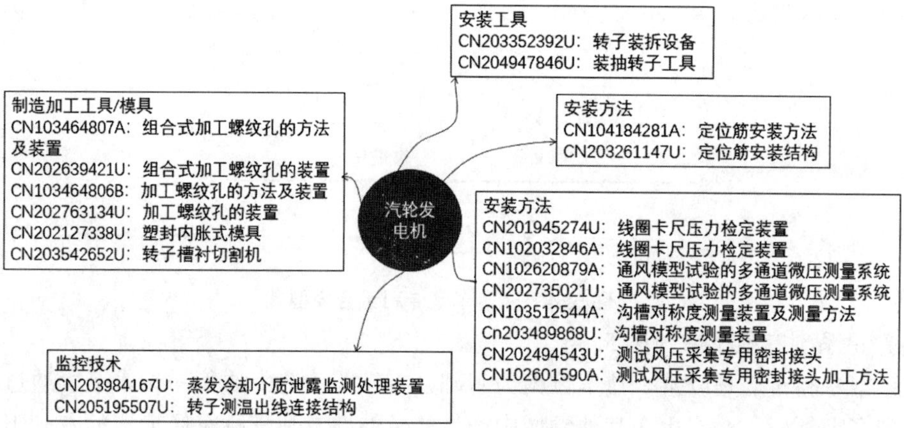

图5.7　机械领域专利布局

（2）IT领域。

随着智能硬件和移动互联网的普及，现阶段的IT产品通常是基于智能硬件和控制软件构成的整体解决方案，很难将技术创新从硬件、软件、应用三个层次进行绝对划分。因此IT领域的专利布局可以采用自底向上或者自顶向下的方式，针对硬件结构改进、硬件驱动方式改进、通信方法改进、控制逻辑改进、程序算法改进、人机交互方法改进等多层级设置专利布局，并辅以商标、集成电路设计、软件著作权等多种知识产权形式对产品全面布防。IT领域专利布局示例如图5.8所示。

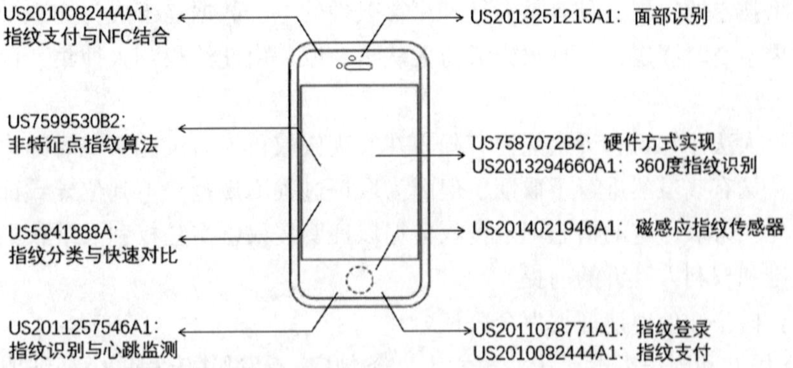

图 5. 8　IT 领域专利布局示意图

（3）材料领域。

材料领域的产业链之间联系非常紧密，一项技术的改进经常会影响到其他相关产业链，所以材料领域的专利再布局，一般会从完善产业链布局的角度考虑。在上游，针对核心材料从其构成、制造方法、处理方法、生产设备进行布局；在中游，根据其应用领域以及用途考虑，进行再布局；在下游，可以针对使用该材料形成的优质产品进行再布局。

5.4　常用技巧

5.4.1　专利失效的补救措施

专利失效的情况有三种：一是专利过期，二是专利权人提前终止，三是被宣告无效。日常工作中接触最多的专利失效情况就是专利权人提前终止专利权，提前终止的原因主要有两个：一是忘缴年费，二是专利权人自愿放弃。其中，能够补救的就是忘缴年费而失效的专利，前提是没超出规定的期限。

过期 1 个月内的情况：专利权人未按期限缴纳年费或缴纳不足，有 1 个月的延缓缴纳期，在延缓期内及时补缴年费，不需要额外缴纳滞纳金。

过期 2—6 个月的情况：超过 1 个月未缴纳专利年费的，将会收到专利行政部门发出的缴费通知书，通知书中会仔细列出专利权人理应缴纳的所有费用，包括年费、滞纳金等。对于滞纳金，专利过期未缴纳年费 2—6 个月，分别需要缴纳当年全年年费的 5%、10%、15%、20%、25% 作为滞纳金。

超过 6 个月的情况：超过 6 个月未缴纳专利年费的，将会收到一份专利权终止通知书，但专利权人依然可以保住自己的专利权。此时专利权人可以在自收到通知书 2 个月内，按时缴纳专利年费、25% 的滞纳金、1 000 元专利权恢复费，即可递交恢复权利申请。

在收到专利权终止通知书 2 个月内未办理专利权恢复手续并缴清相关费用，一般情况下专利权彻底终止，无法恢复，可供全民使用。

5.4.2　知识产权维权中的侵权证据固定

由于知识产权具有无形性的特点，并且知识产权侵权行为往往具有较强的隐蔽性，特别是随着网络技术的发展，具有易逝性和可篡改性的电子数据趋于成为知识产权的主要承载媒介，如果不及时固定，一旦灭失或将无法再获取，由此给权利人搜集、固定证据带来困难。

有些当事人法律知识和诉讼能力有限，在发现侵权行为后没能第一时间进行取证，导致证据灭失。又有些虽然进行了取证，但因为取证过程不规范、不到位导致证据难以被法院采纳。因此，采取一定的措施固定侵权证据以证明侵权事实是权利人维权的第一步，也是定案的关键和权利人胜诉的前提。

方法一：向公证处申请证据保全公证。

《中华人民共和国民事诉讼法》第六十九条规定，经过法定程序公证证明的事实和文件，人民法院应当作为认定事实的根据，但有相反证据足以推翻公证证明的除外。《中华人民共和国公证法》第三十六条同样赋予了公证证据的法定证据效力：经公证的民事法律行为，有法律意义的事实和文书，应当作为认定事实的根据，但有相反证据足以推翻该项公证的除外。因此，向公证处申请证据保全公证是稳妥、有效的，也是最常见的取证方式。特别是随着网络技术的发展和市场的需求，公证业务也在向数字化转型，公证保全内容同步生成电子数据并保存，并可根据需要在线申请纸质公证书，公证证据保全的效率、效果得以进一步提升。但公证方式并非万无一失，公证文书也可能会被撤销或不被法院采纳。因此公证程序、公证过程及其记载必须符合相关法律法规的规定，公证文书中应客观记载公证保全的时间、地点、人物以及取证过程，保证其合法性、真实性与完整性，避免产生公证瑕疵，影响公证效力。

公证过程中要注意以下几点。

（1）公证侵权现场或现场购买侵权产品。

①应由公证人员使用公证处的拍摄设备对侵权现场或侵权产品进行拍照或摄像，重点拍摄经营单位名称、店招、门牌号、铺位号、侵权标识、产品型号、标价等信息。特别要注意反映侵权现场全貌，因为侵权现场反映的侵权标识的使用范围、侵权产品在全部生产、销售产品中所占的比例，将直接影响到诉讼中法院对于侵权赔偿金额的考量。

②购买侵权产品应明确记载购买时间、数量、金额、支付方式等信息，并要求销售商开具正规发票或出具盖有公章的收据，注意发票或收据上的公章是否与实际销售商一致，其上记载的购买时间、商品名称、型号、价格等是否与所购商品一致。如果存在销售方从其他商铺调货的情况应如实记载原因及过程。

③所购涉嫌侵权产品需由公证员封存完好并在外包装上标注封存时间、公证书编号等信息后才能交由申请人保存，同时申请人应当检查封存物品上粘贴的封条是否盖有公证处的骑缝章并注明公证书文号。公证产品保存过程中应防止封条破损、脱落，以免丧失证据效力。

（2）涉网络侵权行为证据保全。

①申请公证保全前应自行仔细浏览网页，提前有针对性地确定需要保全的网页内容。需要注意的是，保全的内容不仅限于侵权页面，还包括反映网站基本架构的页面（如栏目分类）、网站发布的用户须知、网站所有人的基本信息（一般在页面底部或“关于我们”

"联系我们"等栏目内）等内容，保全内容的完整性、准确性将影响到侵权行为的认定。

②上网操作应使用公证处的电脑、存储设备等电子产品。若使用申请人自带的电子设备，则必须进行清洁性检查、格式化和网络接入情况检查等，排除公证内容来自于本地设备的可能性，避免涉诉后被告提出合理性怀疑。上述清洁过程应在公证书中明确记载。

③采用正常上网方式逐步进入侵权页面，而非直接输入侵权页面的网络地址。因为每一次点击步骤及出现的页面可能会影响到对于侵权方式及侵权行为的认定。

④在著作权侵权公证中，应完整固定侵权作品名称、内容、点击数等。如果存在"下载"按钮，应当点击下载侵权作品，以证明网站确实提供了侵权作品的下载，以防被告在诉讼中抗辩其仅设置了"下载"按钮而实际并未提供下载。如果页面显示侵权作品来源于第三方网站，应同时至第三方网站查询是否存在该侵权作品并固定，以确认侵权作品是链接自第三方网站还是存储于该网站。

⑤如果是网上购买侵权产品，可在平台上查明销售商的经营主体信息，以确定明确的侵权行为实施者、产品价格、销量、库存数量等，应一并固定，以便在确定赔偿金额时作为重要考量因素。仔细阅读"用户评价"，往往可以发现一些有价值的信息。

⑥使用录屏软件对网上操作过程进行录像或截屏，并刻录光盘后由公证处封存于公证书中。

⑦通过工信部ICP备案查询或域名查询，确定公证侵权网站的经营主体。

（3）取得公证书后应第一时间检查公证书的内容是否有遗漏或错误，保全内容与公证书记载是否存在矛盾等，以免记载有误的公证书在进入诉讼后，因存在重要瑕疵影响公证书的客观真实性而不被法院采纳。网络平台上购买的侵权产品应在公证员的监督下收货，并当场封存。封存时应保留快递包裹的外包装，因为外包装上有相关的销售者信息。

（4）公证保全证据后，应及时采取提起诉讼等救济措施，以减少损失。如果因故在短时间内未能及时提起诉讼的，可在提起诉讼前再次进行证据保全，以证明侵权行为持续时间、侵权产品的销售数据等事实。

方法二：采用电子存证平台对电子证据进行证据保全。

随着大数据、云计算、区块链等网络技术的飞速发展，电子签名、可信时间戳、存证云等电子存证平台作为一种新型证据固定方式，以其方便、快捷、低成本等优势在知识产权侵权证据保全中被越来越多地采用，特别是广泛应用在摄影作品、文字作品等信息网络传播权侵权案件中。鉴于这种"互联网+证据保全"的取证模式尚处在起步阶段，法院对此类证据的采纳相对更加谨慎。

《最高人民法院关于互联网法院审理案件若干问题的规定》第十一条第二款规定，当事人提交的电子数据，通过电子签名、可信时间戳、哈希值校验、区块链等证据收集、固定和防篡改的技术手段或者通过电子取证存证平台认证，能够证明其真实性的，互联网法院应当确认。该规定肯定了电子证据保全的合法性和有效性，确认了在无相反证据的情况下，电子存证可以作为认定事实的初步证据。但电子存证平台的经营者一般是营业性市场主体，且取证过程由取证人自行操作完成，无中立的第三方监督，不同于公证保全证据，因此采用电子存证方式保全证据尤其应注意存证主体的中立性、存证技术的可靠性、内容的真实性和程序的完整性。

方法三：向行政机关举报固定证据。

我国法律确立了知识产权司法保护和行政保护并行的双轨制模式。比如《中华人民共和国商标法》第六十条规定：“有本法第五十七条所列侵犯注册商标专用权行为之一，引起纠纷的，由当事人协商解决；不愿协商或者协商不成的，商标注册人或者利害关系人可以向人民法院起诉，也可以请求工商行政管理部门处理。”第六十一条规定：“对侵犯注册商标专用权的行为，工商行政管理部门有权依法查处；涉嫌犯罪的，应当及时移送司法机关依法处理。”司法保护一般遵循不告不理的原则，而行政保护既可以由行政执法机关依据法律赋予的权利履行法定职责主动启动行政执法程序，也可以依权利人申请而启动调查。一旦启动行政程序，行政执法机关可以主动采取措施搜集、调查证据，并可采取查封、扣押侵权产品等行政强制措施，处罚款、没收违法所得等行政处罚。特别是对于权利人因客观原因无法自行收集侵权证据的案件，如固定侵权现场等，可以请求行政机关处理。通过行政强制力的介入，可以减轻权利人的举证负担，行政处罚决定书等文书也可以作为民事诉讼中的重要证据。同时，权利人还可以在行政机关的主持下就民事赔偿达成和解，一揽子化解侵权纠纷。

方法四：向法院申请诉前、诉中证据保全。

《中华人民共和国民事诉讼法》第八十一条规定，在证据可能灭失或者以后难以取得的情况下，当事人可以在诉讼过程中向人民法院申请保全证据，人民法院也可以主动采取保全措施。因情况紧急，在证据可能灭失或者以后难以取得的情况下，利害关系人可以在提起诉讼或者申请仲裁前向证据所在地、被申请人住所地或者对案件有管辖权的人民法院申请保全证据。

《最高人民法院关于民事诉讼证据的若干规定》第二十七条第二款规定，根据当事人的申请和具体情况，人民法院可以采取查封、扣押、录音、录像、复制、鉴定、勘验等方法进行证据保全，并制作笔录。可见，对于可能灭失或者以后难以取得的证据，权利人可以及时向法院申请证据保全取得证据，从而有效维护知识产权合法权益。

申请知识产权证据保全需具备以下条件：申请人是著作权、商标权等知识产权的权利人或利害关系人；申请人应当提交被告存在侵权行为的初步证据；保全的证据须与本案有关联；该证据可能灭失或以后难以取得；保全证据若可能造成被申请人财产损失的，申请人需提供相应的担保。申请证据保全需提供取得证据的确切线索，包括证据名称、存放地点等。需要注意的是，当事人可以自行搜集取得的证据不属于申请法院证据保全的范围。证据保全也不得侵害他人的合法权益，如不得申请对他人电子邮箱内的电子邮件进行证据保全。

附　录

中华人民共和国专利法（2020 年修订）

第一章　总　则

第一条　为了保护专利权人的合法权益，鼓励发明创造，推动发明创造的应用，提高创新能力，促进科学技术进步和经济社会发展，制定本法。

第二条　本法所称的发明创造是指发明、实用新型和外观设计。

发明，是指对产品、方法或者其改进所提出的新的技术方案。

实用新型，是指对产品的形状、构造或者其结合所提出的适于实用的新的技术方案。

外观设计，是指对产品的整体或者局部的形状、图案或者其结合以及色彩与形状、图案的结合所作出的富有美感并适于工业应用的新设计。

第三条　国务院专利行政部门负责管理全国的专利工作；统一受理和审查专利申请，依法授予专利权。省、自治区、直辖市人民政府管理专利工作的部门负责本行政区域内的专利管理工作。

第四条　申请专利的发明创造涉及国家安全或者重大利益需要保密的，按照国家有关规定办理。

第五条　对违反法律、社会公德或者妨害公共利益的发明创造，不授予专利权。

对违反法律、行政法规的规定获取或者利用遗传资源，并依赖该遗传资源完成的发明创造，不授予专利权。

第六条　执行本单位的任务或者主要是利用本单位的物质技术条件所完成的发明创造为职务发明创造。职务发明创造申请专利的权利属于该单位，申请被批准后，该单位为专利权人。该单位可以依法处置其职务发明创造申请专利的权利和专利权，促进相关发明创造的实施和运用。

非职务发明创造，申请专利的权利属于发明人或者设计人；申请被批准后，该发明人或者设计人为专利权人。

利用本单位的物质技术条件所完成的发明创造，单位与发明人或者设计人订有合同，对申请专利的权利和专利权的归属作出约定的，从其约定。

第七条　对发明人或者设计人的非职务发明创造专利申请，任何单位或者个人不得压制。

第八条　两个以上单位或者个人合作完成的发明创造、一个单位或者个人接受其他单位或者个人委托所完成的发明创造，除另有协议的以外，申请专利的权利属于完成或者共同完成的单位或者个人；申请被批准后，申请的单位或者个人为专利权人。

第九条 同样的发明创造只能授予一项专利权。但是，同一申请人同日对同样的发明创造既申请实用新型专利又申请发明专利，先获得的实用新型专利权尚未终止，且申请人声明放弃该实用新型专利权的，可以授予发明专利权。两个以上的申请人分别就同样的发明创造申请专利的，专利权授予最先申请的人。

第十条 专利申请权和专利权可以转让。中国单位或者个人向外国人、外国企业或者外国其他组织转让专利申请权或者专利权的，应当依照有关法律、行政法规的规定办理手续。转让专利申请权或者专利权的，当事人应当订立书面合同，并向国务院专利行政部门登记，由国务院专利行政部门予以公告。专利申请权或者专利权的转让自登记之日起生效。

第十一条 发明和实用新型专利权被授予后，除本法另有规定的以外，任何单位或者个人未经专利权人许可，都不得实施其专利，即不得为生产经营目的制造、使用、许诺销售、销售、进口其专利产品，或者使用其专利方法以及使用、许诺销售、销售、进口依照该专利方法直接获得的产品。外观设计专利权被授予后，任何单位或者个人未经专利权人许可，都不得实施其专利，即不得为生产经营目的制造、许诺销售、销售、进口其外观设计专利产品。

第十二条 任何单位或者个人实施他人专利的，应当与专利权人订立实施许可合同，向专利权人支付专利使用费。被许可人无权允许合同规定以外的任何单位或者个人实施该专利。

第十三条 发明专利申请公布后，申请人可以要求实施其发明的单位或者个人支付适当的费用。

第十四条 专利申请权或者专利权的共有人对权利的行使有约定的，从其约定。没有约定的，共有人可以单独实施或者以普通许可方式许可他人实施该专利；许可他人实施该专利的，收取的使用费应当在共有人之间分配。

除前款规定的情形外，行使共有的专利申请权或者专利权应当取得全体共有人的同意。

第十五条 被授予专利权的单位应当对职务发明创造的发明人或者设计人给予奖励；发明创造专利实施后，根据其推广应用的范围和取得的经济效益，对发明人或者设计人给予合理的报酬。

国家鼓励被授予专利权的单位实行产权激励，采取股权、期权、分红等方式，使发明人或者设计人合理分享创新收益。

第十六条 发明人或者设计人有权在专利文件中写明自己是发明人或者设计人。

专利权人有权在其专利产品或者该产品的包装上标明专利标识。

第十七条 在中国没有经常居所或者营业所的外国人、外国企业或者外国其他组织在中国申请专利的，依照其所属国同中国签订的协议或者共同参加的国际条约，或者依照互惠原则，根据本法办理。

第十八条 在中国没有经常居所或者营业所的外国人、外国企业或者外国其他组织在中国申请专利和办理其他专利事务的，应当委托依法设立的专利代理机构办理。

中国单位或者个人在国内申请专利和办理其他专利事务的，可以委托依法设立的专利代理机构办理。

专利代理机构应当遵守法律、行政法规，按照被代理人的委托办理专利申请或者其他专利事务；对被代理人发明创造的内容，除专利申请已经公布或者公告的以外，负有保密责任。专利代理机构的具体管理办法由国务院规定。

第十九条 任何单位或者个人将在中国完成的发明或者实用新型向外国申请专利的，应当事先报经国务院专利行政部门进行保密审查。保密审查的程序、期限等按照国务院的规定执行。

中国单位或者个人可以根据中华人民共和国参加的有关国际条约提出专利国际申请。申请人提出专利国际申请的，应当遵守前款规定。

国务院专利行政部门依照中华人民共和国参加的有关国际条约、本法和国务院有关规定处理专利国际申请。对违反本条第一款规定向外国申请专利的发明或者实用新型，在中国申请专利的，不授予专利权。

第二十条 申请专利和行使专利权应当遵循诚实信用原则。不得滥用专利权损害公共利益或者他人合法权益。

滥用专利权，排除或者限制竞争，构成垄断行为的，依照《中华人民共和国反垄断法》处理。

第二十一条 国务院专利行政部门应当按照客观、公正、准确、及时的要求，依法处理有关专利的申请和请求。

国务院专利行政部门应当加强专利信息公共服务体系建设，完整、准确、及时发布专利信息，提供专利基础数据，定期出版专利公报，促进专利信息传播与利用。

在专利申请公布或者公告前，国务院专利行政部门的工作人员及有关人员对其内容负有保密责任。

第二章 授予专利权的条件

第二十二条 授予专利权的发明和实用新型，应当具备新颖性、创造性和实用性。

新颖性，是指该发明或者实用新型不属于现有技术；也没有任何单位或者个人就同样的发明或者实用新型在申请日以前向国务院专利行政部门提出过申请，并记载在申请日以后公布的专利申请文件或者公告的专利文件中。

创造性，是指与现有技术相比，该发明具有突出的实质性特点和显著的进步，该实用新型具有实质性特点和进步。

实用性，是指该发明或者实用新型能够制造或者使用，并且能够产生积极效果。

本法所称现有技术，是指申请日以前在国内外为公众所知的技术。

第二十三条 授予专利权的外观设计，应当不属于现有设计；也没有任何单位或者个人就同样的外观设计在申请日以前向国务院专利行政部门提出过申请，并记载在申请日以后公告的专利文件中。

授予专利权的外观设计与现有设计或者现有设计特征的组合相比，应当具有明显区别。

授予专利权的外观设计不得与他人在申请日以前已经取得的合法权利相冲突。

本法所称现有设计，是指申请日以前在国内外为公众所知的设计。

第二十四条 申请专利的发明创造在申请日以前六个月内，有下列情形之一的，不丧失新颖性：

（一）在国家出现紧急状态或者非常情况时，为公共利益目的首次公开的；

（二）在中国政府主办或者承认的国际展览会上首次展出的；

（三）在规定的学术会议或者技术会议上首次发表的；

（四）他人未经申请人同意而泄露其内容的。

第二十五条 对下列各项，不授予专利权：

（一）科学发现；

（二）智力活动的规则和方法；

（三）疾病的诊断和治疗方法；

（四）动物和植物品种；

（五）原子核变换方法以及用原子核变换方法获得的物质；

（六）对平面印刷品的图案、色彩或者二者的结合作出的主要起标识作用的设计。

对前款第（四）项所列产品的生产方法，可以依照本法规定授予专利权。

第三章 专利的申请

第二十六条 申请发明或者实用新型专利的，应当提交请求书、说明书及其摘要和权利要求书等文件。

请求书应当写明发明或者实用新型的名称，发明人的姓名，申请人姓名或者名称、地址，以及其他事项。

说明书应当对发明或者实用新型作出清楚、完整的说明，以所属技术领域的技术人员能够实现为准；必要的时候，应当有附图。摘要应当简要说明发明或者实用新型的技术要点。

权利要求书应当以说明书为依据，清楚、简要地限定要求专利保护的范围。

依赖遗传资源完成的发明创造，申请人应当在专利申请文件中说明该遗传资源的直接来源和原始来源；申请人无法说明原始来源的，应当陈述理由。

第二十七条 申请外观设计专利的，应当提交请求书、该外观设计的图片或者照片以及对该外观设计的简要说明等文件。

申请人提交的有关图片或者照片应当清楚地显示要求专利保护的产品的外观设计。

第二十八条 国务院专利行政部门收到专利申请文件之日为申请日。如果申请文件是邮寄的，以寄出的邮戳日为申请日。

第二十九条 申请人自发明或者实用新型在外国第一次提出专利申请之日起十二个月内，或者自外观设计在外国第一次提出专利申请之日起六个月内，又在中国就相同主题提出专利申请的，依照该外国同中国签订的协议或者共同参加的国际条约，或者依照相互承认优先权的原则，可以享有优先权。

申请人自发明或者实用新型在中国第一次提出专利申请之日起十二个月内，或者自外观设计在中国第一次提出专利申请之日起六个月内，又向国务院专利行政部门就相同主题提出专利申请的，可以享有优先权。

第三十条 申请人要求发明、实用新型专利优先权的，应当在申请的时候提出书面声明，并且在第一次提出申请之日起十六个月内，提交第一次提出的专利申请文件的副本。

申请人要求外观设计专利优先权的，应当在申请的时候提出书面声明，并且在三个月内提交第一次提出的专利申请文件的副本。

申请人未提出书面声明或者逾期未提交专利申请文件副本的，视为未要求优先权。

第三十一条 一件发明或者实用新型专利申请应当限于一项发明或者实用新型。属于一个总的发明构思的两项以上的发明或者实用新型，可以作为一件申请提出。

一件外观设计专利申请应当限于一项外观设计。同一产品两项以上的相似外观设计，或者用于同一类别并且成套出售或者使用的产品的两项以上外观设计，可以作为一件申请提出。

第三十二条 申请人可以在被授予专利权之前随时撤回其专利申请。

第三十三条 申请人可以对其专利申请文件进行修改，但是，对发明和实用新型专利申请文件的修改不得超出原说明书和权利要求书记载的范围，对外观设计专利申请文件的修改不得超出原图片或者照片表示的范围。

第四章 专利申请的审查和批准

第三十四条 国务院专利行政部门收到发明专利申请后，经初步审查认为符合本法要求的，自申请日起满十八个月，即行公布。国务院专利行政部门可以根据申请人的请求早日公布其申请。

第三十五条 发明专利申请自申请日起三年内，国务院专利行政部门可以根据申请人随时提出的请求，对其申请进行实质审查；申请人无正当理由逾期不请求实质审查的，该申请即被视为撤回。

国务院专利行政部门认为必要的时候，可以自行对发明专利申请进行实质审查。

第三十六条 发明专利的申请人请求实质审查的时候，应当提交在申请日前与其发明有关的参考资料。发明专利已经在外国提出过申请的，国务院专利行政部门可以要求申请人在指定期限内提交该国为审查其申请进行检索的资料或者审查结果的资料；无正当理由逾期不提交的，该申请即被视为撤回。

第三十七条 国务院专利行政部门对发明专利申请进行实质审查后，认为不符合本法规定的，应当通知申请人，要求其在指定的期限内陈述意见，或者对其申请进行修改；无正当理由逾期不答复的，该申请即被视为撤回。

第三十八条 发明专利申请经申请人陈述意见或者进行修改后，国务院专利行政部门仍然认为不符合本法规定的，应当予以驳回。

第三十九条 发明专利申请经实质审查没有发现驳回理由的，由国务院专利行政部门作出授予发明专利权的决定，发给发明专利证书，同时予以登记和公告。发明专利权自公告之日起生效。

第四十条 实用新型和外观设计专利申请经初步审查没有发现驳回理由的，由国务院专利行政部门作出授予实用新型专利权或者外观设计专利权的决定，发给相应的专利证书，同时予以登记和公告。实用新型专利权和外观设计专利权自公告之日起生效。

第四十一条 专利申请人对国务院专利行政部门驳回申请的决定不服的，可以自收到通知之日起三个月内向国务院专利行政部门请求复审。国务院专利行政部门复审后，作出决定，并通知专利申请人。

专利申请人对国务院专利行政部门的复审决定不服的，可以自收到通知之日起三个月内向人民法院起诉。

第五章 专利权的期限、终止和无效

第四十二条 发明专利权的期限为二十年，实用新型专利权的期限为十年，外观设计专利权的期限为十五年，均自申请日起计算。

自发明专利申请日起满四年，且自实质审查请求之日起满三年后授予发明专利权的，国务院专利行政部门应专利权人的请求，就发明专利在授权过程中的不合理延迟给予专利权期限补偿，但由申请人引起的不合理延迟除外。

为补偿新药上市审评审批占用的时间，对在中国获得上市许可的新药相关发明专利，国务院专利行政部门应专利权人的请求给予专利权期限补偿。补偿期限不超过五年，新药批准上市后总有效专利权期限不超过十四年。

第四十三条 专利权人应当自被授予专利权的当年开始缴纳年费。

第四十四条 有下列情形之一的，专利权在期限届满前终止：（一）没有按照规定缴纳年费的；（二）专利权人以书面声明放弃其专利权的。专利权在期限届满前终止的，由国务院专利行政部门登记和公告。

第四十五条 自国务院专利行政部门公告授予专利权之日起，任何单位或者个人认为该专利权的授予不符合本法有关规定的，可以请求国务院专利行政部门宣告该专利权无效。

第四十六条 国务院专利行政部门对宣告专利权无效的请求应当及时审查和作出决定，并通知请求人和专利权人。宣告专利权无效的决定，由国务院专利行政部门登记和公告。

对国务院专利行政部门宣告专利权无效或者维持专利权的决定不服的，可以自收到通知之日起三个月内向人民法院起诉。人民法院应当通知无效宣告请求程序的对方当事人作为第三人参加诉讼。

第四十七条 宣告无效的专利权视为自始即不存在。

宣告专利权无效的决定，对在宣告专利权无效前人民法院作出并已执行的专利侵权的判决、调解书，已经履行或者强制执行的专利侵权纠纷处理决定，以及已经履行的专利实施许可合同和专利权转让合同，不具有追溯力。但是因专利权人的恶意给他人造成的损失，应当给予赔偿。

依照前款规定不返还专利侵权赔偿金、专利使用费、专利权转让费，明显违反公平原则的，应当全部或者部分返还。

第六章 专利实施的特别许可

第四十八条 国务院专利行政部门、地方人民政府管理专利工作的部门应当会同同级相关部门采取措施，加强专利公共服务，促进专利实施和运用。

第四十九条 国有企业事业单位的发明专利，对国家利益或者公共利益具有重大意义的，国务院有关主管部门和省、自治区、直辖市人民政府报经国务院批准，可以决定在批准的范围内推广应用，允许指定的单位实施，由实施单位按照国家规定向专利权人支付使用费。

第五十条 专利权人自愿以书面方式向国务院专利行政部门声明愿意许可任何单位或者个人实施其专利，并明确许可使用费支付方式、标准的，由国务院专利行政部门予以公告，实行开放许可。就实用新型、外观设计专利提出开放许可声明的，应当提供专利权评价报告。

专利权人撤回开放许可声明的，应当以书面方式提出，并由国务院专利行政部门予以公告。开放许可声明被公告撤回的，不影响在先给予的开放许可的效力。

第五十一条 任何单位或者个人有意愿实施开放许可的专利的，以书面方式通知专利权人，并依照公告的许可使用费支付方式、标准支付许可使用费后，即获得专利实施许可。

开放许可实施期间，对专利权人缴纳专利年费相应给予减免。

实行开放许可的专利权人可以与被许可人就许可使用费进行协商后给予普通许可，但不得就该专利给予独占或者排他许可。

第五十二条 当事人就实施开放许可发生纠纷的，由当事人协商解决；不愿协商或者协商不成的，可以请求国务院专利行政部门进行调解，也可以向人民法院起诉。

第五十三条 有下列情形之一的，国务院专利行政部门根据具备实施条件的单位或者个人的申请，可以给予实施发明专利或者实用新型专利的强制许可：

（一）专利权人自专利权被授予之日起满三年，且自提出专利申请之日起满四年，无正当理由未实施或者未充分实施其专利的；

（二）专利权人行使专利权的行为被依法认定为垄断行为，为消除或者减少该行为对竞争产生的不利影响的。

第五十四条 在国家出现紧急状态或者非常情况时，或者为了公共利益的目的，国务院专利行政部门可以给予实施发明专利或者实用新型专利的强制许可。

第五十五条 为了公共健康目的，对取得专利权的药品，国务院专利行政部门可以给予制造并将其出口到符合中华人民共和国参加的有关国际条约规定的国家或者地区的强制许可。

第五十六条 一项取得专利权的发明或者实用新型比前已经取得专利权的发明或者实用新型具有显著经济意义的重大技术进步，其实施又有赖于前一发明或者实用新型的实施的，国务院专利行政部门根据后一专利权人的申请，可以给予实施前一发明或者实用新型的强制许可。

在依照前款规定给予实施强制许可的情形下，国务院专利行政部门根据前一专利权人的申请，也可以给予实施后一发明或者实用新型的强制许可。

第五十七条 强制许可涉及的发明创造为半导体技术的，其实施限于公共利益的目的和本法第五十三条第（二）项规定的情形。

第五十八条 除依照本法第五十三条第（二）项、第五十五条规定给予的强制许可外，强制许可的实施应当主要为了供应国内市场。

第五十九条 依照本法第五十三条第（一）项、第五十六条规定申请强制许可的单位或者个人应当提供证据，证明其以合理的条件请求专利权人许可其实施专利，但未能在合理的时间内获得许可。

第六十条 国务院专利行政部门作出的给予实施强制许可的决定，应当及时通知专利权人，并予以登记和公告。给予实施强制许可的决定，应当根据强制许可的理由规定实施的范围和时间。强制许可的理由消除并不再发生时，国务院专利行政部门应当根据专利权人的请求，经审查后作出终止实施强制许可的决定。

第六十一条 取得实施强制许可的单位或者个人不享有独占的实施权，并且无权允许他人实施。

第六十二条 取得实施强制许可的单位或者个人应当付给专利权人合理的使用费，或者依照中华人民共和国参加的有关国际条约的规定处理使用费问题。付给使用费的，其数额由双方协商；双方不能达成协议的，由国务院专利行政部门裁决。

第六十三条 专利权人对国务院专利行政部门关于实施强制许可的决定不服的，专利权人和取得实施强制许可的单位或者个人对国务院专利行政部门关于实施强制许可的使用费的裁决不服的，可以自收到通知之日起三个月内向人民法院起诉。

第七章 专利权的保护

第六十四条 发明或者实用新型专利权的保护范围以其权利要求的内容为准，说明书及附图可以用于解释权利要求的内容。外观设计专利权的保护范围以表示在图片或者照片中的该产品的外观设计为准，简要说明可以用于解释图片或者照片所表示的该产品的外观设计。

第六十五条 未经专利权人许可，实施其专利，即侵犯其专利权，引起纠纷的，由当事人协商解决；不愿协商或者协商不成的，专利权人或者利害关系人可以向人民法院起诉，也可以请求管理专利工作的部门处理。管理专利工作的部门处理时，认定侵权行为成立的，可以责令侵权人立即停止侵权行为，当事人不服的，可以自收到处理通知之日起十五日内依照《中华人民共和国行政诉讼法》向人民法院起诉；侵权人期满不起诉又不停止侵权行为的，管理专利工作的部门可以申请人民法院强制执行。进行处理的管理专利工作的部门应当事人的请求，可以就侵犯专利权的赔偿数额进行调解；调解不成的，当事人可以依照《中华人民共和国民事诉讼法》向人民法院起诉。

第六十六条 专利侵权纠纷涉及新产品制造方法的发明专利的，制造同样产品的单位或者个人应当提供其产品制造方法不同于专利方法的证明。

专利侵权纠纷涉及实用新型专利或者外观设计专利的，人民法院或者管理专利工作的部门可以要求专利权人或者利害关系人出具由国务院专利行政部门对相关实用新型或者外观设计进行检索、分析和评价后作出的专利权评价报告，作为审理、处理专利侵权纠纷的证据；专利权人、利害关系人或者被控侵权人也可以主动出具专利权评价报告。

第六十七条 在专利侵权纠纷中，被控侵权人有证据证明其实施的技术或者设计属于现有技术或者现有设计的，不构成侵犯专利权。

第六十八条 假冒专利的，除依法承担民事责任外，由负责专利执法的部门责令改正并予公告，没收违法所得，可以处违法所得五倍以下的罚款；没有违法所得或者违法所得在五万元以下的，可以处二十五万元以下的罚款；构成犯罪的，依法追究刑事责任。

第六十九条 负责专利执法的部门根据已经取得的证据，对涉嫌假冒专利行为进行查处时，有权采取下列措施：

（一）询问有关当事人，调查与涉嫌违法行为有关的情况；

（二）对当事人涉嫌违法行为的场所实施现场检查；

（三）查阅、复制与涉嫌违法行为有关的合同、发票、账簿以及其他有关资料；

（四）检查与涉嫌违法行为有关的产品；

（五）对有证据证明是假冒专利的产品，可以查封或者扣押。

管理专利工作的部门应专利权人或者利害关系人的请求处理专利侵权纠纷时，可以采取前款第（一）项、第（二）项、第（四）项所列措施。

负责专利执法的部门、管理专利工作的部门依法行使前两款规定的职权时，当事人应当予以协助、配合，不得拒绝、阻挠。

第七十条 国务院专利行政部门可以应专利权人或者利害关系人的请求处理在全国有重大影响的专利侵权纠纷。

地方人民政府管理专利工作的部门应专利权人或者利害关系人请求处理专利侵权纠纷，对在本行政区域内侵犯其同一专利权的案件可以合并处理；对跨区域侵犯其同一专利权的案件可以请求上级地方人民政府管理专利工作的部门处理。

第七十一条 侵犯专利权的赔偿数额按照权利人因被侵权所受到的实际损失或者侵权人因侵权所获得的利益确定；权利人的损失或者侵权人获得的利益难以确定的，参照该专利许可使用费的倍数合理确定。对故意侵犯专利权，情节严重的，可以在按照上述方法确定数额的一倍以上五倍以下确定赔偿数额。

权利人的损失、侵权人获得的利益和专利许可使用费均难以确定的，人民法院可以根据专利权的类型、侵权行为的性质和情节等因素，确定给予三万元以上五百万元以下的赔偿。

赔偿数额还应当包括权利人为制止侵权行为所支付的合理开支。

人民法院为确定赔偿数额，在权利人已经尽力举证，而与侵权行为相关的账簿、资料主要由侵权人掌握的情况下，可以责令侵权人提供与侵权行为相关的账簿、资料；侵权人不提供或者提供虚假的账簿、资料的，人民法院可以参考权利人的主张和提供的证据判定赔偿数额。

第七十二条 专利权人或者利害关系人有证据证明他人正在实施或者即将实施侵犯专利权、妨碍其实现权利的行为，如不及时制止将会使其合法权益受到难以弥补的损害的，可以在起诉前依法向人民法院申请采取财产保全、责令作出一定行为或者禁止作出一定行为的措施。

第七十三条 为了制止专利侵权行为，在证据可能灭失或者以后难以取得的情况下，专利权人或者利害关系人可以在起诉前依法向人民法院申请保全证据。

第七十四条 侵犯专利权的诉讼时效为三年，自专利权人或者利害关系人知道或者应当知道侵权行为以及侵权人之日起计算。

发明专利申请公布后至专利权授予前使用该发明未支付适当使用费的，专利权人要求支付使用费的诉讼时效为三年，自专利权人知道或者应当知道他人使用其发明之日起计算，但是，专利权人于专利权授予之日前即已知道或者应当知道的，自专利权授予之日起计算。

第七十五条 有下列情形之一的，不视为侵犯专利权：

（一）专利产品或者依照专利方法直接获得的产品，由专利权人或者经其许可的单位、个人售出后，使用、许诺销售、销售、进口该产品的；

（二）在专利申请日前已经制造相同产品、使用相同方法或者已经做好制造、使用的必要准备，并且仅在原有范围内继续制造、使用的；

（三）临时通过中国领陆、领水、领空的外国运输工具，依照其所属国同中国签订的协议或者共同参加的国际条约，或者依照互惠原则，为运输工具自身需要而在其装置和设备中使用有关专利的；

（四）专为科学研究和实验而使用有关专利的；

（五）为提供行政审批所需要的信息，制造、使用、进口专利药品或者专利医疗器械的，以及专门为其制造、进口专利药品或者专利医疗器械的。

第七十六条 药品上市审评审批过程中，药品上市许可申请人与有关专利权人或者利害关系人，因申请注册的药品相关的专利权产生纠纷的，相关当事人可以向人民法院起诉，请求就申请注册的药品相关技术方案是否落入他人药品专利权保护范围作出判决。国务院药品监督管理部门在规定的期限内，可以根据人民法院生效裁判做出是否暂停批准相关药品上市的决定。

药品上市许可申请人与有关专利权人或者利害关系人也可以就申请注册的药品相关的专利权纠纷，向国务院专利行政部门请求行政裁决。

国务院药品监督管理部门会同国务院专利行政部门制定药品上市许可审批与药品上市许可申请阶段专利权纠纷解决的具体衔接办法，报国务院同意后实施。

第七十七条 为生产经营目的使用、许诺销售或者销售不知道是未经专利权人许可而制造并售出的专利侵权产品，能证明该产品合法来源的，不承担赔偿责任。

第七十八条 违反本法第二十条规定向外国申请专利，泄露国家秘密的，由所在单位或者上级主管机关给予行政处分；构成犯罪的，依法追究刑事责任。

第七十九条 管理专利工作的部门不得参与向社会推荐专利产品等经营活动。

管理专利工作的部门违反前款规定的，由其上级机关或者监察机关责令改正，消除影响，有违法收入的予以没收；情节严重的，对直接负责的主管人员和其他直接责任人员依法给予处分。

第八十条 从事专利管理工作的国家机关工作人员以及其他有关国家机关工作人员玩忽职守、滥用职权、徇私舞弊，构成犯罪的，依法追究刑事责任；尚不构成犯罪的，依法给予处分。

第八章 附 则

第八十一条 向国务院专利行政部门申请专利和办理其他手续，应当按照规定缴纳费用。

第八十二条 本法自 1985 年 4 月 1 日起施行。

中华人民共和国商标法（2019 年修订）

第一章 总 则

第一条 为了加强商标管理，保护商标专用权，促使生产、经营者保证商品和服务质量，维护商标信誉，以保障消费者和生产、经营者的利益，促进社会主义市场经济的发展，特制定本法。

第二条 国务院工商行政管理部门商标局主管全国商标注册和管理的工作。

国务院工商行政管理部门设立商标评审委员会，负责处理商标争议事宜。

第三条 经商标局核准注册的商标为注册商标，包括商品商标、服务商标和集体商标、证明商标；商标注册人享有商标专用权，受法律保护。

本法所称集体商标，是指以团体、协会或者其他组织名义注册，供该组织成员在商事活动中使用，以表明使用者在该组织中的成员资格的标志。

本法所称证明商标，是指由对某种商品或者服务具有监督能力的组织所控制，而由该组织以外的单位或者个人使用于其商品或者服务，用以证明该商品或者服务的原产地、原料、制造方法、质量或者其他特定品质的标志。

集体商标、证明商标注册和管理的特殊事项，由国务院工商行政管理部门规定。

第四条 自然人、法人或者其他组织在生产经营活动中，对其商品或者服务需要取得商标专用权的，应当向商标局申请商标注册。不以使用为目的的恶意商标注册申请，应当予以驳回。

本法有关商品商标的规定，适用于服务商标。

第五条 两个以上的自然人、法人或者其他组织可以共同向商标局申请注册同一商标，共同享有和行使该商标专用权。

第六条 法律、行政法规规定必须使用注册商标的商品，必须申请商标注册，未经核准注册的，不得在市场销售。

第七条 申请注册和使用商标，应当遵循诚实信用原则。

商标使用人应当对其使用商标的商品质量负责。各级工商行政管理部门应当通过商标管理，制止欺骗消费者的行为。

第八条 任何能够将自然人、法人或者其他组织的商品与他人的商品区别开的标志，包括文字、图形、字母、数字、三维标志、颜色组合和声音等，以及上述要素的组合，均可以作为商标申请注册。

第九条 申请注册的商标，应当有显著特征，便于识别，并不得与他人在先取得的合法权利相冲突。

商标注册人有权标明“注册商标”或者注册标记。

第十条 下列标志不得作为商标使用：

（一）同中华人民共和国的国家名称、国旗、国徽、国歌、军旗、军徽、军歌、勋章等相同或者近似的，以及同中央国家机关的名称、标志、所在地特定地点的名称或者标志性建筑物的名称、图形相同的；

（二）同外国的国家名称、国旗、国徽、军旗等相同或者近似的，但经该国政府同意的除外；

（三）同政府间国际组织的名称、旗帜、徽记等相同或者近似的，但经该组织同意或者不易误导公众的除外；

（四）与表明实施控制、予以保证的官方标志、检验印记相同或者近似的，但经授权的除外；

（五）同“红十字”、“红新月”的名称、标志相同或者近似的；

（六）带有民族歧视性的；

（七）带有欺骗性，容易使公众对商品的质量等特点或者产地产生误认的；

（八）有害于社会主义道德风尚或者有其他不良影响的。

县级以上行政区划的地名或者公众知晓的外国地名，不得作为商标。但是，地名具有其他含义或者作为集体商标、证明商标组成部分的除外；已经注册的使用地名的商标继续有效。

第十一条 下列标志不得作为商标注册：

（一）仅有本商品的通用名称、图形、型号的；

（二）仅直接表示商品的质量、主要原料、功能、用途、重量、数量及其他特点的；

（三）其他缺乏显著特征的。

前款所列标志经过使用取得显著特征，并便于识别的，可以作为商标注册。

第十二条 以三维标志申请注册商标的，仅由商品自身的性质产生的形状、为获得技术效果而需有的商品形状或者使商品具有实质性价值的形状，不得注册。

第十三条 为相关公众所熟知的商标，持有人认为其权利受到侵害时，可以依照本法规定请求驰名商标保护。

就相同或者类似商品申请注册的商标是复制、摹仿或者翻译他人未在中国注册的驰名商标，容易导致混淆的，不予注册并禁止使用。

就不相同或者不相类似商品申请注册的商标是复制、摹仿或者翻译他人已经在中国注册的驰名商标，误导公众，致使该驰名商标注册人的利益可能受到损害的，不予注册并禁止使用。

第十四条 驰名商标应当根据当事人的请求，作为处理涉及商标案件需要认定的事实进行认定。认定驰名商标应当考虑下列因素：

（一）相关公众对该商标的知晓程度；

（二）该商标使用的持续时间；

（三）该商标的任何宣传工作的持续时间、程度和地理范围；

（四）该商标作为驰名商标受保护的记录；

（五）该商标驰名的其他因素。

在商标注册审查、工商行政管理部门查处商标违法案件过程中，当事人依照本法第十三条规定主张权利的，商标局根据审查、处理案件的需要，可以对商标驰名情况作出认定。

在商标争议处理过程中，当事人依照本法第十三条规定主张权利的，商标评审委员会根据处理案件的需要，可以对商标驰名情况作出认定。

在商标民事、行政案件审理过程中，当事人依照本法第十三条规定主张权利的，最高人民法院指定的人民法院根据审理案件的需要，可以对商标驰名情况作出认定。

生产、经营者不得将“驰名商标”字样用于商品、商品包装或者容器上，或者用于广告宣传、展览以及其他商业活动中。

第十五条 未经授权，代理人或者代表人以自己的名义将被代理人或者被代表人的商标进行注册，被代理人或者被代表人提出异议的，不予注册并禁止使用。

就同一种商品或者类似商品申请注册的商标与他人在先使用的未注册商标相同或者近似，申请人与该他人具有前款规定以外的合同、业务往来关系或者其他关系而明知该他人商标存在，该他人提出异议的，不予注册。

第十六条 商标中有商品的地理标志，而该商品并非来源于该标志所标示的地区，误导公众的，不予注册并禁止使用；但是，已经善意取得注册的继续有效。

前款所称地理标志，是指标示某商品来源于某地区，该商品的特定质量、信誉或者其他特征，主要由该地区的自然因素或者人文因素所决定的标志。

第十七条 外国人或者外国企业在中国申请商标注册的，应当按其所属国和中华人民共和国签订的协议或者共同参加的国际条约办理，或者按对等原则办理。

第十八条 申请商标注册或者办理其他商标事宜，可以自行办理，也可以委托依法设立的商标代理机构办理。

外国人或者外国企业在中国申请商标注册和办理其他商标事宜的，应当委托依法设立的商标代理机构办理。

第十九条 商标代理机构应当遵循诚实信用原则，遵守法律、行政法规，按照被代理人的委托办理商标注册申请或者其他商标事宜；对在代理过程中知悉的被代理人的商业秘密，负有保密义务。

委托人申请注册的商标可能存在本法规定不得注册情形的，商标代理机构应当明确告知委托人。

商标代理机构知道或者应当知道委托人申请注册的商标属于本法第四条、第十五条和第三十二条规定情形的，不得接受其委托。

商标代理机构除对其代理服务申请商标注册外，不得申请注册其他商标。

第二十条 商标代理行业组织应当按照章程规定，严格执行吸纳会员的条件，对违反行业自律规范的会员实行惩戒。商标代理行业组织对其吸纳的会员和对会员的惩戒情况，应当及时向社会公布。

第二十一条 商标国际注册遵循中华人民共和国缔结或者参加的有关国际条约确立的制度，具体办法由国务院规定。

第二章 商标注册的申请

第二十二条 商标注册申请人应当按规定的商品分类表填报使用商标的商品类别和商品名称，提出注册申请。

商标注册申请人可以通过一份申请就多个类别的商品申请注册同一商标。

商标注册申请等有关文件，可以以书面方式或者数据电文方式提出。

第二十三条 注册商标需要在核定使用范围之外的商品上取得商标专用权的，应当另行提出注册申请。

第二十四条 注册商标需要改变其标志的，应当重新提出注册申请。

第二十五条 商标注册申请人自其商标在外国第一次提出商标注册申请之日起六个月内，又在中国就相同商品以同一商标提出商标注册申请的，依照该外国同中国签订的协议或者共同参加的国际条约，或者按照相互承认优先权的原则，可以享有优先权。

依照前款要求优先权的，应当在提出商标注册申请的时候提出书面声明，并且在三个月内提交第一次提出的商标注册申请文件的副本；未提出书面声明或者逾期未提交商标注册申请文件副本的，视为未要求优先权。

第二十六条 商标在中国政府主办的或者承认的国际展览会展出的商品上首次使用的，自该商品展出之日起六个月内，该商标的注册申请人可以享有优先权。

依照前款要求优先权的，应当在提出商标注册申请的时候提出书面声明，并且在三个月内提交展出其商品的展览会名称、在展出商品上使用该商标的证据、展出日期等证明文件；未提出书面声明或者逾期未提交证明文件的，视为未要求优先权。

第二十七条 为申请商标注册所申报的事项和所提供的材料应当真实、准确、完整。

第三章 商标注册的审查和核准

第二十八条 对申请注册的商标，商标局应当自收到商标注册申请文件之日起九个月内审查完毕，符合本法有关规定的，予以初步审定公告。

第二十九条 在审查过程中，商标局认为商标注册申请内容需要说明或者修正的，可以要求申请人做出说明或者修正。申请人未做出说明或者修正的，不影响商标局做出审查决定。

第三十条 申请注册的商标，凡不符合本法有关规定或者同他人在同一种商品或者类似商品上已经注册的或者初步审定的商标相同或者近似的，由商标局驳回申请，不予公告。

第三十一条 两个或者两个以上的商标注册申请人，在同一种商品或者类似商品上，以相同或者近似的商标申请注册的，初步审定并公告申请在先的商标；同一天申请的，初步审定并公告使用在先的商标，驳回其他人的申请，不予公告。

第三十二条 申请商标注册不得损害他人现有的在先权利，也不得以不正当手段抢先注册他人已经使用并有一定影响的商标。

第三十三条 对初步审定公告的商标，自公告之日起三个月内，在先权利人、利害关系人认为违反本法第十三条第二款和第三款、第十五条、第十六条第一款、第三十条、第三十一条、第三十二条规定的，或者任何人认为违反本法第四条、第十条、第十一条、第十二条、第十九条第四款规定的，可以向商标局提出异议。公告期满无异议的，予以核准注册，发给商标注册证，并予公告。

第三十四条 对驳回申请、不予公告的商标，商标局应当书面通知商标注册申请人。商标注册申请人不服的，可以自收到通知之日起十五日内向商标评审委员会申请复审。商标评审委员会应当自收到申请之日起九个月内做出决定，并书面通知申请人。有特殊情况需要延长的，经国务院工商行政管理部门批准，可以延长三个月。当事人对商标评审委员会的决定不服的，可以自收到通知之日起三十日内向人民法院起诉。

第三十五条 对初步审定公告的商标提出异议的，商标局应当听取异议人和被异议人陈述事实和理由，经调查核实后，自公告期满之日起十二个月内做出是否准予注册的决定，并书面通知异议人和被异议人。有特殊情况需要延长的，经国务院工商行政管理部门批准，可以延长六个月。

商标局做出准予注册决定的，发给商标注册证，并予公告。异议人不服的，可以依照本法第四十四条、第四十五条的规定向商标评审委员会请求宣告该注册商标无效。

商标局做出不予注册决定，被异议人不服的，可以自收到通知之日起十五日内向商标评审委员会申请复审。商标评审委员会应当自收到申请之日起十二个月内做出复审决定，并书面通知异议人和被异议人。有特殊情况需要延长的，经国务院工商行政管理部门批准，可以延长六个月。被异议人对商标评审委员会的决定不服的，可以自收到通知之日起三十日内向人民法院起诉。人民法院应当通知异议人作为第三人参加诉讼。

商标评审委员会在依照前款规定进行复审的过程中，所涉及的在先权利的确定必须以人民法院正在审理或者行政机关正在处理的另一案件的结果为依据的，可以中止审查。中止原因消除后，应当恢复审查程序。

第三十六条 法定期限届满，当事人对商标局做出的驳回申请决定、不予注册决定不申请复审或者对商标评审委员会做出的复审决定不向人民法院起诉的，驳回申请决定、不予注册决定或者复审决定生效。

经审查异议不成立而准予注册的商标，商标注册申请人取得商标专用权的时间自初步审定公告三个月期满之日起计算。自该商标公告期满之日起至准予注册决定做出前，对他人在同一种或者类似商品上使用与该商标相同或者近似的标志的行为不具有追溯力；但是，因该使用人的恶意给商标注册人造成的损失，应当给予赔偿。

第三十七条 对商标注册申请和商标复审申请应当及时进行审查。

第三十八条 商标注册申请人或者注册人发现商标申请文件或者注册文件有明显错误的，可以申请更正。商标局依法在其职权范围内作出更正，并通知当事人。

前款所称更正错误不涉及商标申请文件或者注册文件的实质性内容。

第四章　注册商标的续展、变更、转让和使用许可

第三十九条 注册商标的有效期为十年，自核准注册之日起计算。

第四十条 注册商标有效期满，需要继续使用的，商标注册人应当在期满前十二个月内按照规定办理续展手续；在此期间未能办理的，可以给予六个月的宽展期。每次续展注册的有效期为十年，自该商标上一届有效期满次日起计算。期满未办理续展手续的，注销

其注册商标。

商标局应当对续展注册的商标予以公告。

第四十一条　注册商标需要变更注册人的名义、地址或者其他注册事项的，应当提出变更申请。

第四十二条　转让注册商标的，转让人和受让人应当签订转让协议，并共同向商标局提出申请。受让人应当保证使用该注册商标的商品质量。

转让注册商标的，商标注册人对其在同一种商品上注册的近似的商标，或者在类似商品上注册的相同或者近似的商标，应当一并转让。

对容易导致混淆或者有其他不良影响的转让，商标局不予核准，书面通知申请人并说明理由。

转让注册商标经核准后，予以公告。受让人自公告之日起享有商标专用权。

第四十三条　商标注册人可以通过签订商标使用许可合同，许可他人使用其注册商标。许可人应当监督被许可人使用其注册商标的商品质量。被许可人应当保证使用该注册商标的商品质量。

经许可使用他人注册商标的，必须在使用该注册商标的商品上标明被许可人的名称和商品产地。

许可他人使用其注册商标的，许可人应当将其商标使用许可报商标局备案，由商标局公告。商标使用许可未经备案不得对抗善意第三人。

第五章　注册商标的无效宣告

第四十四条　已经注册的商标，违反本法第四条、第十条、第十一条、第十二条、第十九条第四款规定的，或者是以欺骗手段或者其他不正当手段取得注册的，由商标局宣告该注册商标无效；其他单位或者个人可以请求商标评审委员会宣告该注册商标无效。

商标局做出宣告注册商标无效的决定，应当书面通知当事人。当事人对商标局的决定不服的，可以自收到通知之日起十五日内向商标评审委员会申请复审。商标评审委员会应当自收到申请之日起九个月内做出决定，并书面通知当事人。有特殊情况需要延长的，经国务院工商行政管理部门批准，可以延长三个月。当事人对商标评审委员会的决定不服的，可以自收到通知之日起三十日内向人民法院起诉。

其他单位或者个人请求商标评审委员会宣告注册商标无效的，商标评审委员会收到申请后，应当书面通知有关当事人，并限期提出答辩。商标评审委员会应当自收到申请之日起九个月内做出维持注册商标或者宣告注册商标无效的裁定，并书面通知当事人。有特殊情况需要延长的，经国务院工商行政管理部门批准，可以延长三个月。当事人对商标评审委员会的裁定不服的，可以自收到通知之日起三十日内向人民法院起诉。人民法院应当通知商标裁定程序的对方当事人作为第三人参加诉讼。

第四十五条　已经注册的商标，违反本法第十三条第二款和第三款、第十五条、第十六条第一款、第三十条、第三十一条、第三十二条规定的，自商标注册之日起五年内，在先权利人或者利害关系人可以请求商标评审委员会宣告该注册商标无效。对恶意注册的，驰名商标所有人不受五年的时间限制。

商标评审委员会收到宣告注册商标无效的申请后，应当书面通知有关当事人，并限期提出答辩。商标评审委员会应当自收到申请之日起十二个月内做出维持注册商标或者宣告注册商标无效的裁定，并书面通知当事人。有特殊情况需要延长的，经国务院工商行政管理部门批准，可以延长六个月。当事人对商标评审委员会的裁定不服的，可以自收到通知之日起三十日内向人民法院起诉。人民法院应当通知商标裁定程序的对方当事人作为第三人参加诉讼。

商标评审委员会在依照前款规定对无效宣告请求进行审查的过程中，所涉及的在先权利的确定必须以人民法院正在审理或者行政机关正在处理的另一案件的结果为依据的，可以中止审查。中止原因消除后，应当恢复审查程序。

第四十六条 法定期限届满，当事人对商标局宣告注册商标无效的决定不申请复审或者对商标评审委员会的复审决定、维持注册商标或者宣告注册商标无效的裁定不向人民法院起诉的，商标局的决定或者商标评审委员会的复审决定、裁定生效。

第四十七条 依照本法第四十四条、第四十五条的规定宣告无效的注册商标，由商标局予以公告，该注册商标专用权视为自始即不存在。

宣告注册商标无效的决定或者裁定，对宣告无效前人民法院做出并已执行的商标侵权案件的判决、裁定、调解书和工商行政管理部门做出并已执行的商标侵权案件的处理决定以及已经履行的商标转让或者使用许可合同不具有追溯力。但是，因商标注册人的恶意给他人造成的损失，应当给予赔偿。

依照前款规定不返还商标侵权赔偿金、商标转让费、商标使用费，明显违反公平原则的，应当全部或者部分返还。

第六章　商标使用的管理

第四十八条 本法所称商标的使用，是指将商标用于商品、商品包装或者容器以及商品交易文书上，或者将商标用于广告宣传、展览以及其他商业活动中，用于识别商品来源的行为。

第四十九条 商标注册人在使用注册商标的过程中，自行改变注册商标、注册人名义、地址或者其他注册事项的，由地方工商行政管理部门责令限期改正；期满不改正的，由商标局撤销其注册商标。

注册商标成为其核定使用的商品的通用名称或者没有正当理由连续三年不使用的，任何单位或者个人可以向商标局申请撤销该注册商标。商标局应当自收到申请之日起九个月内做出决定。有特殊情况需要延长的，经国务院工商行政管理部门批准，可以延长三个月。

第五十条 注册商标被撤销、被宣告无效或者期满不再续展的，自撤销、宣告无效或者注销之日起一年内，商标局对与该商标相同或者近似的商标注册申请，不予核准。

第五十一条 违反本法第六条规定的，由地方工商行政管理部门责令限期申请注册，违法经营额五万元以上的，可以处违法经营额百分之二十以下的罚款，没有违法经营额或者违法经营额不足五万元的，可以处一万元以下的罚款。

第五十二条 将未注册商标冒充注册商标使用的，或者使用未注册商标违反本法第十条规定的，由地方工商行政管理部门予以制止，限期改正，并可以予以通报，违法经营额五万元以上的，可以处违法经营额百分之二十以下的罚款，没有违法经营额或者违法经营额不足五万元的，可以处一万元以下的罚款。

第五十三条 违反本法第十四条第五款规定的，由地方工商行政管理部门责令改正，处十万元罚款。

第五十四条 对商标局撤销或者不予撤销注册商标的决定，当事人不服的，可以自收到通知之日起十五日内向商标评审委员会申请复审。商标评审委员会应当自收到申请之日起九个月内做出决定，并书面通知当事人。有特殊情况需要延长的，经国务院工商行政管理部门批准，可以延长三个月。当事人对商标评审委员会的决定不服的，可以自收到通知之日起三十日内向人民法院起诉。

第五十五条 法定期限届满，当事人对商标局做出的撤销注册商标的决定不申请复审或者对商标评审委员会做出的复审决定不向人民法院起诉的，撤销注册商标的决定、复审决定生效。

被撤销的注册商标，由商标局予以公告，该注册商标专用权自公告之日起终止。

第七章 注册商标专用权的保护

第五十六条 注册商标的专用权，以核准注册的商标和核定使用的商品为限。

第五十七条 有下列行为之一的，均属侵犯注册商标专用权：

（一）未经商标注册人的许可，在同一种商品上使用与其注册商标相同的商标的；

（二）未经商标注册人的许可，在同一种商品上使用与其注册商标近似的商标，或者在类似商品上使用与其注册商标相同或者近似的商标，容易导致混淆的；

（三）销售侵犯注册商标专用权的商品的；

（四）伪造、擅自制造他人注册商标标识或者销售伪造、擅自制造的注册商标标识的；

（五）未经商标注册人同意，更换其注册商标并将该更换商标的商品又投入市场的；

（六）故意为侵犯他人商标专用权行为提供便利条件，帮助他人实施侵犯商标专用权行为的；

（七）给他人的注册商标专用权造成其他损害的。

第五十八条 将他人注册商标、未注册的驰名商标作为企业名称中的字号使用，误导公众，构成不正当竞争行为的，依照《中华人民共和国反不正当竞争法》处理。

第五十九条 注册商标中含有的本商品的通用名称、图形、型号，或者直接表示商品的质量、主要原料、功能、用途、重量、数量及其他特点，或者含有的地名，注册商标专用权人无权禁止他人正当使用。

三维标志注册商标中含有的商品自身的性质产生的形状、为获得技术效果而需有的商品形状或者使商品具有实质性价值的形状，注册商标专用权人无权禁止他人正当使用。

商标注册人申请商标注册前，他人已经在同一种商品或者类似商品上先于商标注册人使用与注册商标相同或者近似并有一定影响的商标的，注册商标专用权人无权禁止该使用人在原使用范围内继续使用该商标，但可以要求其附加适当区别标识。

第六十条 有本法第五十七条所列侵犯注册商标专用权行为之一，引起纠纷的，由当事人协商解决；不愿协商或者协商不成的，商标注册人或者利害关系人可以向人民法院起诉，也可以请求工商行政管理部门处理。

工商行政管理部门处理时，认定侵权行为成立的，责令立即停止侵权行为，没收、销毁侵权商品和主要用于制造侵权商品、伪造注册商标标识的工具，违法经营额五万元以上的，可以处违法经营额五倍以下的罚款，没有违法经营额或者违法经营额不足五万元的，可以处二十五万元以下的罚款。对五年内实施两次以上商标侵权行为或者有其他严重情节的，应当从重处罚。销售不知道是侵犯注册商标专用权的商品，能证明该商品是自己合法取得并说明提供者的，由工商行政管理部门责令停止销售。

对侵犯商标专用权的赔偿数额的争议，当事人可以请求进行处理的工商行政管理部门调解，也可以依照《中华人民共和国民事诉讼法》向人民法院起诉。经工商行政管理部门调解，当事人未达成协议或者调解书生效后不履行的，当事人可以依照《中华人民共和国民事诉讼法》向人民法院起诉。

第六十一条 对侵犯注册商标专用权的行为，工商行政管理部门有权依法查处；涉嫌犯罪的，应当及时移送司法机关依法处理。

第六十二条 县级以上工商行政管理部门根据已经取得的违法嫌疑证据或者举报，对涉嫌侵犯他人注册商标专用权的行为进行查处时，可以行使下列职权：

（一）询问有关当事人，调查与侵犯他人注册商标专用权有关的情况；

（二）查阅、复制当事人与侵权活动有关的合同、发票、账簿以及其他有关资料；

（三）对当事人涉嫌从事侵犯他人注册商标专用权活动的场所实施现场检查；

（四）检查与侵权活动有关的物品；对有证据证明是侵犯他人注册商标专用权的物品，可以查封或者扣押。

工商行政管理部门依法行使前款规定的职权时，当事人应当予以协助、配合，不得拒绝、阻挠。

在查处商标侵权案件过程中，对商标权属存在争议或者权利人同时向人民法院提起商标侵权诉讼的，工商行政管理部门可以中止案件的查处。中止原因消除后，应当恢复或者终结案件查处程序。

第六十三条 侵犯商标专用权的赔偿数额，按照权利人因被侵权所受到的实际损失确定；实际损失难以确定的，可以按照侵权人因侵权所获得的利益确定；权利人的损失或者侵权人获得的利益难以确定的，参照该商标许可使用费的倍数合理确定。对恶意侵犯商标专用权，情节严重的，可以在按照上述方法确定数额的一倍以上五倍以下确定赔偿数额。赔偿数额应当包括权利人为制止侵权行为所支付的合理开支。

人民法院为确定赔偿数额，在权利人已经尽力举证，而与侵权行为相关的账簿、资料主要由侵权人掌握的情况下，可以责令侵权人提供与侵权行为相关的账簿、资料；侵权人不提供或者提供虚假的账簿、资料的，人民法院可以参考权利人的主张和提供的证据判定赔偿数额。

权利人因被侵权所受到的实际损失、侵权人因侵权所获得的利益、注册商标许可使用费难以确定的，由人民法院根据侵权行为的情节判决给予五百万元以下的赔偿。

人民法院审理商标纠纷案件，应权利人请求，对属于假冒注册商标的商品，除特殊情况外，责令销毁；对主要用于制造假冒注册商标的商品的材料、工具，责令销毁，且不予补偿；或者在特殊情况下，责令禁止前述材料、工具进入商业渠道，且不予补偿。

假冒注册商标的商品不得在仅去除假冒注册商标后进入商业渠道。

第六十四条 注册商标专用权人请求赔偿，被控侵权人以注册商标专用权人未使用注册商标提出抗辩的，人民法院可以要求注册商标专用权人提供此前三年内实际使用该注册商标的证据。注册商标专用权人不能证明此前三年内实际使用过该注册商标，也不能证明因侵权行为受到其他损失的，被控侵权人不承担赔偿责任。

销售不知道是侵犯注册商标专用权的商品，能证明该商品是自己合法取得并说明提供者的，不承担赔偿责任。

第六十五条 商标注册人或者利害关系人有证据证明他人正在实施或者即将实施侵犯其注册商标专用权的行为，如不及时制止将会使其合法权益受到难以弥补的损害的，可以依法在起诉前向人民法院申请采取责令停止有关行为和财产保全的措施。

第六十六条 为制止侵权行为，在证据可能灭失或者以后难以取得的情况下，商标注册人或者利害关系人可以依法在起诉前向人民法院申请保全证据。

第六十七条 未经商标注册人许可，在同一种商品上使用与其注册商标相同的商标，构成犯罪的，除赔偿被侵权人的损失外，依法追究刑事责任。

伪造、擅自制造他人注册商标标识或者销售伪造、擅自制造的注册商标标识，构成犯罪的，除赔偿被侵权人的损失外，依法追究刑事责任。

销售明知是假冒注册商标的商品，构成犯罪的，除赔偿被侵权人的损失外，依法追究刑事责任。

第六十八条 商标代理机构有下列行为之一的，由工商行政管理部门责令限期改正，给予警告，处一万元以上十万元以下的罚款；对直接负责的主管人员和其他直接责任人员给予警告，处五千元以上五万元以下的罚款；构成犯罪的，依法追究刑事责任：

（一）办理商标事宜过程中，伪造、变造或者使用伪造、变造的法律文件、印章、签名的；

（二）以诋毁其他商标代理机构等手段招徕商标代理业务或者以其他不正当手段扰乱商标代理市场秩序的；

（三）违反本法第四条、第十九条第三款和第四款规定的。

商标代理机构有前款规定行为的，由工商行政管理部门记入信用档案；情节严重的，商标局、商标评审委员会并可以决定停止受理其办理商标代理业务，予以公告。

商标代理机构违反诚实信用原则，侵害委托人合法利益的，应当依法承担民事责任，并由商标代理行业组织按照章程规定予以惩戒。

对恶意申请商标注册的，根据情节给予警告、罚款等行政处罚；对恶意提起商标诉讼的，由人民法院依法给予处罚。

第六十九条 从事商标注册、管理和复审工作的国家机关工作人员必须秉公执法，廉洁自律，忠于职守，文明服务。

商标局、商标评审委员会以及从事商标注册、管理和复审工作的国家机关工作人员不得从事商标代理业务和商品生产经营活动。

第七十条 工商行政管理部门应当建立健全内部监督制度，对负责商标注册、管理和复审工作的国家机关工作人员执行法律、行政法规和遵守纪律的情况，进行监督检查。

第七十一条 从事商标注册、管理和复审工作的国家机关工作人员玩忽职守、滥用职权、徇私舞弊，违法办理商标注册、管理和复审事项，收受当事人财物，牟取不正当利益，构成犯罪的，依法追究刑事责任；尚不构成犯罪的，依法给予处分。

第八章　附　则

第七十二条 申请商标注册和办理其他商标事宜的，应当缴纳费用，具体收费标准另定。

第七十三条 本法自1983年3月1日起施行。1963年4月10日国务院公布的《商标管理条例》同时废止；其他有关商标管理的规定，凡与本法抵触的，同时失效。

本法施行前已经注册的商标继续有效。

中华人民共和国促进科技成果转化法（2015年修订）

第一章　总　则

第一条 为了促进科技成果转化为现实生产力，规范科技成果转化活动，加速科学技术进步，推动经济建设和社会发展，制定本法。

第二条 本法所称科技成果，是指通过科学研究与技术开发所产生的具有实用价值的成果。职务科技成果，是指执行研究开发机构、高等院校和企业等单位的工作任务，或者主要是利用上述单位的物质技术条件所完成的科技成果。

本法所称科技成果转化，是指为提高生产力水平而对科技成果所进行的后续试验、开发、应用、推广直至形成新技术、新工艺、新材料、新产品，发展新产业等活动。

第三条 科技成果转化活动应当有利于加快实施创新驱动发展战略，促进科技与经济的结合，有利于提高经济效益、社会效益和保护环境、合理利用资源，有利于促进经济建设、社会发展和维护国家安全。

科技成果转化活动应当尊重市场规律，发挥企业的主体作用，遵循自愿、互利、公平、诚实信用的原则，依照法律法规规定和合同约定，享有权益，承担风险。科技成果转化活动中的知识产权受法律保护。

科技成果转化活动应当遵守法律法规，维护国家利益，不得损害社会公共利益和他人合法权益。

第四条 国家对科技成果转化合理安排财政资金投入，引导社会资金投入，推动科技成果转化资金投入的多元化。

第五条 国务院和地方各级人民政府应当加强科技、财政、投资、税收、人才、产业、金融、政府采购、军民融合等政策协同，为科技成果转化创造良好环境。

地方各级人民政府根据本法规定的原则，结合本地实际，可以采取更加有利于促进科技成果转化的措施。

第六条 国家鼓励科技成果首先在中国境内实施。中国单位或者个人向境外的组织、个人转让或者许可其实施科技成果的，应当遵守相关法律、行政法规以及国家有关规定。

第七条 国家为了国家安全、国家利益和重大社会公共利益的需要，可以依法组织实施或者许可他人实施相关科技成果。

第八条 国务院科学技术行政部门、经济综合管理部门和其他有关行政部门依照国务院规定的职责，管理、指导和协调科技成果转化工作。

地方各级人民政府负责管理、指导和协调本行政区域内的科技成果转化工作。

第二章 组织实施

第九条 国务院和地方各级人民政府应当将科技成果的转化纳入国民经济和社会发展计划，并组织协调实施有关科技成果的转化。

第十条 利用财政资金设立应用类科技项目和其他相关科技项目，有关行政部门、管理机构应当改进和完善科研组织管理方式，在制定相关科技规划、计划和编制项目指南时应当听取相关行业、企业的意见；在组织实施应用类科技项目时，应当明确项目承担者的科技成果转化义务，加强知识产权管理，并将科技成果转化和知识产权创造、运用作为立项和验收的重要内容和依据。

第十一条 国家建立、完善科技报告制度和科技成果信息系统，向社会公布科技项目实施情况以及科技成果和相关知识产权信息，提供科技成果信息查询、筛选等公益服务。公布有关信息不得泄露国家秘密和商业秘密。对不予公布的信息，有关部门应当及时告知相关科技项目承担者。

利用财政资金设立的科技项目的承担者应当按照规定及时提交相关科技报告，并将科技成果和相关知识产权信息汇交到科技成果信息系统。

国家鼓励利用非财政资金设立的科技项目的承担者提交相关科技报告，将科技成果和相关知识产权信息汇交到科技成果信息系统，县级以上人民政府负责相关工作的部门应当为其提供方便。

第十二条 对下列科技成果转化项目，国家通过政府采购、研究开发资助、发布产业技术指导目录、示范推广等方式予以支持：

（一）能够显著提高产业技术水平、经济效益或者能够形成促进社会经济健康发展的新产业的；

（二）能够显著提高国家安全能力和公共安全水平的；

（三）能够合理开发和利用资源、节约能源、降低消耗以及防治环境污染、保护生态、提高应对气候变化和防灾减灾能力的；

（四）能够改善民生和提高公共健康水平的；

（五）能够促进现代农业或者农村经济发展的；

（六）能够加快民族地区、边远地区、贫困地区社会经济发展的。

第十三条 国家通过制定政策措施，提倡和鼓励采用先进技术、工艺和装备，不断改进、限制使用或者淘汰落后技术、工艺和装备。

第十四条 国家加强标准制定工作，对新技术、新工艺、新材料、新产品依法及时制定国家标准、行业标准，积极参与国际标准的制定，推动先进适用技术推广和应用。

国家建立有效的军民科技成果相互转化体系，完善国防科技协同创新体制机制。军品科研生产应当依法优先采用先进适用的民用标准，推动军用、民用技术相互转移、转化。

第十五条 各级人民政府组织实施的重点科技成果转化项目，可以由有关部门组织采用公开招标的方式实施转化。有关部门应当对中标单位提供招标时确定的资助或者其他条件。

第十六条 科技成果持有者可以采用下列方式进行科技成果转化：

（一）自行投资实施转化；

（二）向他人转让该科技成果；

（三）许可他人使用该科技成果；

（四）以该科技成果作为合作条件，与他人共同实施转化；

（五）以该科技成果作价投资，折算股份或者出资比例；

（六）其他协商确定的方式。

第十七条 国家鼓励研究开发机构、高等院校采取转让、许可或者作价投资等方式，向企业或者其他组织转移科技成果。

国家设立的研究开发机构、高等院校应当加强对科技成果转化的管理、组织和协调，促进科技成果转化队伍建设，优化科技成果转化流程，通过本单位负责技术转移工作的机构或者委托独立的科技成果转化服务机构开展技术转移。

第十八条 国家设立的研究开发机构、高等院校对其持有的科技成果，可以自主决定转让、许可或者作价投资，但应当通过协议定价、在技术交易市场挂牌交易、拍卖等方式确定价格。通过协议定价的，应当在本单位公示科技成果名称和拟交易价格。

第十九条 国家设立的研究开发机构、高等院校所取得的职务科技成果，完成人和参加人在不变更职务科技成果权属的前提下，可以根据与本单位的协议进行该项科技成果的转化，并享有协议规定的权益。该单位对上述科技成果转化活动应当予以支持。

科技成果完成人或者课题负责人，不得阻碍职务科技成果的转化，不得将职务科技成果及其技术资料和数据占为己有，侵犯单位的合法权益。

第二十条 研究开发机构、高等院校的主管部门以及财政、科学技术等相关行政部门应当建立有利于促进科技成果转化的绩效考核评价体系，将科技成果转化情况作为对相关单位及人员评价、科研资金支持的重要内容和依据之一，并对科技成果转化绩效突出的相关单位及人员加大科研资金支持。

国家设立的研究开发机构、高等院校应当建立符合科技成果转化工作特点的职称评定、岗位管理和考核评价制度，完善收入分配激励约束机制。

第二十一条 国家设立的研究开发机构、高等院校应当向其主管部门提交科技成果转化情况年度报告，说明本单位依法取得的科技成果数量、实施转化情况以及相关收入分配情况，该主管部门应当按照规定将科技成果转化情况年度报告报送财政、科学技术等相关行政部门。

第二十二条 企业为采用新技术、新工艺、新材料和生产新产品，可以自行发布信息或者委托科技中介服务机构征集其所需的科技成果，或者征寻科技成果转化的合作者。

县级以上地方各级人民政府科学技术行政部门和其他有关部门应当根据职责分工，为企业获取所需的科技成果提供帮助和支持。

第二十三条 企业依法有权独立或者与境内外企业、事业单位和其他合作者联合实施科技成果转化。

企业可以通过公平竞争，独立或者与其他单位联合承担政府组织实施的科技研究开发和科技成果转化项目。

第二十四条 对利用财政资金设立的具有市场应用前景、产业目标明确的科技项目，政府有关部门、管理机构应当发挥企业在研究开发方向选择、项目实施和成果应用中的主导作用，鼓励企业、研究开发机构、高等院校及其他组织共同实施。

第二十五条 国家鼓励研究开发机构、高等院校与企业相结合，联合实施科技成果转化。

研究开发机构、高等院校可以参与政府有关部门或者企业实施科技成果转化的招标投标活动。

第二十六条 国家鼓励企业与研究开发机构、高等院校及其他组织采取联合建立研究开发平台、技术转移机构或者技术创新联盟等产学研合作方式，共同开展研究开发、成果应用与推广、标准研究与制定等活动。

合作各方应当签订协议，依法约定合作的组织形式、任务分工、资金投入、知识产权归属、权益分配、风险分担和违约责任等事项。

第二十七条 国家鼓励研究开发机构、高等院校与企业及其他组织开展科技人员交流，根据专业特点、行业领域技术发展需要，聘请企业及其他组织的科技人员兼职从事教学和科研工作，支持本单位的科技人员到企业及其他组织从事科技成果转化活动。

第二十八条 国家支持企业与研究开发机构、高等院校、职业院校及培训机构联合建立学生实习实践培训基地和研究生科研实践工作机构，共同培养专业技术人才和高技能人才。

第二十九条 国家鼓励农业科研机构、农业试验示范单位独立或者与其他单位合作实施农业科技成果转化。

第三十条 国家培育和发展技术市场，鼓励创办科技中介服务机构，为技术交易提供交易场所、信息平台以及信息检索、加工与分析、评估、经纪等服务。

科技中介服务机构提供服务，应当遵循公正、客观的原则，不得提供虚假的信息和证明，对其在服务过程中知悉的国家秘密和当事人的商业秘密负有保密义务。

第三十一条 国家支持根据产业和区域发展需要建设公共研究开发平台，为科技成果转化提供技术集成、共性技术研究开发、中间试验和工业性试验、科技成果系统化和工程化开发、技术推广与示范等服务。

第三十二条 国家支持科技企业孵化器、大学科技园等科技企业孵化机构发展，为初创期科技型中小企业提供孵化场地、创业辅导、研究开发与管理咨询等服务。

第三章 保障措施

第三十三条 科技成果转化财政经费，主要用于科技成果转化的引导资金、贷款贴息、补助资金和风险投资以及其他促进科技成果转化的资金用途。

第三十四条 国家依照有关税收法律、行政法规规定对科技成果转化活动实行税收优惠。

第三十五条 国家鼓励银行业金融机构在组织形式、管理机制、金融产品和服务等方面进行创新，鼓励开展知识产权质押贷款、股权质押贷款等贷款业务，为科技成果转化提供金融支持。

国家鼓励政策性金融机构采取措施，加大对科技成果转化的金融支持。

第三十六条 国家鼓励保险机构开发符合科技成果转化特点的保险品种，为科技成果转化提供保险服务。

第三十七条 国家完善多层次资本市场，支持企业通过股权交易、依法发行股票和债券等直接融资方式为科技成果转化项目进行融资。

第三十八条 国家鼓励创业投资机构投资科技成果转化项目。

国家设立的创业投资引导基金，应当引导和支持创业投资机构投资初创期科技型中小企业。

第三十九条 国家鼓励设立科技成果转化基金或者风险基金，其资金来源由国家、地方、企业、事业单位以及其他组织或者个人提供，用于支持高投入、高风险、高产出的科技成果的转化，加速重大科技成果的产业化。

科技成果转化基金和风险基金的设立及其资金使用，依照国家有关规定执行。

第四章 技术权益

第四十条 科技成果完成单位与其他单位合作进行科技成果转化的，应当依法由合同约定该科技成果有关权益的归属。合同未作约定的，按照下列原则办理：

（一）在合作转化中无新的发明创造的，该科技成果的权益，归该科技成果完成单位；

（二）在合作转化中产生新的发明创造的，该新发明创造的权益归合作各方共有；

（三）对合作转化中产生的科技成果，各方都有实施该项科技成果的权利，转让该科技成果应经合作各方同意。

第四十一条 科技成果完成单位与其他单位合作进行科技成果转化的，合作各方应当就保守技术秘密达成协议；当事人不得违反协议或者违反权利人有关保守技术秘密的要求，披露、允许他人使用该技术。

第四十二条 企业、事业单位应当建立健全技术秘密保护制度，保护本单位的技术秘密。职工应当遵守本单位的技术秘密保护制度。

企业、事业单位可以与参加科技成果转化的有关人员签订在职期间或者离职、离休、退休后一定期限内保守本单位技术秘密的协议；有关人员不得违反协议约定，泄露本单位的技术秘密和从事与原单位相同的科技成果转化活动。

职工不得将职务科技成果擅自转让或者变相转让。

第四十三条 国家设立的研究开发机构、高等院校转化科技成果所获得的收入全部留归本单位，在对完成、转化职务科技成果做出重要贡献的人员给予奖励和报酬后，主要用于科学技术研究开发与成果转化等相关工作。

第四十四条 职务科技成果转化后，由科技成果完成单位对完成、转化该项科技成果做出重要贡献的人员给予奖励和报酬。

科技成果完成单位可以规定或者与科技人员约定奖励和报酬的方式、数额和时限。单位制定相关规定，应当充分听取本单位科技人员的意见，并在本单位公开相关规定。

第四十五条 科技成果完成单位未规定、也未与科技人员约定奖励和报酬的方式和数额的，按照下列标准对完成、转化职务科技成果做出重要贡献的人员给予奖励和报酬：

（一）将该项职务科技成果转让、许可给他人实施的，从该项科技成果转让净收入或者许可净收入中提取不低于百分之五十的比例；

（二）利用该项职务科技成果作价投资的，从该项科技成果形成的股份或者出资比例中提取不低于百分之五十的比例；

（三）将该项职务科技成果自行实施或者与他人合作实施的，应当在实施转化成功投产后连续三至五年，每年从实施该项科技成果的营业利润中提取不低于百分之五的比例。

国家设立的研究开发机构、高等院校规定或者与科技人员约定奖励和报酬的方式和数额应当符合前款第一项至第三项规定的标准。

国有企业、事业单位依照本法规定对完成、转化职务科技成果做出重要贡献的人员给予奖励和报酬的支出计入当年本单位工资总额，但不受当年本单位工资总额限制、不纳入本单位工资总额基数。

第五章 法律责任

第四十六条 利用财政资金设立的科技项目的承担者未依照本法规定提交科技报告、汇交科技成果和相关知识产权信息的，由组织实施项目的政府有关部门、管理机构责令改正；情节严重的，予以通报批评，禁止其在一定期限内承担利用财政资金设立的科技项目。

国家设立的研究开发机构、高等院校未依照本法规定提交科技成果转化情况年度报告的，由其主管部门责令改正；情节严重的，予以通报批评。

第四十七条 违反本法规定，在科技成果转化活动中弄虚作假，采取欺骗手段，骗取奖励和荣誉称号、诈骗钱财、非法牟利的，由政府有关部门依照管理职责责令改正，取消该奖励和荣誉称号，没收违法所得，并处以罚款。给他人造成经济损失的，依法承担民事赔偿责任。构成犯罪的，依法追究刑事责任。

第四十八条 科技服务机构及其从业人员违反本法规定，故意提供虚假的信息、实验结果或者评估意见等欺骗当事人，或者与当事人一方串通欺骗另一方当事人的，由政府有关部门依照管理职责责令改正，没收违法所得，并处以罚款；情节严重的，由工商行政管理部门依法吊销营业执照。给他人造成经济损失的，依法承担民事赔偿责任；构成犯罪的，依法追究刑事责任。

科技中介服务机构及其从业人员违反本法规定泄露国家秘密或者当事人的商业秘密的，依照有关法律、行政法规的规定承担相应的法律责任。

第四十九条 科学技术行政部门和其他有关部门及其工作人员在科技成果转化中滥用职权、玩忽职守、徇私舞弊的，由任免机关或者监察机关对直接负责的主管人员和其他直接责任人员依法给予处分；构成犯罪的，依法追究刑事责任。

第五十条 违反本法规定，以唆使窃取、利诱胁迫等手段侵占他人的科技成果，侵犯他人合法权益的，依法承担民事赔偿责任，可以处以罚款；构成犯罪的，依法追究刑事责任。

第五十一条 违反本法规定，职工未经单位允许，泄露本单位的技术秘密，或者擅自转让、变相转让职务科技成果的，参加科技成果转化的有关人员违反与本单位的协议，在离职、离休、退休后约定的期限内从事与原单位相同的科技成果转化活动，给本单位造成经济损失的，依法承担民事赔偿责任；构成犯罪的，依法追究刑事责任。

第六章 附 则

第五十二条 本法自 1996 年 10 月 1 日起施行。

参考文献

[1] 柯晓鹏，林炮勤. IP之道 [M]. 北京：企业管理出版社，2017：2-8.

[2] 马天旗. 专利分析——方法、图表解读与情报挖掘 [M]. 北京：知识产权出版社，2015：1-5.

[3] 武兰芬，姜军. 专利检索与分析精要 [M]. 北京：知识产权出版社，2018：33-39.

[4] 杨铁军. 企业专利工作实务手册 [M]. 北京：知识产权出版社，2013：12-14.

[5] 张勇. 专利预警——从管控风险到决胜创新 [M]. 北京：知识产权出版社，2015：136-141.

[6] 肖沪卫，瞿丽曼，路炜. 专利战术情报方法与应用 [M]. 上海：上海科学技术文献出版社，2015：93-95.

[7] 马天旗. 高价值专利培育与评估 [M]. 北京：知识产权出版社，2018：201-210.

[8] 杨铁军. 专利分析实务手册 [M]. 北京：知识产权出版社，2012：150-163.

[9] 杨琳琳，王青，段洁. Patentics和incoPat两种专利检索系统的体验之对比 [J]. 专利代理，2019（2）：88-92.

[10] 张晓东，张华山，赵义强，等. SADIQ数据库的检索应用研究——玻璃/搪瓷釉料组分的绝对新颖性检索 [J]. 科技情报开发与经济，2013，23（9）：119-127.

[11] 李鹏. 国家知识产权战略背景下高校专利发展分析——以华侨大学为例 [J]. 科技与创新，2021（1）：68-72.

[12] 李志鹏，刘化然，王涛，等. 互联网免费专利搜索引擎innojoy在专利检索分析中的应用 [J]. 吉林工程技术师范学院学报，2014，30（6）：94-96.

[13] 蓝旭秋. 科技创新时代我国高校知识产权管理的困境与对策 [J]. 广东开放大学学报，2021，30（1）：107-112.

[14] 于晨军. 浅议专利文献检索工具——PATENTICS [J]. 数码世界，2019（7）：54.

[15] 曹舒然，丁祥高. 中国高校专利技术转化问题、影响因素及对策 [J]. 科技和产业，2021，21（2）：87-91.

[16] 史倩青. 中国专利检索免费数据库简介 [J]. 科技创新导报，2019（22）：130-133.

[17] 彭茂祥，李浩. 基于大数据视角的专利分析方法与模式研究 [J]. 情报理论与实践，2016，39（7）：108-113.

[18] 郑纬民. 从系统角度审视大数据计算 [J]. 大数据，2015（1）：1-8.

[19] 张亚峰，刘海波，吕旭宁. 专利运营的基本规律：多案例研究 [J]. 研究与发展管理，2016，28（6）：126-134.

[20] 李黎明，刘海波. 知识产权运营关键要素分析——基于案例分析视角 [J]. 科技进步与对策，2014（10）：1-9.

[21] 唐恒，朱伟伟. 高校专利运营模式的构建——基于客户价值的视角 [J]. 研究与发展管理，2013，25（1）：88-93.

[22] 宋河发. 国外主要科研机构和高校知识产权管理及其对我国的启示 [J]. 中国科学院院刊，2013，28（4）：450-461.

[23] 饶凯，孟宪飞，陈绮，等. 瑞士大学专利技术转移研究 [J]. 科学学与科学技术管理，2011，32（8）：39-43.

[24] 常利民. 我国专利运营对策研究 [J]. 电子知识产权，2014（8）：70-73.

[25] 何菁. 当前国内专利运营的难点和出路分析 [J]. 中国知识产权，2012（70）：56-61.